셸링

절대자와 자유를 향한 철학

국립중앙도서관 출판시도서목록(CIP)

셀링 : 절대자와 자유를 향한 철학 / 바움가르트너, 코르텐 지음 ; 이용주 옮김.
--서울 : 동연, 2013 408p. ; 153*224 cm

원표제: Shelling
원저자명: Hans Michael Baumgartner, Harald Korten
참고문헌, 연표와 색인수록
독일어 원작을 한국어로 번역
ISBN 978-98-6447-195-1 93160 : ₩18,000

독일 철학[獨逸哲學]
독일 관념론[獨逸觀念論]

165.33-KDC5
193-DDC21

CIP2013002977

FRIEDRICH WILHELM JOSEPH SCHELLING
by HANS MICHAEL BAUMGARTNER AND HARALD KORTEN

Copyright ⓒ München : Beck 1996.
Korean Translated Copyright ⓒ 2013 by Dong-Yeon Publishing All right reserved.
Korean edition is published under arrangement with C.H. Beck oHG

셸링
Schelling

절대자와 자유를 향한 철학

바움가르트너, 코르텐 지음 | 이용주 옮김

동연

차례

| 역자서문 |

프리드리히 빌헬름 요셉 셸링은 사상사에 있어서 오랫동안 잊혀진 인물이었다. 피히테, 헤겔 등과 더불어 소위 독일 관념론으로 통칭되는 독일 철학의 황금시대를 열어젖힌 사람 중 하나였지만, 셸링은 생존하던 당시부터 이미 자신에 대한 야박한 평가를 감내해야만 했다. 그는 자기만의 고유한 철학체계를 구축해 내지 못하고 그때 그때 새로운 지식을 섭취할 때마다 이리 저리 흔들리며 배회하던 인물에 불과한 것으로 폄하되었으며, "철학적 프로테우스"라는 평가와 더불어 지성사에서 오래 전부터 잊혀진 인물이 되고 말았다. 이미 19세 때부터 피히테에 견줄 정도의 철학적 신동으로 칭송받았고 스스로를 '철학적 메시야'로 이해했던 노회한 철학자는 60여년 가량 이어온 긴 철학의 여정 끝에서 자신의 이름이 사람들의 뇌리에서 지워져 가는 것을 지켜봐야만 했다.

하지만 1950년대 후반부터 셸링은 매우 급속도로 독일에서뿐만 아니라 전 세계적인 관심과 조명의 대상이 되어버렸다. '셸링 르네상스'까지는 아니라고 하더라도, 사람들은 셸링의 이름을 학위 논문들과 철학 및 신학 잡지들, 그리고 국제적인 철학회의들을 통해 더욱 자주 거론하기 시작했다. 이제 우리는 더 이상 셸링을 철학사의 짧은 에피소드에 불과한 것으로 간주할 수 없는 상황 속에 처해 있다. -물론 한국에서는 아직 아니다- 도처에서 "셸링에게로 돌아가야 한다."는 소리가 들려온 지도 이미 오십여 년 가까이 되었고, 오늘날에도 여전히 "셸링의 필요성"(잔드퀼러Hans Jörg Sandkühler)을 역설하는 연구자들을 우리는 어렵지 않게 만나게 된다.

그렇지만 이미 그 시대적 효용을 다한 독일 관념론을 복원한다는 것이 가당키나 한 것이며, 그것이 도무지 오늘날의 철학적 상황과 현대적 인간의 자기이해에 무슨 도움이 될 것인지 의심하는 이들이 있으리라는 것도 충분히 예상할 수 있는 바이다. 특히나 한국에서처럼 대중의 -혹은 자본의- 유행을 따라 철학서의 판매량과 출판사의 손익분기점, 그리고 독자의 명민함이 결정되는 듯 보이는 상황에서는, 이 철지난 '독일' 관념론자를 복원하려는 것은 시대정신과는 한참 동떨어진 미련한 일처럼 보일 수도 있으리라고 생각한다.

그러나 이 시대에 부응하지 못하는 것처럼 보이는 철학자에 대한 관심이 급격히 늘어나게 된 것은 단지 지적 호기심이나 철학적 블루오션에 대한 추구 때문은 아니었다. 오히려 그것은 셸링 자신이 우리 시대의 철학함 한 가운데로 어느새 성큼 걸어 들어와 있음을 의미한다. 아니, 사실은 우리가 명시적으로 인지하지 못했을 뿐, 셸링은 그의 사후 백여 년이 지난 시간동안 여전히 인간의 보편적인 철학적 사유의 문제들과 함께 고민하면서 살아왔다. 그는 "인지되지 않았던 동시대인"(마르크바르트Odo Marquard)이었던 것이다. 이는 특히 셸링에 대한 기존의 오해가 해소되고, 일반적인 평가가 전복되는 현상을 통해서 더욱 명백히 드러난다. 헤겔의 제자들은 셸링을 헤겔의 짝퉁 정도로 혹은 미숙한 헤겔주의자에 지나지 않는 것으로 간주했다. 하지만,

오늘날 셸링은 "독일 관념론의 완성자"(발터 슐츠Walter Schulz)라는 평가를 받고 있다. 한 때 셸링은 초기의 건전한 자연철학으로부터 스스로 타락하여 반동적, 부르주아적 철학의 후원자가 되었다는 비판을 받아야 했지만, 오늘날에는 "유물론으로 넘어가는 변증법적 관념론의 창시자"(하버마스J. Habermas)로, 또 블로흐의 희망의 철학의 사상적 기원으로 간주되기도 한다. 키에르케고르는 셸링의 베를린 강의를 듣고 실망만 했을 뿐이라고 말했지만, 실제로는 셸링은 "실존주의 철학의 창시자"(틸리히Paul Tillich)였음이 드러나게 되었다.

셸링을 이처럼 '철학적 고전들의 고전'으로, 혹은 여러 철학적 사조들의 '사실상의 창시자'로 간주한다고 하더라도 여전히 문제가 남는 것은 사실이다. 셸링에게서 서로 상이한 철학적 입장들의 단초 내지는 기원을 발견한다는 것은, 곧 그의 철학에서 하나의 일관성 혹은 체계를 발견하는 것이 힘들다는 것을 의미하는 것이기 때문이다. 이는 '철학적 프로테우스'로서의 셸링에 대한 기존의 이해에서 한 걸음도 나아가지 못하는 것에 불과하다는 내적 모순을 안고 있다. 물론, 오늘날에는 셸링의 철학을 하나의 "연속 선상에서 바라볼 것"(로어 B. Loer)이 요구되고 있고, 이를 토대로 "단지 한 명의 셸링"(에어하르트 W.E. Ehrhardt)에 대해서 이야기하는 것이 적절한 것으로 간주되고 있는 것이 사실이다. 하지만 문제는 이처럼 '단 하나의 셸링'에 대해서 논할 수 있게 하는 그의 철학의 원리를 어디에서 찾아야 하는가이다.

사실 셸링은 신학수업을 포기하고 철학으로 전향하였던 1794년부터 1854년 사망하기까지 60여 년에 달하는 긴 시간동안 철학을 수행하였다. 실로 셸링 전후를 통틀어서 이렇게 오랜 시간 동안 전문적으로 철학이라는 업계에 종사했던 인물을 찾기란 쉽지 않다. 그러니 피히테의 압도적인 영향력 아래 놓여 있는 것처럼 보이는 초기 철학에서부터, 자연철학과 선험철학, 동일철학과 자유의 철학, 세계시대와 신화의 철학, 그리고 마침내 계시의 철학에 이르기까지 관심사와 주제가 변화되어 간 것은 어찌 보면 당연한 현상이라 할 수도 있을 것이다. 60여 년이라는 긴 세월 동안 관심사도, 주제도 변화하지 않고 있는 사상이라면, 어찌 그것을 활동적 사유라고 할 수 있겠는가? 인간 이성과 역사, 정신과 자연, 예술과 국가, 신화와 종교 등 총체적 삶의 전반에 걸친 문제들을 합리적으로 사유하고자 하지 않는다면, 어찌 그것을 하나의 철학적 체계를 향한 탐구라고 이야기할 수 있겠는가? 그렇지만, 문제는 이렇게 다양한 시대적 변화에도 불구하고 그 변화를 관통하고 있는, 그러면서도 그 변화 자체를 추동해 나가는 셸링 철학의 원리가 무엇인지를 드러내는 데 있다: 그것은 바로 '자유'이다.

셸링의 철학을 그 초기에서부터 후기에 이르기까지 일관되게 관통하는 핵심 요소는 '자유'이다. 초기 셸링, 즉 아직 20세도 채 되지 않은 젊은 셸링은 자기의 철학적 작업을 시작하면서 "철학의 시작과 끝은 자유이다."라고 과감히 선언한다. 완결된 형태의 후기철학을 담고 있는 『계시의 철학 최초본』*Urfassung der Philosophie der Offenbarung*에서도 역시 우리는 동일한 선언을 발견하게 된다: "자유는 우리와 신성에게 있어서 가장 지고의 것이다." 오랜 시간에 걸쳐 다양한 주제들과 씨름하면서 표면상 지속적으로 변화해 간 것처럼 보이는 셸링의 철학은 곧 "자유의 체계"System der Freiheit를 구축하기 위한 노력이었다. "되어감 속의 철학"(틸리에테X. Tilliette)으로서, 셸링의 철학은 자유와의 연관 속에서, 이 자유와의 연관으로부터 인간과 자연, 신의 상호관계에 대한 체계를 구축하고자 하는 지속적인 시도 혹은 활동이었다고 말할 수 있다.

이러한 셸링의 시도는, 이를 통해 이론철학과 실천철학의 칸트적 분리를 넘어서는 자유의 체계를 수립하고자 한다는 점에서, 그리고 이론이성과 실천이성의 통일성의 원리를 다시금 '자율로서의 자유'라는 자유에 대한 칸트의 이념 가운데에서 발견하고자 한다는 점에서 철저히 칸트의 비판철학과의 연속선 속에서 읽혀져야 한다. 한편, 칸트에게 있어서 인간의 자율성과 주체성은 이성의 건축학 가운데 정적인 형태로 구조 지워져 있는 반면, 셸링은 인간이성의 자유와 주체성을 긴 역사적 과정 가운데에서 구성되어져 가는 것으로 드러내 보이고자 한다는 점에서 칸트와 구별된다. 이를 위해서 셸링은 지속적으로 이성 혹은 자유의 '가능성의 조건'이 무엇인지를 탐구하는 가운데 -따라서 칸트의 비판철학의 전망 속에서- 자유와 자연, 역사와 자연의 분리라는 데카르트적-칸트적 대립항을 넘어서고자 지속적으로 시도하고 있다. 이러한 기획 가운데에서 자연철학의 시기에 셸링은 자연을 인간의 자유의 가능성의 조건으로, 동일철학의 시기에는 주체-객체-동일성을, 자유의 철학 이후부터는 절대자로서 사유되는 신을 인간의 자유의 가능성의 필수적인 조건으로서 드러내고 있다. 따라서 셸링은 그 역사적-발생적historisch-genetisch 되어감에도 불구하고 연속선 속에 있는 것으로 이해되어야 하는 것이 아니라, 바로 이러한 '되어감'이야말로 오늘날 '단 하나의 셸링'에 대해 말할 수 있도록 만드는 근거로 제시되어져야 할 것이다. 셸링은 그 시작부터 마지막에 이르기까지 오직 셸링으로 남아 있었다.

이성과 자유로 대변되는 인간 주체성의 영역을 탐색하고자 한다는 점에서 셸링은 철저히 근대적인 철학자였다. 하지만 동시에 셸링은 이를 위해 사유와 행위의 주체로서 인간의 자유 가능성을 드러내고자 시도함으로써, 자기의 시대를 넘어서서 오늘날의 탈근대주의 철학의 직접적인 대화 상대자로 자리매김하고 있다고 해도 과언이 아니다. 셸링은 자연철학 및 선험철학의 초기부터 이미 전체 자연을 정신의 구성에 있어서 필수적인 정신의 무의식적 역사로 파악하였다. – 이 점에서 셸링은 자신이 헤겔보다 먼저 정신의 역사에 대해 설파하였다고 지적한다– 이로부터 셸링은 정신과 자연, 의식과 무의식, 주체와 객체의 통일성, 나아가서는 '실존하는 것'das Existierende과 '실존의 근거'der Grund der Existenz의 통일성에 대한 사유를 발전시켜 나간다. 셸링에게 있어서 주체란 –그것을 정신이라고 칭하건 혹은 이성이라고 부르건 간에 상관없이– 반성적인 자기 관계성 속에서 스스로를 모든 것으로부터 독립적으로 구성하는 파편화되고도 원자화된 데카르트적 실체가 아니다. 오히려 셸링에게 있어서 주체란 그것의 가능성의 조건인 그 '근거'와의 관계 속에서만 역사적으로, 즉 긴 과정 가운데에서 구성되어져 가는 관계체이다. 정신은 자연을, 의식은 무의식을, 주체는 객체들 및 다른 주체들을 그 가능성의 조건으로 가지며, 그것들과의 통일적 관계를 근간으로 해서만 주체로 구성되어지는 것이다.

셸링에게 있어서 인간의 이성은 자신의 능력의 가능성 뿐만 아니라 자기 자신의 한계에 대한 인식에 도달하게 된다. 합리성은 그것이 토대하고 있는 불합리성을, 정신은 자연을, 이성은 욕망을 배제하고는 결코 구성되어질 수 없다. 이처럼 셸링의 사상은 근대적 합리적 이성과 자율적 인간에 대한 신뢰로부터 출발하면서도, 합리적 이성의 한계와 자율성 실현의 범위와 한계에 대한 냉철한 분석을 담지하고 있다는 점에서 독일관념론의 완성자로 평가받기도 한다. 뿐만 아니라, 이와 같은 셸링의 사고는 하르트만을 거쳐 프로이트에게로 전수되고, 이는 다시금 융과 정신분석학에게로, 나아가서 오늘날에는 라캉과 지젝 등 포스트구조주의에게로까지 흘러 들어가는 사상적 샘으로 작용하고 있다. 뿐만 아니라 이처럼 정신과 자연, 주체와 객체 사이의 통일성에 대한 셸링의 근본신념은, 근대 이후의 주체 중심적 가치관에 의해 초래된 광범위한 환경파괴와 자연에 대한 인간의 지배를 넘어서도록 도와주는 주요한 사상적 단초로 주목받고 있기도 하다.

　역자는 본래 신학을 공부한 사람으로서 셸링의 철학적 의미뿐만 아니라 신학적 의의 역시도 간략히 제시해야 한다는 의무감을 느끼고 있다. 우선적으로 셸링의 철학은 오늘날 점증하는 생태신학과의 관련 속에서 현재적인 의미를 가진다고 말할 수 있다. 뿐만 아니라 셸링은 그 사상의 발전 과정에서 신의 자유와 인간의 자유를 통일적으로 사유하고자 시도하면서, 이를 체계로서의 자유의 철학의 필수적인 요소로 간주하게 된다. 이를 실현하기 위해 셸링은 세계를 신의 피조물로 사유함으로써, 세계의 존재를 -헤겔과는 달리- 사변적 이성의 추상적인 논리적 필연성으로부터 구출하고, 그 우연성Kontingenz

과 자율성을 세계 안에 내재하는 창조자의 '자유의 흔적'으로 제시하고 있다. 뿐만 아니라, 이 과정에서 셸링은 자연과 역사, 신화와 종교를 모두 '삼위일체신의 자기계시의 과정'으로 제시하고 있는데, 이를 통해 셸링은 창조론과 삼위일체론의 르네상스를 경험하고 있는 현대 신학의 성과들을 이미 선취해 내고 있는 게 사실이다. 당연한 말이지만, 셸링의 사상이 틸리히에게 미친 압도적인 영향력은 말로 표현할 필요조차 없다. 셸링의 사상을 먼저 이해하지 않고서는 틸리히의 기본적인 신학 방법론인 '상관관계의 방법' 조차도 제대로 이해할 수 없다. 셸링의 부정철학과 긍정철학의 구분이 없이는 철학과 신앙, 이성과 계시의 상관관계의 방법은 불가능했을 것이다.

비록 짧은 서문이지만, 이 안에서 역자는 셸링의 사상과 셸링에 대한 최근의 논의의 주요 사항들을 간단히, 하지만 일관성 있게 드러내 보이고자 시도하였다. 물론 이 서문은 단지 보조 수단에 지나지 않을 뿐이고, 보다 상세한 내용들은 독자들 스스로가 이 책의 책장을 넘겨 가는 가운데 스스로 비판적으로 검토하고 또 확인하게 되기를 희망한다. 물론 역자가 본서의 원저자들의 입장에 전적으로 동의하지 못하는 부분도 있는 게 사실이다. 그렇지만 철학 전공자들조차도 셸링이라는 이름을 낯설게 느끼고 있는 한국적 상황 속에서 셸링의 사상의 발전단계와 흐름을 그 주요 저서들을 중심으로 해명하고 있는 본서는 셸링을 소개하기 위한 목적으로는 가장 적절한 수단이 되리라고 판단하였다. 놀랍게도 셸링에 대한 전문 연구서가 단 한권도 출판되어 있지 않은 상황 속에서 본서는 한국에서 발행된 '최초의' 셸링 연구서라는 영예(?)를 누리게 될 듯하다. 물론 셸링의 철학이 오늘의 한국적 상황에서 사유하고자 하는 이들에게 얼마나 도움이 될 수 있을지는 독자들 스스로 판단하시게 되리라고 믿는다.

이 자리를 빌어 역자는 역자의 게으름과 나태함으로 인해 본래의 계약 기간보다 훨씬 늦춰지고 말았던 번역작업을 끝까지 인내해 주시고 관용해 주신 동연출판사 김영호 사장님께 감사드리지 않을 수 없다. 또한 까다로운 편집 작업을 성실히 수행해 주신 동연출판사 편집실의 가족 여러분들께도 깊은 감사의 인사를 드린다. 솔직히 말하자면 몇 권 팔릴 것 같지도 않은 이 책을 출판기로 감행한 김영호 사장님의 만용은, 이 땅의 지성계와 종교계, 또 출판계를 향한 헌신의 마음이 없이는 있을 수 없는 일이었다. 그 분의 묵묵하면서도 보이지 않는 헌신에 늘 깊은 감사의 마음을 빚지고 있음을 고백하고 싶다. 상투적인 말이지만 오역과 비문으로 인해 원문에 난 생채기의 책임은 철저히 역자 본인에게 있다. 하지만 역자의 부족한 능력에도 불구하고 셸링이 이 책을 통하여 오늘의 우리들에게 조금은 더 친근하게 다가오게 되기를, 그리고 우리가 직접 그에게 말을 걸 기회가 될 수 있기를 감히 희망해 본다.

2012년 12월 상도동에서
역자 이용주

| 인용방식 및 약어 |

셸링의 저작은 셸링의 아들(K. F. A. Schelling)에 의해 편집된 《셸링전집*Sämtli-che Werke* I~XIV》(Stuttgart/Augsburg, 1856~61)을 따라 인용하였다. 본래 이 셸링전집은 두 부분으로 나뉘어 출판되었는데(I부, vol. 1~10 과 II부, vol.1~4), 본서의 인용에서 로마자는 각 해당 권의 권수를, 아라비아 숫자는 각 권의 쪽수를 가리킨다.

인용된 본문 가운데 바이에른의 학문 아카데미에서 편집된 역사적-비평적 판본*Historisch-kritische Ausgabe*에 포함되어 있는 본문의 경우에는 추가적으로 병기함으로써, 학술연구판본*Akademie-Ausgabe*에서 인용한 것임을 표기한다. 예를 들어:

AA I,3 49 = *Akademie-Ausgabe, Reihe I (Werke)*, Band 3, 49.

BuD라는 약어는 다음의 책을 의미 한다: *F.W.J. Schelling: Briefe und Dokumente*, hrsg. v. H. Fuhrmans, 3 Bde.(Bonn, 1962~1975)

또한 Plitt은: *Aus Schellings Leben. In Briefen*, 3 Bde., hrsg. von G.L. Plitt (Leipzig, 1869~70).

이들 인용서들에서 로마 숫자는 권수를, 아라비아 숫자는 쪽수를 가리킨다. 인쇄본의 활자체는 각각 현대적인 형태로 변경하였다.

셸링 작품들의 제목은, 그것이 처음으로 인용될 경우에는 제목 전체를 기록하였다. 하지만 이후 반복적으로 언급될 경우에는 다음과 같이 줄여서 사용 한다.

《이념들 *Ideen*》= 《자연철학의 이념들 *Ideen zu einer Philosophie der Natur*》[*]

---

[*] 역자 주: 하지만 본 번역서에는 이와는 달리 《자연철학의 이념들》이라고 명기하였다. 이 외에도 본서의 독일어본에서 제시된 셸링의 작품 제목의 축어가 구체적으로 어떤 책을 지시하는지 직관적이지 않거나, 그 내용을 제대로 드러내지 못할 때에는 각각 본래 책 제목의 일부를 표기함으로써 독자들이 더 쉽게 이해할 수 있도록 변경하였다.

1 서 론

프리드리히 빌헬름 요셉 셸링Friedrich Wilhelm Joseph von Schelling은 사변적 관념론자이다. 그는 피히테Johann Gottlieb Fichte와 헤겔Georg Wilhelm Friedrich Hegel을 연결하는 중간 단계로서, 이들보다 덜 체계적이거나 혹은 덜 독창적인 사상가로 알려져 있다. 그는 때로는 낭만주의적 철학자로 분류되기도 하고, 때로는 반동주의자로 비판받기도 한다.

셸링이 자기만의 고유한 중심사상을 결여하고 있다거나, 기껏해야 '되어감 속에 있는 작품' 혹은 '되어감 속에 있는 철학'(사비어 틸리에테, Xavier Tilliette)을 남겼을 뿐인 것처럼 보이는 것도 사실이다. 다른 한편으로는 정신과학과 역사학에 있어서 해석학적인 역사주의의 영향으로 인해, 셸링의 작품들은 오랫동안 철학적 야누스라는 선입견에 입각해서 해석되어 왔다. 예를 들자면 그가 새로운 이론에 아주 쉽게 영향을 받았다거나, 새로운 작품들마다 근본적으로 새로운 철학적 형태를 수용했다거나, 모든 가능한 형태의 철학들을 거쳐 왔다는 것

등이다.

셸링의 사상을 이처럼 너무 손쉽게 일반화해버리지 않으면서도 동시에 각 시기들 혹은 단계들을 구성하는 주요개념들을 그저 난삽하게 나열하기만 하는 오류를 피할 수 있는 적당한 방법이 있을까?

하인리히 하이네Heinrich Heine는 그 나름대로 "셸링의 저서들을 발생 시대 순으로 읽고 사상의 점진적인 형성과정을 따라가면서, 그의 근본이념들을 분명히 파악할"[1]것을 권고한 바 있다. 우리는 하이네가 권하는 방식을 따르면서 이 근본이념들이 무엇인지를 확실히 하고자 한다.

셸링의 핵심적인 철학적 시도는 칸트 이후 철학의 근간을 형성하던 체계System의 구축과 이 체계를 근거지우는 원리Prinzip, 즉 완결적이고도 포괄적인 지식의 체계를 형성하는 것이다. 그 근본 동기는 전일성의 철학으로서의 절대자의 철학Philosophie des Absoluten als All-Einheitsphilosophie을 수립하는 일이었다. 상기한 철학적 시도에는 복잡하게 얽힌 문제들이 연관되어 있는데, 이는 다음과 같은 네 개의 대립항을 통해 보다 명료하게 드러난다.

1. 절대적 유일자가 다자와의 대립 가운데에서 그 스스로 다자가 될 위험성이 상주하는 한, 단일성Einheit과 다수성Vielheit의 근본 문제를 해결하는 일.

2. 절대자Absolutes와 유한자Endliches의 관계, 특히 양자가 맺고 있는 관계의 근본적인 양태가 무엇인지를 해명해야만 하는 것.

3. 이성과 역사의 관계, 즉 일자와 다자, 절대자와 유한자 사이의

시간적인 매개를 자유라는 핵심적인 관점에 입각해서 해명할 것.

4. 이성과 계시 내지 철학과 종교, 즉 절대자 또는 신적인 것이 특수한 방식으로 그 안에서 드러나는 인간의식의 형식들 사이의 연관성을 밝히는 것.

비록 각 시대마다 강조점이 달라지긴 하지만, 여기 언급된 측면들은 셸링의 모든 저작을 관통해서 흐르고 있다.

셸링 사상은 그 근간에 있어서 통일성의 운동Bewegung der Einheit이라는 일반적인 범주를 따라 변화하고 있다고 말할 수 있다. 이 통일성의 운동은 하나의 과정을 통해 현실화 내지 관철되는데, 초기에는 일자가 스스로에게 복귀하는 과정으로 사유되었고, 후기에 가서는 (세계사적)역사 과정으로 묘사되었다.

이 운동은 하나의 완결된 운동으로부터 그 다음 단계의 완결로 이행하는 것으로 이해되어서는 안 된다. 운동과정 이전의 절대자와 그것이 완결된 이후의 절대자는 스스로에 대하여 상이한 규정을 가지게 되는데, 이 같은 차이는 '과정 이전vor dem Prozeß'과 '과정을 통하여über dem Prozeß'와 같은 용어들, 또는 '시원자Erstes'와 '지고자Höchstes' 등의 상이한 개념들을 통해 표현된다.

이 근본운동은 그 형식상으로 보자면 서로 다른 절대자 개념을 통해 나타나는데, 동일철학 시기에는 무차별Indifferenz 혹은 동일성의 동일성Identität der Identität으로, 긍정철학 시기에는 인격적 통일성으로서의 신과 절대정신 등의 상이한 절대자 개념이 사용되고 있다.

[프리드리히 빌헬름 요셉 셸링. 티엑Fr. Tiek의 스케치]

셸링 저작의 발전에 있어서 가장 결정적인 변화는, 신 개념과 관련하여 인격Person이라는 용어가 보다 특수하고도 구체적으로 사용된다는 것이다. 이로써 인격 개념은 추상적인 동일성 개념을 대체하게 되는 바, 이에 근거해 볼 때 셸링의 철학은 두 단계에 걸쳐 발전하며, 이 변환점을 형성하는 것이 바로《자유론》이다. 여기에서는 자연과 정신의 동일성의 문제로부터, 그 본질상 역사적인 철학의 '가장 내면적인 중심점'(VII 333)으로서의 자유와 필연성의 대립이라는 보다 근본적인 문제로의 전환이 이루어지고 있다.

이 책은 위에서 언급한 방법상의 가설과 이 가설이 내포하고 있는 주요 관심사들을 기초로 셸링의 생애를 간략히 묘사한 후, 그의 작품들을 분석하고자 한다. 이것이 적절한 셸링 해석을 가능케 하는지는 독자들 자신이 판단해야 할 몫이라고 본다.

아마도 이 책의 구성상 호어스트 푸어만스Horst Fuhrmans와의 유사성이 드러날지도 모르겠다. 하지만 본서는 그와는 전혀 다른 관점에 입각해 있음을 밝혀야겠다. 셸링의 후기철학은 순수한 유신론이 아니고 또 전통적인 의미에서의 기독교 철학도 아니다. 오히려 셸링의 철학은 그 시작에서부터 하나의 특수하고도 심화된 전일성 이론All-Ein-heitslehre이었다.

> 일자와 만유Hen kai pan, 이것 외에 나는 다른 어떤 것도 알지 못한다고 레싱은 자기 시대 사람들에게 말했다. 나 역시 이 밖에는 아무것도 알지 못한다.[2]

이 글은 셸링이 1854년 임종을 얼마 앞두고 아들 칼 프리드리 아우구스트에게 보낸 편지에서 고백하듯이 쓴 것이다. 헤겔이 자신의 동일성의 체계를 그 최상의 수준에서 개념적으로 완성시킴으로써 자기를 넘어선 후에도, 셸링은 -비록 그 한계에 맞닥뜨려야 했을지라도- 개방된 역사적 지평으로 특징 지워지는 현실성의 철학Wirklich-keitsphilosophie 안에서 체계적 사유를 계속해 나갔다. 이로써 셸링은 지표가 될 만한 철학을 구축했다. 물론 그의 철학적 전제들은 의심의 여지없이 비판적 논의의 대상인 것이 사실이다. 뿐만 아니라 그가 유한한 이성존재에 부과하는 과도한 요구들은 피히테와 헤겔의 유사한 시도들과 마찬가지로 의심스럽고 또 수행 불가능한 것처럼 보이기도 한다.

셸링은 자기의 고유한 철학학파를 형성하지는 않았다. 그의 영향은 대부분 명시적으로 드러나지 않는 형태로 이루어졌고, 바로 그 때문에 동시에 매우 다양한 방식으로 영향을 주었다. 셸링이 영향을 끼친 주요한 주제들에 대해서는 이 책의 마지막 장에서 다룰 것이다.

2 간략한 생애

1775년 1월 27일, 셸링은 독일 남부 슈바벤 지방의 레온베르크에서 한 목회자 가정의 아들로 태어났다. 아버지는 그 지역 담당목사인 동시에 존경받는 동방언어학자였는데, 1777년부터는 베벤하우젠 수도원 학교의 교사로 일했다. 셸링 집안의 지적 배경의 특징은 벵엘 (1687~1752)과 외팅어(1702~1782)를 중심으로 일어났던 개신교 신비주의와 경건주의적인 내면성이었다.

셸링은 베벤하우젠의 독일어 학교에서 최초의 교육을 받았고, 1785년부터는 뉘른베르크의 라틴어 학교에서 공부했다. 어려서부터 뛰어난 지적 재능을 보여 주었던 셸링은, 그 후 자기 아버지가 가르치고 있는 베벤하우젠 수도원에서 자기보다 훨씬 나이가 많았던 동료들과 함께 그리스어와 라틴어, 히브리어와 아랍어 및 여러 언어들을 배우게 된다.

겨우 16살이 되던 해인 1790년, 셸링은 튀빙겐 대학에서 신학과 신학공부를 위한 준비과정으로 철학공부를 시작했는데, 그때 셸링은 공식적인 입학가능 연령보다 두 살이나 어렸기 때문에 특별허가를 받아야만 했다. 국가와 교회, 교육을 담당할 인재의 양성을 목표로 하는 신학대학에서, 셸링은 자기보다 다섯 살이 많은 횔덜린Johann Christian Friedrich Hölderlin, 헤겔 등과 함께 1793년 졸업할 때까지 깊은 우정을 나누었다. 특히 셸링이 학업을 마친 1795년 가을까지 헤겔과 주고받은 서신들은 그의 초기 철학의 개요를 조망해 주는 매우 중요한 자료들이다.

프랑스 혁명이 발발한 지 얼마 지나지 않아 사회의 모든 분야에서 혁명의 기운이 느껴지던 때, 뷔르텐베르크의 영주 칼 오이겐Karl Eugen 은 튀빙겐 대학에 매우 엄격한 규율과 보수적이고도 반동적인 정치색을 강요했다. 그는 대학에서 일어나는 사소한 일들에까지 간섭했고, 한 학기에 한 번씩 학생들의 동태에 대한 보고서를 제출하도록 했다. 보고서에 따르면 셸링은 독서클럽으로 위장된 정치 결사체에 참여했고, 프랑스 혁명가를 독일어로 번역했다고 한다. 2년에 걸친 철학수업이 끝난 후 1792/93 겨울학기부터 진행되는 신학수업에서 셸링은 점점 더 신학과 전통적인 기독교 사고방식에 대해 비판적으로 변해 갔다. 무엇보다도 통제와 튀빙겐 정통주의의 보수적 사고방식은 점점 더 견디기 어려워져 갔다. 야코비주의자, 계몽주의자, 혁명분자라는 의심은 셸링이 후에 가정교사로 일할 때와 괴테에 의해 교수로 초빙되어 예나로 갈 때까지 따라다녔다.

당시 학생들은 급진적인 사회적, 정치적 변혁에 대한 종말론적 분위기와 열망에 사로잡혀 있었다. 이제 마지막 한 걸음만 내딛으면 마

[튀빙겐 대학 신학과 기숙사. 1820년 경 루프Rupp에 의한 동판화]

침내 인류의 최종적인 완성이, 인간의 지식과 특히 철학의 완성이 이루어질 것이라는 기대는 당시의 철학적 출판물들을 통해 점점 더 커져만 갔다. 특히 《모든 계시에 대한 비판》(1792)과 《사상의 자유를 억압했던 유럽의 군주들의 사상의 자유를 소환함》을 저술한 피히테는 학생들 사이에서 매우 유명했다.

튀빙겐 대학 신학과와 관련해 전해져 오는 선입견과는 달리 이곳의 학문은 당대 최고의 수준에 도달해 있었다. 물론 당시 철학의 혁명적 경향에 대해서는 비판적인 거리를 두고 있었던 것이 사실이다. 교수들과 강사들은 이 무렵 출판되었던 중요한 철학서들을 알고 있었고, 또 수업 중에 다루기도 했지만, 그 비판적 내용들은 부분적으로만 긍정적으로 평가되었고, 대부분은 거부되었다(예를 들어 조직신학 교수였던 스토어Gottlob Christian Storr).

여하튼 간에 이들이 당시의 비판적 철학에 대해 잘 알고 있었다는 것은 이때 학생들이 보았던 시험 주제의 목록을 보더라도 알 수 있다.[1] 칸트의 이성비판서들 - 《순수이성비판》(1781), 《실천이성비판》(1788), 《판단력비판》(1790) - 과 라인홀드Karl Leonhard Reinhold의 요소철학Elementar-Philosophie 그리고 특히 1789년에 2판이 출간된 야코비의 《모세 멘델스존에게 보낸 편지에 나타나는 스피노자의 이론》은 젊은 학생들 사이에서 큰 반향을 일으켰다. 이 책에서 야코비는 스피노자주의는 이성철학이 도달할 수 있는 최종적인 모습이지만, 동시에 바로 그런 이유에서 스피노자주의는 범신론이자 무신론이라고 비판하였다. 하지만 튀빙겐의 학생들에게 스피노자주의는 칸트 철학의 완성, 즉 비판철학을 하나의 철학적 체계로 고양하고 확장시키도록 돕는 전거로 받아들여졌다. 칸트와 피히테의 선험철학과 스피노자의 이성철학은 이렇게 처음부터 셸링 사상의 근간을 형성하고 있다.

당시 학생들은 철학수업을 마치면 졸업시험으로 지도교수의 이론을 방어하는 것이 관행이었다. 이에 반해 셸링은 〈창세기 3장에 나타나는 인간 악의 근원에 관한 가장 오래된 철학적 문제를 해명하기 위한 비판적, 철학적 소고〉(1792)라는 제목으로 자신의 논문을 제출하였다. 여기에서 셸링은 이 주제와 관련된 헤르더Johann Gottfried von Herder, 칸트, 하이네의 견해들을 이성의 발전에 대한 역사철학적 해석으로 변형시킨다.

이 외에도 셸링이 시험과 관련해서 제출한 소논문들이 있는데 유감스럽게도 아직까지 발견되지 않고 있다. 우리가 아는 것은 단지 셸링이 이 소논문들에서 라인홀드와 칸트에 대해서 다루었다는 것뿐이다. 하지만 이 문헌들은 셸링이 씨름했던 질문과 핵심적인 문제의식들이 무엇이었는지를 보여준다. 이와 관련해서 셸링은 피히테의 《학문론 혹은 소위 철학의 개념에 관하여》(1794)의 영향권 아래에서 피히테의 용어들을 사용한다(자아, 비자아, 근본명제 등). 하지만 이때 셸링은 피히테의 용어들을 자기 자신의 고유한 선험철학적 문제의식 속으로 새롭게 변형시켜 사용하고 있다.

아직 신학수업 과정 중에 있을 때인 1794년, 셸링은 《철학 형식의 가능성 일반에 대하여》를 출판한다. 이 책에서 셸링은 피히테의 학문이론을 사용하면서도 독자적인 방식으로 칸트의 범주론을 연역해 내었다. 이 책을 읽은 피히테는 셸링을 수준 높은 철학적 저술가로 높이 평가하였고, 이와 더불어 셸링은 학문세계에 처음으로 자기의 이름을 알리게 된다.

1795년 신학수업이 끝나고 난 후, 셸링이 신학의 길을 가지 않을 것이라는 것은 처음부터 명확했다. 대신에 그는 슈투트가르트에서 다름슈타트 출신의 리데젤 남작 자녀들의 가정교사로 일하기 시작했다. 1796년에는 이들과 함께 라이프치히로 이주하여 라이프치히 대학에서 수학, 자연과학, 의학을 공부하였다. 그 결과물로 나온 책이 바로 셸링 최초의 자연철학적 저술인 《자연철학의 이념들》(1799)이다.

1798년 가을, 셸링은 6주가량 드레스덴에 머물면서 이곳에 수집되어 있는 예술품들을 연구하는데, 이때 아우구스트 빌헬름 슐레겔August Wilhelm von Schlegel과 프리드리히 슐레겔Friedrich von Schlegel 형제, 노발리스Novalis, 프리드리히 티엑Friedrich Tieck, 프리드리히 에른스트 다니엘 슐라이어마허Friedrich Ernst Daniel Schleiermacher 등의 초기 낭만주의자들과 처음으로 접촉하게 된다.

[라젠퓔 산에서 바라본 예나시 전경. 1800년 경 야콥 룩스Jacob Roux]

1798년, 셸링은 괴테Johann Wolfgang Goethe의 도움으로 비정규 교수직으로 예나에 초빙을 받았다. 이곳에서는 자연철학과 선험철학에 대해 주로 강의하였다. 초창기에는 피히테와 함께 작업하였지만, 1799년 피히테가 무신론 논쟁으로 인해 불가피하게 예나를 떠나게 되면서 셸링은 점점 더 예나 대학의 유일한 정신적 중심점으로 자리를 잡는다. 괴테와의 교류도 지속되었는데, 셸링은 특히 괴테의 색채론과 형태변형론Metamorphosenlehre에 큰 인상을 받았으며, 근방의 바이마르에 거주하던 프리드리히 실러Friedrich Schiller와도 교류했다. 셸링의 예술철학은 무엇보다도 초기 낭만주의자들과의 교류를 통해 자극받은 면이 컸다.

1800년, 셸링은 자기 강의들의 연장선 속에서 《선험철학의 체계》를 출판한다. 이 저서에서 셸링은 피히테의 《학문론》으로부터 시작되는 관념론을, 철학의 전체 대상들로까지 확대시킨 하나의 체계로서 제시하고 있다. 이 책은 분명 셸링이 쓴 책들 가운데 가장 확실하게 완결된 작품이라고 말할 수 있다.

1801~1802년 사이의 서신교환을 통해, 셸링과 피히테 두 사람은 자연철학과 선험철학의 관계에 대한 핵심적 문제와 관련해서 서로 상이한 견해를 가지고 있다는 것을 점차 확실히 깨달아 간다. 1801년부터 셸링은 《사변적 물리학 *Zeitschrift für spekulative Physik*》을 편집하였는데, 그 제2호에서 《나의 철학체계의 진술 *Darstellung meines Systems der Philosophie*》이라는 제목의 작품을 발표한다. 여기에서 셸링은 피히테의 철학으로부터 완벽히 독립해 있는 자기만의 고유한 철학개념을 선언한다. 그것이 바로 동일철학Identitätsphilosophie이다.

1801년, 셸링의 친구였던 헤겔은 셸링의 지도 아래 예나에서 교수 자격 취득논문을 썼고, 이어서 〈피히테와 셸링 철학체계의 차이 *Differenz des Fichteschen und Schellingschen Systems der Philosophie*〉라는 글을 발표한다. 여기에서 헤겔은 독자적인 방식으로 피히테를 비판하는데, 셸링과 헤겔의 철학적 공동작업은 그 후 몇 년간 계속되었다. 1802년과 1803년 사이에 발행된 《비판적 철학 잡지 *Kritisches Journal der Philosophie*》는 이들의 공동작업의 결과물이었다.

예나를 떠난 1803년 5월, 셸링은 첫 만남 이후 그를 존경해 왔던 아우구스트 슐레겔August Wilhelm von Schlegel의 전 부인인 카롤리네Caroline Bohmer-Schlegel-Schelling와 결혼한다. 당시 셸링은 낭만주의자 그룹과 거리를 두기 시작했는데, 이는 반드시 셸링이 얽혀 있는 카롤리네와 슐레겔의 이혼과 같은 스캔들이나 이와 결부된 개인적 문제들 때문만은 아니었다. 또한 낭만주의자들과는 구별되는 철학적, 종교적 차

[카롤리네 슐레겔. 티쉬바인의 작품의 모조품]

이 때문이었다고 말하기도 어렵다. 이들 사이의 차이는 범신론적 자연종교에 대한 일종의 기획이라 할 수 있는 〈에피큐레스적 신앙고백 *Epikuräisch Glaubensbekenntnis*〉이라는 시에 나타난다.

1803년 겨울학기에 셸링은 뷔르츠부르크로 초빙을 받아 가는데, 이 대학은 얼마 지나지 않아 뷔르츠부르크가 바이에른에 병합됨에 따라 폐교되고 만다. 이때 초빙을 받았던 지식인들 가운데에는 인상적인 인물들이 많이 있었다. 의학자였던 알베르트 프리드리히 마르쿠스Albert Friedrich Marcus와 요한네스 안드레아스 뢰슬라웁Johannes Andreas Röschlaub 같은 이들은 셸링이 1800년 밤베르크를 방문했을 때 그의 기본적인 자연철학적 개념들을 수용하여 자기들의 분야로 확장시켰던 사람들이다.

이 외에도 칼 아우구스트 에셴마이어Karl August Eschenmayer, 헨릭 스테펜스Henrik Steffens, 하인리히 슈베르트Heinrich Schubert, 로렌츠 오켄Lorenz Oken 등 셸링의 자연철학의 추종자들과 비판가들, 또 법학자인 크리스토프 빌헬름 후펠란트Christoph Wilhelm Hufeland와 신학자인 임마누엘 니트함머Immanuel Niethammer 등이 있다.

뷔르츠부르크에서의 생활은 셸링에게 견디기 힘든 것이었다. 이는 셸링이 카롤리네의 딸인 아우구스트 뵈머Auguste Böhmer(1785~1800)가 병중에 있을 때 브라운의 촉발론Erregungslehre의 치료법을 따라 치료하다가 죽게 했다는 소문이 나돌았기 때문이기도 했다. 또한 공히 낭만주의적인 종교관에 입각해 있다고 의심받고 있던 카톨릭 사제(특히 프란츠 베르크)와 파울루스와 같은 개신교 신학자 사이에서 셸링이 취했던 모호한 입장 때문에도 셸링은 뷔르츠부르크에서 많은 어려움을 겪었다. 에셴마이어와의 논쟁 이후 –이 논쟁은《철학과 종교Philosophie und Religion》(1804)를 보면 알 수 있다– 셸링에게는 종교의 갱신과 철학 안으로 영적인 것을 통합하는 것이 중심적인 문제가 되었다. 감각 세계는 절대자로부터의 타락에 기인하는 것으로 이해되었는데, 이에 따라 절대자에 대한 보다 구체적인 개념 설정이 필요하게 되었다.

셸링의 자연철학과 동일철학에 대해 의심의 여지없이 비판적이었던 피히테는 1806년의《수정된 피히테의 이론과 자연철학의 관계에 대한 서술Darlegung des wahren Verhältnisses der Naturphilosophie zu der verbeserrten Fichteschen Lehre》이라는 논쟁서를 통해 철저히 거부되었다. 1807년, 헤겔이《정신현상학Phänomenologie des Geistes》 서문에서 내세웠던 비판을 셸

[요한 고트립 피히테. 부리의 소묘]

링은 자신에 대한 것으로 간주했고, 이로써 헤겔과의 관계는 파국을 맞이한다. 후일 두 사람은 요양 차 들른 칼스바드에서 우연히 만나게 되지만, 더 이상 철학적 주제에 관해서는 대화하지 않았다.

1806년 4월 17일, 셸링은 뷔르츠부르크를 떠나 뮌헨으로 옮겨간다. 뷔르츠부르크는 프레스부르크 평화조약에 따라 토스카나의 영주에게 귀속되었고, 셸링은 당시 라인연방 국가들 중 가장 강력했던 바이에른에서 새로운 학문적 보금자리를 찾는다. 바이에른의 왕은 뷔르츠부르크에서의 교수직을 대체하는 것으로써 뮌헨 학술회Akademie der Wissenschaft 회원이 될 것을 제안했고, 셸링은 1820년까지 뮌헨에 머물렀지만 대학에서 가르치지는 않았다.

1807년 10월 12일, 〈조형예술과 자연의 관계Über das Verhältnis der bilden-den Künste zu der Natur〉라는 제목으로 이루어졌던 강연은 큰 반향을 불러일으켰고, 셸링은 1807년 설립된 조형예술학회의 의장이 되었다. 뮌헨에서 셸링은 특히 야콥 뵈메Jacob Böhme의 신비주의적, 신지론적 사유에 지대한 관심을 가지고 있던 프란츠 바아더Franz v. Baader와 교류하였다. 1809년에는 《인간적 자유의 본질에 대한 철학적 탐구Philoso-phische Untersuchungen über das Wesen der menschlichen Freiheit》가 출판된다. 이 책에서 셸링의 사상은 전환점을 맞이한다. 지금까지는 주로 자연과 정신의 대립과 통일성이 주된 관심사였다면, 이제는 자유와 필연성의 문제가 셸링철학의 가장 핵심적인 문제로 대두된 것이다. 이는 인간적 자유의 본질을 해명하고 신에 대한 차별화된 개념을 제시할 것을 요구하였다. 같은 해 9월 7일, 카롤리네가 세상을 떠나자 셸링은 《클라라. 혹은 자연세계와 정신세계의 관계에 대하여Clara. Oder über den Zusammenhang der Natur- mit der Geisterwelt》라는 저서를 통해 죽음에 대한 철학적 반성을 시도한다.

1810년 1월부터 10월까지 셸링은 슈투트가르트에서 법학자인 에버하르트 프리드리히 게오르기이Eberhard Friedrich Georgii의 집에서 머물면서 〈사설강의Privatvorlesungen〉를 열었다. 뮌헨으로 돌아온 후부터 《세계시대Weltalter》를 구상하기 시작했다. 이 책은 1811년 출판박람회의 출판 예정도서 목록에도 명기되었었지만, 사실상 구상에 그칠 뿐이었고 출판되지는 않았다. 이 책에는 향후 셸링이 전 생애에 걸쳐 씨름했던 실로 광범위한 주제, 즉 '세계 속에서 신의 자기계시의 역사'를 철학적으로 파악하려는 시도가 배태되어 있다.

1811~12년에는 야코비와 논쟁을 벌였다. 셸링은 그 수려한 문체로 출간 직후 반향을 불러온 《야코비의 신적 사물들에 관하여를 위한 기념비Denkmal der Schrift von den göttlichen Dingen etc. des Herrn Friedrich Heinrich Jacobi》에서, 자연철학에 반하여 신성의 원칙적인 인식불가능성을 주장하면서 신적인 것을 모든 자연적인 것으로부터 떨어뜨려야 한다는 야코비의 주장을 거부한다. 셸링이 철학적 논쟁의 범위를 넘어선 인신공격으로 상대를 궁지에 몰아넣는 데 있어서만큼은 그의 적에 비해 결코 뒤지지 않았다고 하더라도, 이 책이 비범할 정도로 날카로운 논쟁서인 것은 분명하다.

1812년 6월 11일, 셸링은 전 부인 카롤리네의 친구 딸인 파울리네 고터Pauline Gotter와 결혼했는데, 그녀와의 사이에서는 세 명의 딸과 세 명의 아들이 태어났다. 《독일인의 독일인을 위한 일반지Allgemeine Zeitschrift von Deutschen für Deutsche》를 발행하려는 계획은 무위로 돌아가고 말았다.

1815년 10월 12일, 왕립학술회에서 행한 강연인 《사모트라케의 신성들에 관하여Über die Gottheiten von Samotrake》가 아직 출판되지 않았던 《세계시대의 부록》으로써 발표되었다. 여기에는 처음으로 시도된 그리스 신화에 대한 종교철학적 해석이 담겨 있는데, 이로부터 신화의 철학이 발전하게 된다. 이후로 강연들과 단편적인 글들을 제외하고는 셸링의 철학 저서는 더 이상 출판되지 않았으며, 뮌헨에서 셸링은 점점 철학적으로 고립되어 갔다. 가톨릭으로 개종했다는 소문이 떠돌

았고, 셸링의 정치적 견해들은 그가 반동분자가 되었다는 사람들의 신념을 강화시켜 줄 뿐이었다. 이는 셸링이 반동적인 칼스바드 결의를 비판했을 뿐만 아니라, 동시에 이 결의의 반대자들을 비판했기 때문이기도 하였다.

1820년 말경, 셸링은 강의 의무가 없는 명예교수가 되어 에어랑엔으로 이주했으며, 그곳에서 7년간 살았다. 그는 여기에서 1823년까지 다음과 같은 강의를 개설했다: 〈학문으로서의 철학의 본질에 관하여 *Initia philosophiae universae oder: Über die Natur der Philosophie als Wissenschaft*〉, 〈신화의 철학*Philosophie der Mythologie*〉, 긍정철학positive Philosophie으로 넘어 가는 최초의 강연인 〈새로운 철학의 역사*Geschichte der neueren Philosophie*〉 등.

1826년 란드스후트의 주립대학이 뮌헨으로 이전하게 됨에 따라 셸링은 뮌헨대학에서 강의할 수 있는 기회를 얻는다. 1827년 5월에는 국립 학문편찬소의 총감독이 되었고, 당시 문화부장관이었던 셴크Schenk가 의장으로 있는 협의회 회원으로서, 셸링은 바이에른의 교육체계를 개선하는 일에 참여해서 학교에서의 고전교육과 학문의 자유를 주창하였고, 모든 억압적인 연구방식에 반대하여 싸웠다.

1830년 12월 29일, 4일간에 걸친 대학생들의 유혈사태가 일어나자 셸링은 대단히 열정적인 정치적 발언을 통해 이를 진정시켰고, 이로써 대학이 폐쇄 내지 이전되는 것을 저지하기도 했다. 1840년까지 셸링은 일 년에 두 번 개최되는 왕립학술원 회의에서 매번 개회 강연을 하였는데, 1832년 3월 28일 강연했던 〈페러데이의 전자기장의 유도에 관하여*Über die Entdeckung der elektromagnetischen Induktion durch M. Faraday*〉를 그 중 가장 중요한 것으로 꼽을 수 있다.

[란트스후트 대학의 폐교 이후 뮌헨 대학에로의 이전. 요셉 키르히
마이어Kirchmair의 석판화. 1826년 11월 15일, 교수들은 성 미하엘
교회에서의 기념식 이후 예수회수도회 부속기숙사로 사용되던 건물
로 이주해 들어가게 된다]

1833년에는 프랑스 영예의 전당 기사로 선출되었으며, 프리드리히
칼 사비니Friedrich Carl v. Savigny 및 슐라이어마허와 더불어 파리 학술회
회원이 되었다. 강의에서는 헤겔에 대한 비판이 이어졌다. 헤겔은 동
일철학의 핵심사상을 받아 들였지만 논리학의 순수 개념성의 영역에
만 머무름으로 인해 그 본래의 의미를 상실하였으며, 특히 (셸링 자신
의 고유한 입장에 근거해서 보았을 때) 이성철학의 논리적 성격을 간과하
고 말았다는 것이다. 이에 반해 셸링은 자기의 강의에서 긍정철학을
내세웠다.

1830년 7월, 혁명과 더불어 강화된 복고주의로 인해 뮌헨에서는
대학의 자유와 개신교에 대한 종교적 관용이 점점 악화되어 갔는데,

[수업중인 게오르크 빌헬름 프리드리히 헤겔.
1828년 쿠글러F. Kugler에 의한 소묘(그중 일부분)]

이 같은 상황은 1840년 8월 1일, 셸링이 베를린 대학의 초빙을 받아
들이는 것을 더욱 용이하게 했다. 분젠이 셸링 초빙서한에서 밝힌 바
와 같이, 프로이센의 프리드리히 빌헬름 4세는 "시대의 교사로 부름
받은 철학자"를 통해 "헤겔식 범신론의 사악한 용의 씨앗과 얄팍한
박학다식, 가정에서의 훈육을 법적으로 제거하려는 일, 언젠가는 땅
에 떨어져야만 할 이런 일들의 열매들을" 제거하기를 바랐다.[2] 셸링
이 베를린으로 초빙 받은 일은 그 당시 최고의 문화적, 정치적 사건
이었다.

이제 셸링은 한편으로는 기대와 호기심에 가득 찬, 또 한편으로는

선입견에 사로잡혀 있던 청중들을 대면해야 했다. 아놀드 루게Arnold Ruge, 미하엘 바쿠닌Michael Bakunin, 프리드리히 엥겔스Friedrich Engels와 같은 우파 헤겔리안과 좌파 헤겔리안, 쇠렌 키에르케고르Søren Kierkegaard, 헨릭 스테펜스Henrik Steffens, 야콥 부르크하르트Jacob Burckhardt 같은 이들이 그의 청중들 가운데 자리하고 있었다.

1841년 10월 16일, 헤겔 사후 10주년이 하루 지난 날 셸링은 자기의 강의를 시작했다. 1841년부터 1842년까지 이어졌던 이 강연 속기록을 파울루스Paulus가 1843년 자기의 해석과 비판적 평가를 단 채 편집, 출판하자 셸링은 재판을 통해 출판을 금지하려 했지만 재판에 지고 말았다. 1846년 셸링은 건강상의 이유로 강의를 중단하게 된다.

높았던 기대에 비해서 베를린에서의 강의는 아무런 성과 없이 끝을 맺고 말았다. 1852년까지 셸링은 베를린 학술회에서 단편적인 강연들을 열었을 뿐이었다. 하지만 이 강연들은 셸링의 후대 철학과 관련해서는 매우 중요한 의미를 지닌다. 비록 그에게 프로이센은 여전히 낯선 곳으로 남아 있었지만, 셸링은 자기 삶의 마지막 단계에서 베를린 사회의 주요한 위치를 차지할 수 있었다. 자신의 철학을 완성하기 위해 마지막 순간까지 《순수 이성철학의 서술Darstellung der rein-rationalen Philosophie》에 매달렸는데, 이는 그의 일기들이 증언해 준다. 일종의 철학적 유언의 형태로 셸링은 아들들에게 자신의 작품을 출판할 때의 유의사항들을 일러 주었다.[3]

1856년, 둘째아들인 칼 프리드리히 아우구스트는 셸링의 전집Sämtliche Werke의 편집을 시작했다. 우선 제2부에 해당하는 《신화의 철학》과 《계시의 철학》의 강의 유고록들(총 4권)이 출판되었다. 이후 이

[1850년의 셸링. 카이저에 의한 연필 스케치]

미 출판되었거나 유고로 남아 있는 작품들과 강의록들(총 10권)이 시대별로 분류된 제1부가 뒤이어 출판되었다.

1854년 8월 20일, 셸링은 스위스의 바드 라가츠에서 요양하던 중 사망한다. 황태자 시절이었던 1835년부터 1840년까지 셸링의 제자였던 바이에른의 왕 막시밀리안 2세는 이곳에 고전주의 양식의 비석을 세우고 아래와 같은 비문을 새기게 했다.

"독일 최고의 사상가에게 바침"

1부

절대자의 철학 : 자연과 정신

3 이성 그리고 완성을 향한 열정

1. 셸링의 철학적 시작

셸링은 1792년, 석사논문인 《인간 악의 근원에 관하여*Antiquissmi*》로 신학수업을 위한 준비과정으로서의 철학과정을 수료하였다. 이 논문은 튀빙겐 기숙사의 원장이자 그의 스승이었던 크리스티안 프리드리히 스누러Schnurrer의 추천사와 함께 출판된다.

이 작품의 제목은 당시 셸링이 이미 가지고 있던 철학적-신학적 근본문제들과 또 앞으로 전개될 사상의 프로그램이 어떤 것이었는지를 보여주고 있다. 여기에서 셸링은 튀빙겐 기숙사의 신학 강의들 가운데 부지불식간에 내포되어 있던 체계적인 근본문제를 다루고 있는데, 이성과 계시를 중재하는 일이 바로 그것이다. 당시 스피노자로부터 시작되어 계몽주의를 거치면서 전승된 합리주의적 역사적 텍스트 비평은 소위 신학적 교의학의 지반을 파괴하는 위협으로 간주되었다.

[임마누엘 칸트(1724-1804). 출판업자 칸터Kanter의
의뢰로 베커I.B. Becker에 의해 1768년 완성. 칸트는
칸터의 집에서 1766년부터 1769년까지 거주]

칸트는 이미 그의 소책자《인간역사의 기원에 대한 추론*Mutmaßlicher Anfang der Menschengeschichte*》(1786)에서, 창세기 3장의 타락과 원죄에 대한 기사를 어떻게 하나의 이성적 진리에 대한 표현으로 해석해야 할 것인지 보여준 바 있다. 이와 더불어 신학자들의 희망과는 달리 역사적인 기독교는 이성적 이념의 도구로 서술되었고, 실증적인 교의학적 언명들을 주석적으로 합리화하려는 순진한 시도들은 그 토대에서부터 흔들리게 되었다.

1793년, 완결된 형태로 출판된 칸트의《이성의 한계 안에서의 종고*Die Religion innerhalb der Grenzen der bloßen Vernunft*》는, 이를 어떻게 윤리신학 Ethikotheologie에 입각하여 철학적으로 근거지우며 수행할 수 있는지를 보여주는 표본이 되었다. 셸링은 바로 이를 따랐다. 셸링이 신학수업을 받는 동안 제출되었던 정기 보고서에서 기숙사 사감들은, 셸링이 "칸트의 작풍을 따라 실증적인 내용의 설교본문들을 알레고리적으로 해석할 것을 주장함"이라고 보고하고 있다.[1]

인간의 죄와 악의 근원에 관한 셸링의 작품은 성서의 타락기사를 신화와 서사Erzählung로 해석하면서, 그것을 성서 이외의 문화전통, 즉 오리엔트나 고대로부터 기원한 다양한 신화들과 비교한다. 이때 셸링의 철학적 비평의 주안점은, 특히 그 구조와 내용을 비교하는 가운데 신화를 인간 정신의 특정한 발전단계를 드러내는 문서로 해석하고자 하는 데 있다.

셸링은 신화를 인류의 '유년기적 정신'으로 해석하고자 했는데, 이러한 시도는 파울루스가 발행한 철학–신학 잡지인《회고들*Memorabilien*》에서 1793년에 발표된 논문, 〈신화, 역사적 사화 그리고 고대세계의 철학적 명제들에 관하여*Über Mythen, historische Sagen und Philosopheme der ältesten Welt*〉에서 보다 명확하게 드러난다. 신학적 주석의 문제, 즉 이성과 계시의 관계와 더불어 셸링에게는 이성과 역사의 관계가 주된 문제로 대두되었다.

셸링은 이를 해결하기 위한 철학의 고유한 기여방안으로 이성의 발전에 관한 역사철학적 개념을 제시한다. 신화의 진리를 파악하기 위해서는 이성의 체계와 역사 간의 상관관계를 파악해야 한다는 것이다. 셸링이 하이네와 헤르더, 라이프니츠를 따라 밝히는 것처럼, 성서의 창조기사를 포함하는 신화들이 진리의 진술로 사유될 수 있다면, 이 같은 이성의 상이한 언술방식은 동시에 인류의 역사적 단계들이 내포하고 있는 근본규정으로 사유되어야 한다.

이를 위하여 셸링은 칸트의 - 칸트 자신은 비역사적인 방식으로 사유한 - 이성의 구조이론을 역사적으로 해석하였고, 상상력, 판단력 등 좁은 의미에서의 이성은 이 같은 역사의 원리들 혹은 이들에 의해 근거지워진 역사적 단계들을 가리키는 것으로 보았다.[2] 이성은 인간의 형성과정Bildungsprozess의 한 계기 또는 결과물로 파악된다. 이로써 전체 역사는 시원적인 자연 상태(파라다이스, 황금시대)로부터 시작하여 자연으로부터 인간의 자기분리(타락)에 근거지워진 것으로, 즉 자유에 의해, 자유를 통해 계발되고 형성되는 이성적 단계에로의 전이로 해석된다.

셸링의 두 초기 문헌들은 매우 흥미로우면서도 중요한 최초의 시도들을 보여준다. 셸링은 여기에서 신화를 철학적으로 해석함으로써 종교들의 역사화, 특히 기독교의 역사화를 시도하고 있다. 이때 셸링은 과거의 신화를 단순히 지나간 것으로 치부해버리는 계몽주의의 오류를 벗어 던지고, 오히려 신화를 철학적으로 해석함으로써 신화가 담고 있는 진리 또는 유효성을 드러내고자 한다. 신화는 특수한 방식으로 규정되어 있는 정신세계와 인류역사 속에서 그것이 이룬 발전에 대한 유용한 자료를 제공해줌으로써 긍정적인 의미를 얻는다. 비록 적절치 않은 방식으로 보여주고 있는 것이 사실이지만, 그렇다 하더라도 신화 속에는 철학적으로 해명되기만 한다면 대단히 중요할 수도 있는 근본적인 질문들이 감추어져 있다. 신화 안에는 사실상 철학적 반성과 개념들이 담겨 있다.

셸링의 역사철학적 구상은, 역사를 철학적으로 해명하고자 하는 단순한 이론적인 과제를 넘어서 명백히 사회적-정치적 함의를 지닌다. 왜냐하면 역사철학적 구상은 이성이 완성된 단계에 이루어질 역사의 목표와 종착점에 대한 인식만을 제공하려는 것이 아니라, 이 인식을 기초로 하여 세계를 형성해 나갈 것을 요구하고 있기 때문이다. 셸링의 정치적이면서도 계몽주의적인 열정은 무엇보다도 의식의 혁명과 이를 따라 이루어지게 될 사회적, 정치적 현실의 변혁을 목표로 한다.

> 인간에게 그가 '어떤 존재인지에was er ist' 대해 의식하게 하라. 그리하면 곧바로 '무엇을 해야 할 것인지was er soll' 배우게 될 것이다.(I 157/AA I,2 77f.)

셸링은 매우 치밀하면서도 통찰력 깊은 추도서 《임마누엘 칸트 *Immanuel Kant*》(1804)에서 그를 비판한 후,[3] 역사적-사회적 변혁의 여러 가능한 형태들을 의도적으로 예시하고 있다.

> 아주 오래 전부터 형성되어 오던 바로 그 동일한 정신이 국가와 상황의 차이에 따라 저곳에서는 〔프랑스에서는〕 현실적인 혁명 속에서, 여기에서는 〔칸트 철학이 주어진 독일에서는〕 이념적 혁명 안에서 구체화되었다. (VI 4)

칸트를 따라 형성된 초기의 역사철학적 개념은 동시에 '완성을 향한 열정'을 드러낸다. 이 열정은 셸링이 아직 신학수업(1794~95)을 받던 중에 철학의 체계적 근거지움과 실행의 문제와 관련하여 출판한 철학서들 속에서 특징적으로 나타나고 있다.

셸링은 이미 신학대학에 재학 중이던 시기에 혁명적이고도 새로운 시대를 열어나가는 현상으로 이해되었던 칸트의 비판서들을 탐독했고, 칸트 이후 발전해 간 철학적 문제들에 깊이 빠져 들었다. 그가 제출했던 논문들의 주제를 살펴보면 셸링이 이 문제들을 잘 알고 있었음을 알 수 있는데, 그 제목들은 다음과 같다: 〈라인홀드의 요소철학에 대한 몇 가지 논평과 더불어 철학의 가능성에 관하여*Über die Möglichkeit einer Philosophie ohne Beinamen nebst einigen Bemerkungen über die Reinholdische Elementarphilosophie*〉, 〈이론이성과 실천이성의 일치에 관하여, 특히 카테고리의 용례 및 그 사실성에 비추어 본 지적세계의 이념의 현실화와 관련하여*Über die Übereinstimmung der Kritik der theoretischen und praktischen Vernunft, besonders in Bezug auf den Gebrauch der Kategorien, und der Realisierung der Idee einer intelligiblen Welt durch ein Faktum derselben*〉

이를 통해 볼 때, 셸링은 피히테의 《개념서*Begriffsschrift*》*를 조속히 수용, 변형시키는 탁월한 능력을 가지고 있었음이 분명하다.

칸트 이후 철학의 본질적인 근본문제들로는 다음과 같은 것들을 들 수 있다.

---

* 역자 주: 피히테의 《학문론 혹은 소위 철학의 개념에 관하여*Ueber den Begriff der Wissenschaftslehre oder der sogenannten Philosophie*》(1784)를 가리킨다

1. 라인홀드Reinhold는 《칸트 철학에 관한 서신들*Briefen über die Kantische Philosophie*》에서 《순수이성비판》의 인식론적 문제들을 주로 분석했다. 이에 따르면 칸트의 비판은 검증되지 않은 전제들에 기반하고 있고, 이 전제들 역시 서로 긴밀히 연결되지 않고 단지 병렬되어 있을 뿐이다. 라인홀드는 칸트의 비판을 분석적으로 엄밀히 기술하고자 시도했다. 칸트의 개념과 여타 근본명제들은 단일한 최고의 근본명제로부터 연역되어진 개념들과 명제들의 체계로서 구성되었어야 했다.

이 같은 라인홀드의 생각에는, 학문은 체계이어야 하고, 구체적으로는 연역의 방식으로 도출된 명제들의 연계성으로 파악되어야 한다는 것, 또한 학문적 철학의 토대Fundament는 하나의 최상위 명제에 기반하고 있어야 한다는 생각이 그 기저에 깔려 있다. 이렇게 요구되어지는 근본명제는 그 스스로 규정되어야 하고 명료해야 하며, 단 하나일 수밖에 없다. 이로써 데카르트 철학의 결정적 특징인 확고부동한 토대의 요청이 칸트 철학과 관련해서 도입된다.

자기의 주요 저서인 《인간 표상력에 관한 새로운 이론의 시도*Versuch einer neuen Theorie des menschlichen Vorstellungsvermögens*》(1789)에서 라인홀드는 가장 근간을 이루는 개념으로서 표상의 개념을 강조한다. 《엄격한 학으로서의 철학의 가능성에 관하여*Über die Möglichkeit der Philosophie als strenge Wissenschaft*》와 《철학적 지식의 토대에 관하여*Über das Fundament des philosophischen Wissens*》에서 라인홀드는 철학의 근본명제에 관한 자기만의 독특한 숙고를 통해, 이 시대의 특징적인 문제가 된 체계적 사유Systemgedanken에 관한 질문을 철학 안으로 도입하였다. 의식의 명제는 의식 속에 있는 표상이 주체를 통해 객체와 주체로부터 구분되는 동시에 양자와 연계되어 있다고 보는데, 바로 이 의식의 명제가 추구되고 있는 최상의 (근본)명제라는 것이 라인홀드의 주장이다.[4]

칸트 이후, 또는 칸트를 따르는nach Kant 절대자의 철학에 있어서는 이와 같은 최고 근본명제의 내용에 대한 질문이 그 중심적인 출발점이 되었는데, 이를 꼭 틀렸다고 말할 수만은 없다. 이와는 달리 칸트는 《순수이성비판》의 변증법에서 영혼, 세계, 신에 대한 형이상학적-이론적 진술의 가능성을 비판적으로 거부한 바 있다.

2. 칸트 철학을 관통하는 이원론, 즉 경험과 선험aposteriori-apriori, 감각과 오성, 수동성과 능동성, 현상과 실재계noumena, 물질과 형식 등은 또 다른 근본문제들을 이룬다. 이원론은 특히 형식과 물질의 관계와 관련해서 의문의 대상이 되었다. 양자가 만일 서로 상이한 근원에서 기원한 것으로 분리된다면, 즉 형식은 선험적 계기로, 물질은 소여된 것으로 규정된다면, 물자체를 통해 감각이 자극된다고 보는 칸트의 이론은 비판에 직면할 수밖에 없었다.

야코비는 이것을, 1787년 출판한 《신앙에 관한 데이비드 흄의 주장, 혹은 관념론과 실재론. 대화편David Hume über den Glauben, oder Idealismus und Realismus. Ein Gespräch》과 이 책의 부록인 〈선험철학에 관하여Über den transzendentalen Idealismus〉[5]에서 주장하였다. 야코비에 의하면 물자체에 의해 자극이 이루어진다는 것은 인과율의 형식이 여기에 적용되고 있음을 의미한다. 하지만 인과율의 형식은 제한적인 범주의 현상계에만 해당된다. 따라서 물자체에 의해 자극이 이루어진다는 주장은 《순수이성비판》에서 적절한 자리를 차지할 수 없다.

야코비에게 있어서 무엇보다도 큰 문제가 된 것은, 자신이 "끊임없이 혼란스러울 수밖에 없다는 것으로, 저 이원론적 전제 없이는 칸트의 체계 안으로 들어갈 수가 없으며, 동시에 이 전제를 가지고는 그 체계 안에 머물러 있을 수가 없다."는 데 있었다. "지금까지 가르쳐졌던 것보다도 더욱 강력한 관념론을 주장하고, 사변적 자아중심주의라는 비판을 두려워하지 말자"[6] 는 야코비의 -당연히 논쟁적인 의도에서 제기되었던- 제안은 학문론의 원리(근본명제)를 보다 상세히 규정하고 개념화하고자 했던 피히테에게 아주 중요한 안내가 되었다.

3. 고트롭 슐츠Gottlob Ernst Schulze(1761~1833)는 1792년 아에네시데무스Aenesidemus라는 필명으로 회의주의를 변호하고자 했다. 그가 보기에 칸트와 라인홀드에 의해 회의주의가 극복되었다는 것은 과도하고도 부당한 주장이었다. 슐츠가 보기에 가장 근본적인 문제는 인간의 성정Gemüt 안에 직관과 오성의 선험적 형식이 이미 주어져 있다는 주장이었다. 그에게 칸트의 비판은 경험주의 혹은 능력의 심리주의Vermögens-Psychologie와 선험주의, 즉 경험적으로 지각될 수 없는 주체성에 관한 이론 사이에서 표류하고 있는 것처럼 보였다.

성정이 결코 경험적인 것일 수 없다면 우리의 판단 속에 놓여 있는 필연성은 물자체나 실재계 또는 선험적 이념으로 사유되어야 하는데, 이러한 시도들은 모두 부정적으로 평가될 수밖에 없다. 이 세 가지 경우 모두가 칸트의 이론으로부터 도출된 논거를 토대로 거부되었다.

이를 통해 슐츠는 자연스럽게 비경험주의적이면서도 비심리주의

적인 주체성 이론을 사작하게 되는 주요한 착안점을 피히테에게 제
공해 주었다. 이러한 논쟁들을 통해 피히테는 칸트에 대한 반대 주장
들이 칸트의 입장을 기본적으로 제대로 파악하지 못하고 있으며, 비
록 그가 정당하긴 하더라도 칸트 역시도 아직 선험철학을 충분히 제
대로 기술하지는 못하였다는 것을 분명히 인식하게 되었다.

피히테는 《아에네시데무스-슐츠-논평Aenesidemus-Schulz-Rezension》
(1794)에서 칸트와 라인홀드에 대한 반대를 넘어선다. 그는 특히 라
인홀드가 주장했던, 자기 스스로를 해명하는 의식에 관한 명제를 수
용한다. 이와 관련해서 아에네시데무스는 사용되어진 개념들의 비규
정성을 강조하였다.

피히테는 이 근본명제를 "더 깊숙이 탐구되어져야 할 상위의 근본
명제höherer Grundsatz 그리고 동일성과 반립이라는 명제의 실재적인 타
당성reale Gültigkeit des Satzes der Identität, und der Gegensetzung"과 관련시키면서
다음과 같이 비판적으로 질문한다: "만일 구분지음과 관계지음이라
는 개념이 오직 동일성의 개념 그리고 대립의 개념을 통해서만 규정
된다면?"[7] 표상한다Vorstellen는 것은 성정이 지니고 있는 경험적인 규
정이다. 의식에 대한 반성이 경험적 표상들을 그 대상으로 가지는 것
은 사실이지만, 그렇다고 해서 주체성의 이론이 반드시 하나의 경험
적 심리학의 상태에 관한 것이어야 하는 것은 아니라고 피히테는 생
각했다.

피히테에 의하면 주체성이란 "표상을 산출하는 활동에 있어서 필
연적으로 고려되어야 할 성정의 행위의 방식"[8] 이다. 라인홀드가 의

식이라는 사실Tatsache des Bewußtseins로 표현했던 것을 이제 피히테는 순수행위Tathandlung, 즉 지적 직관intellektuelle Anschauung 가운데 이루어지는 자아 혹은 절대 주체의 자기정립의 활동 속에서 근거지운다. 이에 따르면 성정이 지니는 경험적 규정의 근저에는 보다 근원적인 주체성이 그 조건으로 자리하고 있다.

칸트가 학문으로서의 형이상학의 가능성에 대한 비판적 탐구를 위한 길잡이로 생각했던 선험적 종합판단의 가능성에 대한 질문과 관련해서 피히테는 야코비를 수용한다. 선험적 종합판단의 가능성의 확실성은 논증이나 연역을 통해 획득될 수 없고, 반대로 실증적인 확실성의 근저에는 실증되어질 수 없는 확실성이 놓여 있다는 것이다. 의식에 대하여 초월해 있는 것을 해명해야 하는 난제를 그 필수적인 과제로 삼고 있는 철학의 내재주의Immanentismus는 아에네시데무스로부터 피히테에게로 이어지게 된다.

이제 중심문제는 성정 속에서도, 또한 물자체 속에서도 근거지워질 수 없는 필연성이라는 의식의 기원에 관한 것이다: "이제 중요한 질문은 외적인 것으로부터 내적인 것으로의 넘어감Übergange 혹은 그 반대에 관한 것이다. 우리가 이런 종류의 넘어감을 필요로 하지 않는다는 것을 드러내는 것이야말로 비판철학이 수행해야 할 일이다. 성정 가운데 현존하는 모든 것들은 그 자체로부터 완전히 해명되고 파악될 수 있다."[9] 성정 가운데 현존하는 모든 것들을 전적으로 그것 자체로부터 해명하기 위해서는, 그것을 비감각적 자아의 자발적인 활동spontanen Akten으로부터 유추해 내어야 한다.

체계적인 형식과 토대의 확실성은, 스스로를 엄격한 의미에서 학문으로 이해하는 철학이 해결해야 할 핵심적인 근본문제이다. 학문의 학 자체로서의 학문론에 대한 피히테의 구상은 학문 자체가 어떻게 가능한지에 대한 질문을 그 중심에 두고 있다. 따라서 철학이란 지식의 근거에 대한 질문, 특히 철학적 지식의 근거에 대한 질문에 대답해야 하는 학문이다.

2. 절대자아: 철학의 근본명제와 원리

1794년, 셸링은《철학일반의 형식의 가능성에 관하여*Über die Möglichkeit einer Form der Philosophie überhaupt*》라는 작품과 더불어 위에서 약술된 공적인 철학논쟁에 뛰어든다. 셸링은 이 책의 의도를 자기에 대한 비판적인 논평에 대응하면서 다른 곳에서 아래와 같이 밝힌다.

> 비판철학의 결과들을 모든 지식의 최종원리들에게로 귀속시키면서
> 이를 드러내고자 함.(I 152/AA I,2 71)

셸링은 자기의 철학적 숙고의 출발점과 의도를 1795년, 헤겔에게 보낸 편지에서 더 포괄적으로 밝히고 있다.

> 철학은 아직 종결되지 않았다. 칸트는 결과들을 제시해 주었지만, 그
> 전제들이 결여되어 있다. 전제 없이 누가 결과들을 이해할 수 있겠는
> 가? - 칸트는 하나뿐인데, 그와 함께한 저 무수한 떼거리들은 무엇이

란 말인가?(BuD Ⅱ 57)[10]

이때 전제들이란 칸트 철학을 체계적으로 완성시키고자 노력한다는 것을 의미하는 것으로, 이는 칸트의 세 비판서들을 하나의 통일성에로 귀속시키거나 혹은 하나의 통일성과 관련시킴으로써 세 비판서들 각각만이 아니라 이들 간의 상호 연관성을 이해할 수 있도록 만드는 것이다. 비판철학을 체계적으로 완성시키려는 계획을 더 명료화하자면 아래와 같다: 칸트의 《순수이성비판*Kritik der reinen Vernunft*》은 세계에 대한 이론적 인식의 원리들과 기초들을 다루는데, 이는 형이상학적 인식들의 선험적 가능성들에 대한 비판적 관점 가운데 수행된다. 《실천이성비판*Kritik der praktischen Vernunft*》은 도덕성의 근본명제로서 정언명령을 다루면서 명령과 상관되어진 요청들, 즉 인간자유의 가능성, 영혼불사, 신의 존재 등에 대한 개념들을 구축한다. 《판단력비판*Kritik der Urteilskraft*》은 한편으로는 미적 판단력 혹은 아름다움(및 지고성)에 대한 이론, 다른 한편으로는 목적론적 판단력 또는 생명과 유기체에 관한 이론에 집중한다.

여기에서 칸트는 한편으로는 이론적 인식 혹은 자연의 나라와, 또 다른 한편으로는 실천적 인식 또는 자유의 나라를 서로 연결시키고자 노력한다. 이미 마지막 비판서는 이론이성과 실천이성의 통일성이라는 문제, 구체적으로 말하자면 자연과 자유의 중재 혹은 통일성이라는 문제가 (아름다움과 자연의 합목적성에 대한 질문을 기반으로) 칸트에게도 역시 대두되고 있다는 것을 보여준다.

철학을 완성시키려는 셸링의 시도는 당연히 세계에 대한 상이한 전망들을 중재하려는 칸트의 시도보다 한걸음 더 나아간다. 왜냐하면 셸링은 칸트가, 오직 그것으로부터만 칸트 자신의 철학의 '결과들'이 근거지워질 수 있는 철학의 원리들을 충분히 인식 가능하게 만들지 못했다고 보기 때문이다. 칸트의 세 비판서들의 통일성을 구축하려는 이러한 시도는 체계적으로 수행되어야만 하는데, 이것은 곧 철학이 세 비판서들의 통일성을 추구하는 한, 체계의 철학Systemphiloso-phie이 되어야만 한다는 것을 의미한다.

따라서 비판철학을 체계적으로 완성시키려는 과제는, 개별적인 언명들이 참인지 혹은 거짓인지 그리고 그 개별 언명들이 어떤 체계적인 (명제와의) 연관성 속에 서 있는지, 다른 말로 하자면, 그것들이 어떻게 다른 언명들로부터 도출되는지와 같은 문제들을 포괄한다. 만일 개별 언명들이 다른 것들로부터 도출될 수 없고 동시에 거짓이 아니라면, 이제 중요한 핵심 주제는 오직 그 스스로만 확실성을 담보할 수 있는 근본명제에 관한 것이다.

셸링의 《형식론Form-Schrift》은 우선적으로 주로 칸트의 《순수이성비판》을 다루고 있는데, 여기서 셸링은 칸트에 의해 수행된 분석판단과 종합판단, 판단론과 범주론 등의 구분을 중점적으로 다룬다. 셸링은 이러한 문제들을 하나의 보편원리에 대한 이론을 토대로 근거지우려 시도하면서 다음과 같이 썼다.

모든 *철학*의 단일한 형식을 그 어디에도 하나의 원리를 상정하지 않은 채 근거지우려는 시도보다 더 불분명하고 어려운 것은 없다. 이 원리를 통해서만 모든 개별 형식들의 근저에 놓여 있는 근본형식Urform과 이 [근본형식]에 의존하는 개별 형식들 간의 필연적 연관성이 근거지워 질 수 있다.(I 87/AA I,1 265 – 이탤릭은 저자들의 강조)

이와 더불어 셸링은 다음과 같은 문제들을 함께 다룬다: 우리의 모든 지식의 최종 지평으로서의 철학은 그 형식과 내용에 따라 근거지워져야만 한다. 이때 요구되는 바대로 자기 스스로를 규정하는 최초의 혹은 최상의 근원학으로서의 철학은 어떤 형식과 내용을 가져야만 하고, 철학의 형식과 내용은 어떻게 서로 연관되어지는가?

셸링이 보기에는 학으로서의 철학의 통일성에 관한 질문과 더불어 제기되는 문제는 바로 최상의 통일성을 부여하는 철학의 근본명제의 규정에 대한 질문이다. 이 근본명제는 모든 철학의 형식과 내용을 그 안에 통일시키고 있어야 하며, 모든 지식의 내용적이고도 형식적인 원리가 되어야만 한다. 셸링의 이 같은 추구에 있어서 가장 직접적인 연결점이 되는 것은, 바로 직전인 1794년 출판된 피히테의《개념론*Begriffs-Schrift*》[11]이었다. 피히테를 따라 셸링은 최상의 철학을 "모든 학문의 이론(학문), 근원학문 혹은 가장 우선적인kata exochen 학문"(I 92/AA I,1 272)으로 이해한다.

이때 셸링은 피히테로부터 수용한 모든 지식의 세 가지 근본명제들을 따라 "모든 학문의 근본형식", 즉 "무제약성의 형식(제1명제), 제약성의 형식(제2명제), 무제약성을 통해 규정된 제약성의 형식(제3명제)"(I 101/AA I,1 285)으로 구분할 뿐만 아니라, 이와 동시에 근원적으로 주어져 있는 지식의 내용을 전개시킨다. 형식과 내용의 상호관계를 토대로, 이 내용은 처음 언급된 세 가지 근본명제로부터 초래되는 규정을 가지는데, 그것은 바로 다음과 같다: 무제약성의 형식은 '자아Ich'라는 내용과, 제약성의 형식은 '비자아Nicht-Ich'와, 마지막으로 무제약성을 통해 규정된 제약성의 형식은 여기에서 '양자, 즉 자아와 비자아의 산물Produkt beider'과 동일하거나 혹은 동의어이다. 이와 더불어 "비판철학의 결과들을 그 지식의 최종 원리들에게로 소급시킴으로써 서술하려는"(I 152/AA I,2 71) 시도는 범주의 도출 및 종합판단과 분석판단의 통일성에 대한 질문과 연결된다.

비록 피히테의 《개념론》에 직접적으로 의존하고 있다고 하더라도, 셸링의 작업은 피히테와는 구별되는 자기만의 독특한 특징들을 포함하고 있다. 특히 제3명제의 정의('무제약성을 통해 규정된 제약성')는 피히테 자신의 (자아와 비자아의) 분리성이라는 명제와는 완전히 구별되는데, 이는 전일성의 철학All-Einheitsphilosophie의 프로그램을 예시해 준다.[12]

범주를 연역하는 일과 관련해서도 독자적인 시도들이 드러나기 때문에, 전체적으로 보아 셸링은 결코 엄격한 의미에서 피히테주의자였던 적이 없었다고 보아야만 한다. 셸링은 전술한 헤겔에게 보내는 편지에서, 자기는 피히테를 수용함으로써 "그 사이에 스피노자주의자가 되었다."고 말하고 있다. 물론 이를 뒤따르는 첨언도 잊어서는 안 된다.

스피노자에게는 세계(주체에 대립해 있는 객체 자체)가 모든 것이었다. ‒ 내게

는 *자아*가 모든 것이다.(BuD II 65)

절대실체로서의 자아의 규정에 관한 문제는 뒤따르는 저서인《철학의 원리로서의 자아 혹은 인간 지식 안의 무제약자에 관해*Vom Ich als Prinzip der Philosophie oder über das Unbedingte im menschlichen Wissen*》에서 중점적으로 다루어진다. 이제 철학의 형식에 관한 문제는 더 이상 중심 주제가 되지 않는다. 여기에서는 철학의 원리인 자아의 본질의 규정과 체계개념의 개요가 개괄적으로 다루어진다.

《형식론》은 *자아*의 개념에 대한 탐구를 통해 최고학문으로서 철학의 토대를 구축하려는 메타철학적 시도라 말할 수 있다. 이는 동시에 철학-내적인 근거지우기라는 문제를 넘어서는 가장 근본적인 측면을 내포하고 있다. 즉 이를 통해 탐구된 철학은 동시에 "최종적으로 도달되어야 할 지식과 믿음, 의지의 통일성을 대망하게 하고", 이로써 철학을 통해 "우리 전 인류의 운명에" 영향을 끼치고, "인간의 해악을 치유"하는(I 112/AA I,1 300) 가능성을 열어젖히리라는 신념이 그것이다. 당연한 일이겠지만, 이 책의 부록(I 111f./AA I,1 299f.)에 명기된 원대한 계획이 맺은 내용적 결실은 사실 아직은 보잘것없는 것이었다.

그러므로 -셸링 자신이 시도하고 있는 것처럼- 적어도 최고 명제의 내용 혹은 이를 통해 구축된 원리를 자세히 분석하는 것은 필수적인 작업이다. 왜냐하면 통일성을 구성하는 근본명제들, 즉 무제약성이라는 근원 형식Urform과 자아라는 근원 내용Urinhalt과 더불어 우선 구축된 것은 단지 일반적인 형식적 틀에 지나지 않기 때문이다. 완성되어져야 할 철학이 지니는 역사적 의미를 드러내기 위해서는, 철학의 원리로서의 자아를 보다 자세히 해명하지 않으면 안 되는 것이다.

《자아론*Vom Ich*》은 바로 이 과제에 집중하고 있다. 여기에서 다루어지는 것은 하나의 단일한 원리(자아), 그러니까 모든 지식과 존재의 통일성인 동시에 실재성의 궁극적인 근거가 되는 절대자로부터 철학의 통일성을 사유하는 일이다. 이를 통해 유일하게 가능한 철학만이 아니라 그 안에 의지와 행위의 통일성이 근거지워져 있는 통일성을, 그리고 "오직 통일성 안에만, 그리고 통일성을 통해서만 존재하는"(I 157/AA I,2 78) 인간의 참된 본질을 드러내고자 한다. 절대자아가 본질상 자유에 의해 규정된다면, 다음 역시도 유효하다: "철학의 처음과 끝, 그것은 *자유*"(I 177/AA I,2 101).

이러한 입장은《자아론》의 서문에서 마찬가지로 열정적으로 강조되고 있다. 모든 학문들, 특히 최고 학문으로서 철학의 최종적인 완성에 대한 기대를 여기에서 셸링은 "저 위대한 사상, 모든 학문들, 즉 경험적 학문들도 결코 예외가 될 수 없이 최종적인 통일점을 향해 점점 다가가고 있는 사상"과 결합시킨다. "인간 역시도 마찬가지이다. 통일성의 원리는 그 처음부터 역사의 근저에 규정적으로regulativ 놓여 있었고, 그 마지막에는 역사의 구성적konstitutiv 법칙으로 현실화 될 것이다." 마찬가지로 셸링은 "인류의 진보에 대한 담대한 희망"을 다음과 같이 드러낸다.

인류가 오늘날까지 걸어온 상이한 노정들과 과오들조차도 마침내 단 하나의 지점으로 수렴될 것이고, 온 인류는 이 지점에 다시 모여, 하나의 완성된 인격이 되어 바로 그 자유의 법칙에 순종하게 될 것이

다.(I 158/AA I,2 79)

여기에서는 철학을 절대자의 철학이자 체계의 철학으로 이해하는 셸링의 관점이 드러난다. 철학을 통해 인류가 참된 통일성을 향한 주요한 걸음을 내딛게 되리라는 셸링의 생각과 기대는 이러한 철학 이해를 바탕으로 한다. 절대자의 철학, 그리고 체계적으로 완성된 지식으로서의 철학이 현실화 되는 것은, 인류가 지식, 신앙, 의지에 있어서 참된 통일성을 향한 노정에서 내딛는 한 걸음이다. 이로써 인류는 *하나*의 인격이 되고, 세계사는 완성된다. 신의 나라와 동일시될 수 있는 평화의 나라가 이 세계 가운데 이루어지리라는 기대가 그 안에 담겨 있는 것이다.

따라서 무제약자 또는 절대자의 철학을 수립하려는 시도는 다음과 같은 전망들을 포괄하고 있다: 그중 하나는 칸트의 비판철학을 완성하는 것이다. 인간에 대한 참된 지식의 완성은 동시에 그와 긴밀히 결합되어 있는 또 다른 측면의 완성을 동반하는데, 인류의 역사적 과정의 완성이 바로 그것이다. 이는 하나의 단일한 포괄적 인격 혹은 신의 나라라는 참된 통일성에 대한 지식 가운데 이루어지는 것으로, 모든 다른 개념들을 포괄하는 특징을 가진다. 이러한 특수한 전망들은 때로는 제한되어지기도 하고, 때로는 시기 별로 다양하게 강조점의 변화가 일어나긴 하지만, 향후 셸링의 모든 철학적 시도들 가운데 자리 잡게 된다. 이 두 가지 전망들에는 다음과 같은 또 다른 체계적 문제들이 결합되어 있다는 것도 언급해야만 한다.

1. 절대자와 유한자의 관계에 대한 문제

2. 시간 속에 일어나는 절대자의 해명으로서 이성과 역사의 문제

3. 절대자의 현상형식으로서의 이성과 계시, 혹은 철학과 종교의 문제

《자아론》은 다음과 같은 논증과정을 거치는데 그것은 우리 지식의 최종적인 실질근거Realgrund 자체에 대한 연역과 더불어 시작한다. 지식은 엄격한 의미에서 실재성(사실성)이 없이는 지식이 될 수 없기 때문에, 다양하게 분화되어 있는 제약적인 지식 가운데에는 단일한 최종지점 즉 모든 지식의 실재성의 최종근거가 있어야만 하고, 이것은 오직 절대자로 이해될 수밖에 없다. 이 절대자는 -사고를 계속 진행해 볼 때- 오직 자기 스스로를 통해서만 주어질 수 있다.

절대자는 "자기 스스로를 통해서만, 즉 자기 존재를 통해서만 사유될 수 있는 무언가로 사유되어야 한다. 그것은 사유되어지는 한에 있어서만 존재한다. 간략히 말하자면, 그것에 있어서 존재의 원리와 사유의 원리는 일치 한다."(I 163/AA I,2 86). 이 절대자가 모든 제약자를 제약하는 것인 한, 절대자 자신은 -셸링이 '제약활동bedingen'과 '사물Ding'이라는 언어분석을 통해 설명하고자 하는 것처럼- 이 제약자의 영역 가운데에서 발견될 수 없다.

따라서 그것 자체는 "그것이 동시에 제약되어질 수 없는unbedingbar 한에 있어서 무제약적unbedingt이다."(I 168/AA I,2 91) 이 무제약자는 내적인 모순 없이 사유된다면 절대객체das absolute Objekt로도, 경험적 자의식의 영역 안에 머무는 제약된 객체 혹은 제약된 주체로도 사유될 수 없다. 그것은 대상이나 사물의 영역 안에서도 결코 규정될 수 없

기 때문에, 오직 절대자아 가운데에서만 자리할 수 있다. 이것만이 그 유일한 논리적 귀결이다. 절대자아의 실재성은 증명될 수 없고, 오직 제약자로부터 소급해 감으로써만 제시될 수 있다.

인간의 지식 속에서 무제약자가 오직 절대자아로만 파악될 수 있는 것이라면, 무제약자에 대한 철학적 이론은 (셸링에 의하면 무제약자를 절대사물로 사유하는 스피노자의 의미에서) '완결적 독단론vollendeter Dogmatismus' 안에서도, '미완결적 독단론unvollendeter Dogmatismus' 안에서도 제대로 담보될 수 없다. 미완결적 독단론은 사실상 (그것이 칸트의 것이건, 라인홀드의 것이건 상관없이) '미완결적 비판론unvollendeter Kritizismus'에 지나지 않는다. 이제 요구되는 것은 물자체도 현상으로부터도 아닌, 오직 절대적이고 모든 대립적으로 정립된 것들을 배제하는 자아로부터 출발하는 '완결적 비판론vollendeter Kritizismus'이다(I 169ff./AA I,2 93ff. 참고).

이로써 셸링은 앞으로 더 광범위하게 해명되어져야 할 자아의 규정, 하지만 사실상 함축적으로 이미 얻어진 자아의 규정들을 개발하기 위한 출발점을 획득하게 된다. 그것은 자기 자신에 대한 동일성으로 파악되는 '순수 동일성', 또한 모든 피정립성Gesetztsein의 형식을 묘사하는 '절대 자유', 그리고 마지막으로 자아의 자기-소여성Selbst-Gegebensein의 유일한 형식으로서의 '지적 직관'[13] 등이다. 나아가서 셸링은 칸트의 범주표를 토대로 자아의 하부 형식들(§§ 9~15)과, 자아를 통해 근거지워진 모든 정립가능성의 형식들(§ 16)(I 182~216, 216~242/ AA I,2 107~146, 146~175 참조)을 발전시킨다. 자아의 하부 형식들로는 절대 통일성(양), 절대 실재성(질), 절대 실체성, 절대 인과성, 힘(관계), 그리고 순수 절대 존재(양상) 등의 규정들이 있다.

> 자아 안에서 철학은 그 통일성과 전체성hen kai pan을 발견했다. … 현
> 존(Dasein)은 나의 자아에 근거한다. 나의 자아는 모든 것이고, 그 안
> 에, 그리고 그것에 대하여 존재하는 모든 것들이 존재한다.(I 193/AA
> I,2 119)

그 사실성Faktizität에 있어서 유한한 자기의식인 인간의 존재와 본질
은 최종적으로 절대자아를 통해서 규정되며, 인간의 현존은 무한하
면서도 동시에 역설적인 과제를 지닌다. 그것은 바로 유한성의 한계
를 넘어 순수 동일성과 절대 자아를 실현시키는 것이다.

피히테와 칸트, 스피노자를 비판적으로 수용·발전시키면서 셸링은
지식 속에 있는 무제약자를 절대자아로 정의한다. 절대자아는 스스
로를 해명하는 자기의식의 자아와 비자아 모두의 피안에 놓여 있는
순수한 무차별적 동일성reine differenzlose Identität이자 절대 자유로 이해된
다. 그것은 오직 전적으로 비감각적인 직관, 따라서 지적 직관 속에
서만 주어질 수 있다.

칸트 철학의 근본개념이 "내 모든 표상들을 동반할 수 있는" 선험
적 의식, 즉 "나는 생각한다."이고,[14] 따라서 자기성Ichheit의 의식인 반
면, 셸링의 절대자아는 자기의식에 선행하여 존재하는 하나의 계기
이다. 칸트의 자아는 그 자기의식 가운데 서로 결합되어져야 할 표
상들의 다양성과 관련되어 있는 자아이며, 따라서 이러한 자아는 자

기 자신 안에 다수성Vielheit을 내포하고 있다. 그런 한에 있어 자아는 스스로를 주체와 객체의 통일성으로 인식한다. 스스로를 직접적으로 지각하는 의식으로서의 자기의식은 주체이다. 하지만 그것이 자기 자신을 규정된 어떤 것으로 아는 한, 그것은 객체이다.

다양한 것들에 대한 의식을 포괄하는 한 자기의식은 그 자체로 지적 직관 속에 결합되어 있는 통일성, 즉 지적 직관 속에 그에게 현존하는 통일성이 될 수 없다. 참된 절대자를 사유하고자 한다면, 그것은 주체와 객체의 통일성이라는 자기의식의 규정에 선행해 있는 것으로 사유되어야만 한다. 이로써 셸링은 스피노자뿐만 아니라, 스피노자에 대한 신랄한 비판자였던 야코비의 오류 역시 피하고자 한다.

셸링에 의하면, 스피노자가 범한 오류는 절대자를 절대실체, 절대사물 혹은 절대객체로 다루고, 이로부터 철학을 시작하려 했다는 데 있다. 야코비는 그가 스피노자의 철학으로 이해하고 드러내고자 했던 내재주의와 무신론을 비판하였다. 하지만 이때 야코비는 가장 결정적인 지점에서 오류를 범하고 만다.

셸링에 의하면 야코비의 오류는 절대자, 혹은 신에게로 향한 길을 오직 신앙을 통해서만 가능한 것으로 위축시키고, 지식을 통해서는 불가능한 것으로 보았던 데 있다. 셸링의 절대자에 대한 사변적 철학의 의도는 스피노자적인 절대성의 철학과 야코비적인 절대적 신앙 사이를 매개하는 것이다: 절대자는 (단지) 실체이기만한 것이 아니며, 인식 가능하다.

절대자에 대한 철학을 추구하는 한, 이 철학은 우리의 자기의식 가운데 현존할 뿐만 아니라, 우리가 전적으로 의식하고 있는 다수성을 절대자로부터 파악해 내야만 한다. 이를 위해서는 절대적 통일성이 어떻게 사유될 수 있는지, 이에 맞추어 절대 통일성으로서의 절대자가 다수성 가운데 있는 통일성으로서의 자기의식과 맺는 관계는 또 어떻게 파악될 수 있는지 등의 문제들이 함께 해명되어야만 한다.

헤겔에게 보낸 편지의 다른 부분에는 이렇게 적혀 있다.

철학은 무제약자로부터 출발해야만 한다.(BuD Ⅱ 65)

하지만 어떤 방식으로 유한자가 절대자로부터, 다자가 일자로부터 출현하는 것으로 사유할 수 있는가는 아직 제대로 보이지 않고 있고, 다만 뒤따르는 문헌들 가운데 다루어질 질문으로 기술되어 있을 뿐이다: "무한자로부터 유한자에게로의 넘어감은 없다."(I 313ff./AA I,3 82ff. 참고) 절대자와 유한자의 관계에 대한 이해를 가능하게 하는 유일한 개념은 내재성의 철학이지 초월적 관계를 주장하는 철학은 아니다.

이렇게 셸링은 하나의 철학적 원리와 체계적 프로그램의 초안을 그리는 이 책의 말미에, 자아 위에 근거지워진 체계, "스피노자를 따르면서도/반대하는a la Spinoza 윤리학"을 실현시키리라고 약속하고 있다.[15]

3. 철학적 체계들의 대립

이성과 계시 간의 관계에 대한 문제는 한편으로는 튀빙겐의 교수들도 인지하고 있었고, 또 다른 한편으로는 그들 자신이 일으킨 부분이기도 하다. 이들은 이 문제를 칸트의 전략을 따라 해소하고자 하였다. 하지만 칸트가 《종교론Religionsschrift》을 출판하면서부터 이는 튀빙겐의 신학적 위기로 바뀌었다. 플랏Johann Friedrich Flatt이나 스토어Gottlob Christian Storr 같은 이들은 강의들과 저서들을 통해 칸트를 정통주의 신학에 적합하게 해석하고자 시도했다.

이때 도덕철학적으로 근거지워진 칸트의 순수 이성종교는 계시신앙에 대한 명백한 거부로 이해되었고, 튀빙겐 정통주의는 이를 심각한 문제로 간주했다. 왜냐하면 이 입장에서 보았을 때 -칸트 철학 자체 안에서 보더라도- 전통적인 형이상학의 잔재들을 《실천이성비판》의 요청설을 토대로 구해내고자 하는 그들의 시도는, 《순수이성비판》 안에 담겨진 지식의 선험적-비판적인 제약과 어울릴 수 없는 헛된 시도인 것 같기 때문이다. 뿐만 아니라 셸링과 헤겔은 정통주의를 자기들의 고유한 내적인 문제(이성비판과 요청설의 대립)를 해결하는 도구로 삼았던 도덕적 일방주의moralischer Despotismus를 지속적으로 문제시했다.

당시 헤겔은 이미 튀빙겐을 떠나 있었고, 철학적으로는 무엇보다도 칸트의 요청설을 확장시키려 하고 있었는데, 이런 헤겔에게 보낸 서신 속에서 셸링은 튀빙겐의 신학과 철학의 상황에 대해 전해 주고 있다. 그는 동시에 곧이어 출판된 《독단론과 비판론에 대한 철학적 서한Philosophische Briefe über Dogmatismus und Kritizismus》에서 비판철학을 정통주의가 강탈해 가려는 것에 대해 매우 격렬한 언사로 반응하고 있다.

주목할 만한 것은, 셸링이 칸트의 요청설을 기본적으로는 거부하고 있다는 것이 이미 헤겔과의 서신 교환 가운데에서 드러나고 있다는 것이다. 칸트와 칸트주의자들에 대한 셸링의 비판의 핵심은, 그것이 철학 안의 도덕주의Moralismus이며, 특히 이원론이라는 사실에 있다. 셸링의 견해에 의하면, 만일 칸트에게서 그러듯이 이론적으로는 신의 현존을 인식할 수 없는 반면, 실천적으로는 -다른 말로 하자면 뒷문으로는- 모든 종교적 요구들이 비집고 들어올 수 있다면, 이는 철학이 제대로 근거지워져 있지 못하다는 것을 의미할 뿐이다. 신의 현존이 왜 하나의 요청으로 나타나야 한다는 말인가?

튀빙겐의 신학자들은 요청설을 마치 하나의 형이상학적 존재론인 양 생각하면서 그로부터 자기들만의 신 존재증명을 도출하려 하는데, 이는 터무니없는 것일 뿐만 아니라 칸트 이론의 진정한 의미를 왜곡시키는 것에 지나지 않는다. 1809년 셸링이 자기의《철학적 작품들Philosophische Schriften》의 모음집 서문에 기록하고 있듯이,《철학적 서한》은 "당시 거의 보편적으로 통용되었으며, 여러 방식으로 오용되었던 소위 신의 실존에 대한 도덕적 증명(I 283 각주)에 대립하는 가장 생생한 비판"이며, 이는 앞으로도 여전히 유효하게 될 그런 것이었다.

인격적 존재로서의 신 혹은 절대자를 추론이라는 형식 안에서 철학의 최종점 혹은 철학의 귀결점으로 증명하려는 시도들에 반대하면서, 셸링은 무제약자로부터 출발하는 자기의 철학 프로그램을 내세운다. 이와 더불어 셸링은 철학에는 내용상 상이한 두 개의 체계가 가능하다는 것을 드러내고자 하는데, 독단론의 체계와 비판론의 체계(피히테)가 그것이다.

셸링에 의하면 양자의 토대는 모두 "진정한 학문론"(I 304/AA I,3 72)

으로서의 칸트의《순수이성비판》이다. 두 체계들의 내용과 의미를 해명함과 동시에 셸링은 이 외의 다른 '출구들Auswege'을 차단하고자 한다. 두 체계들은 무제약자를 철학의 원리로 삼는다는 점에서, 그리고 모두가 공히 절대자를 전일자das All-Eine로 사유하는 단일론적 체계라는 점에서 서로 일치한다. 셸링에게 있어서 칸트가《순수이성비판》에서 다룬 질문, 즉 어떻게 종합판단이 선험적으로 가능한가 하는 질문은 다음과 같은 질문과 동일하다.

어떻게 절대자로부터 출발하여 그에 대립적으로 정립되어진 것에로 나아갈 수 있는가Wie komme ich überhaupt dazu, aus dem Absoluten heraus, und auf ein Entgegengesetztes zu gehen?

따라서 "무한자로부터 유한자에로의 넘어감은 모든 철학의 문제" (I 293, 313f./AA I,3 60, 82)이다. 이와 관련하여 이미 정의된 내재주의적 경구는 여전히 유효하다: '무제약자로부터 제약자에게로 넘어감은 없다.' 전술한 두 구상들은 절대자를 이론적으로 "실현"(I 314/AA I,3 83)할 수는 없으며, 따라서 단지 이 과제는 실천적으로만 해결될 수 있음을 지시하고 있다. 이와 더불어 체계에 대한 이 두 가지 구상들 사이에 실질적인 대립이 있다는 것이 드러난다. 이는 특히 절대자로 간주되는 것을 인간의 실천적 능력과의 관계 속에서 어떻게 사유해야 할 것인가의 문제와 깊이 관련되어 있다.

《자아론》에는 절대자와 관련하여 제시될 수 있는 이론의 목록이 제시되고 있다. 이에 따르면, 독단론은 절대객체absolutes Objekt 혹은 비자아Nicht-Ich를 그 원리로 삼는다. 하지만 절대객체란, 우리 자신이 유한하면서도 자유로운 존재가 아니었다면 -그것을 절대자아와 동일시하지 않고서는- 전혀 짐작할 수도 없는 종류의 것이다. 독단론에는 문제가 발생할 수밖에 없다. 이는 독단론에 의해 제기된 실천적 과제, 즉 절대객체 안에서 주체가 사라지는 과정인 자아의 '자기소멸Selbstvernichtung des Ich'에 있어서, 이 철학체계의 고유한 전제인 자유가 상실되어 버리는 문제가 발생한다는 것이다.

스피노자의 독단론적 이론의 목표는 신의 지적 직관이다. 지적 직관은 절대객체의 작용으로 간주되지만, 실제로는 그것은 주체의 행위이다. 완전한 자기 직관 속에서 주체는 스스로를 인식하고, 스스로 모든 한계로부터 자유로운 것으로 느낀다. 이는 자기소멸의 상태 가운데서가 아니라 인격성의 확장 속에서, 소멸 속에서가 아니라 행복 속에서 일어난다. 이처럼 요구되어지는 절대 동일성을 이미 실현되어진 것으로 또는 실현 가능한 객관Objekt으로 사유하는 것은 몽상에 지나지 않는다.

이와는 달리 비판론은 그 원리로서의 자아로 하여금 절대자 안에서 자유로운 자아의 자기포기를 요구하지 않는다. 오히려 비판론은 요청되고 있는 절대적 통일성을 자기활동성의 무한한 과제로서 사유한다. 헤겔과는 달리 셸링은 "*자유*는 철학의 알파와 오메가이다."(BuD II 65)라는 자기의 특별한 강조점을 토대로 전술한 두 개의 체계들에 대해 자기만의 고유한 입장을 강조하고 있다. 이를 통해 셸링은 절대자에 대한 자기의 이론 안에 담겨 있는 -칸트와 피히테를 통해 근거 지워진- 실천적 관점을 드러내고 있다.

당연한 일이지만 이때 간과하지 말아야 할 것은, 자유에 대한 셸링의 열정 속에는 -칸트에게 영향을 받은 사상가로서 결코 셸링으로부터 떼어낼 수 없는 자기 법칙성과 자율로서의 자유의 규정 이외에도- 여전히 스피노자의 요소들이 함께 담겨 있다는 사실이다: 타자로부터의 독립성이자 자기 자신의 고유한 본성의 필연성을 따른 자기규정이라는 의미에서의 자유의 규정이 바로 그것이다. 이 두 계기들은 후일 《인간자유의 본질》에서도 마찬가지로 구별되게 된다.

문제의식이 내적으로 발전하는 도상에서 하나의 질문이 제기된다. 그것은 어떻게 해서 무차별적인 절대자das indifferente Absolute가 자기 자신으로부터 나아가게 되는지, 즉 무엇 때문에 우리 자신이 경험하는 차이와 유한성Differenz und Endlichkeit이 실재로서 존재하게 되는가 하는 질문이다.

여기에서 셸링은 이 문제를 이론적으로 해결하려는 모든 시도들을 차단시키고 있다. 그것은 오직 실천적으로만 해결될 수 있을 뿐이다. 우리 자신과 경험세계를 감각할 때 나타나는 단절을, 우리는 절대자가 자기 자신으로부터 이탈했기Heraustreten aus sich 때문에 비롯된 것으로 이해해서는 안 된다. 오히려 그 반대이다. 그 단절은 우리가 -우리 스스로를 위해서- 통일성으로부터 이탈했기 때문에 발생한 것이다. 그 통일성은, '타락한 정신적 존재gefallene Geistnatur'(cf. I 325f./AA I,3 95)인 우리가 자유로운 활동을 통해 절대자를 우리와 세계 가운데에서 실현할 때에야 비로소 우리에게 회복될 수 있는 것으로 보아야 한다.

셸링 사유의 발전사를 고찰함에 있어서 대부분 고려되지 않는[16] 문헌인《새로운 자연법 연역》은 1796년 초에 집필되어 1796~97년 사이에 출판되었는데, 여기에서 셸링은《철학적 서한》의 문제의식을 이어받고 있다. 절대자는 이론적으로 현실화 할 수 없으며, 따라서 그것은 객체가 될 수 없고 다만 "최종적인 것, 모든 실존의 근거에 놓여 있는 것, 모든 현존재 속에서 스스로를 계시하는 절대 존재, *나 자신과 동일한 것으로*" 파악되어져야만 한다. 이런 식으로 자유가 철학의 원리로 고양될 때에는 하나의 명령이 뒤따른다.

> *존재하라!* 그 가장 지고한 의미에서. 스스로 현상으로 존재하길 중지하라. 자신에 대해서만 존재하도록 추구하라! – 이는 모든 실천 철학의 가장 지고한 요구이다.(I 247/AA I,3 139)

이 같은 무제약성의 추구, 더 자세히 말하자면 무제약적인 추구라는 사고는, 자아가 극복할 수 없는 한계 따위는 존재하지 않는다는 것을 전제로 한다. 이로써 셸링은 자연에 대한 인간의 지배를 근거지우기 위한 사유를 넘어서는 동시에, 나아가서는 하나의 자연법적 질문을 포괄하는 독특한 통찰에 도달하게 된다. 세계가 "나의 도덕적 자산"으로서 사유될 수 있다면, 그렇다면 "자유의 인과성은 물리적 인과성을 통해서도 스스로를 계시해야 한다." 이는 그 대상을 따라 타율적인 물리적 인과성은 "그럼에도 불구하고 그 원리에 있어서는 *자율적*"인 것으로 파악되어야만 한다는 것을 함축한다. 아름다움에 대한 쉴러의 규정을[17] 상기시키는 경구를 통해 셸링은 아래와 같이 선언하고 있다.

> *이 인과율은 삶이라고 불린다. 삶이란 현상 가운데 있는 자율성이다.*(I 249/AA
> I,3 140f.: 저자의 강조)

이로써 자연에 대한 자아의 물리적 힘(할 수 있음ein Können) 뿐만 아
니라 인간의 도덕적 측면(행해도 가함ein Dürfen)이 동시에 근거지워진다.
"존재하라!"는 명령은 체계이론적systemtheoretisch으로 근거지워진 지
고의 명령이다. 셸링은 이를 통해 윤리와 법학의 기원 및 양자 간의
독특한 차이를 도출해내고자 한다. 셸링은 자기의《형식론》의 '형식-
질료-도식Form-Materie-Schematismus'과 연결하면서, 개별의지와 보편의
지의 긴장관계 속에 있는 의지 및 자기규정의 형식(자율)과 질료(대
상)를 구분함으로써 도덕성과 법의 문제를 해명하고 있다.

윤리적 계명을 통해 도덕적 존재들의 나라에 부과되어 있는 것이
보편의지인 반면, 개별의지는 개인들의 절대적 자기규정이라는 도덕
적 계명을 따른다. 보편의지가 작용하기 위해서는 개별의지의 축소
가 요구될 수밖에 없다. 보편의지와 개별의지 간에 발생하는 이러한
대립적 관계로부터 법 이론의 문제가 야기된다. 이는 (개별적인) 의지
의 자유는 그 형식에 있어서는 무제약적으로 용인되지만, 그 질료 즉
구체적인 실행에 있어서는 제약될 수 있다는 사실에 기인한다. 이렇
게 제약되어진 실행가능성eingeschränktes Können을 가리켜 실행허용성
Dürfen이라고 부른다.

> *나는 의지의 형식 일반에 상응하는 모든 것에 대해 권리를 지닌다.*(I 260/AA
> I,3 153)

실행허용성의 질료적 영역은 인격적인 의지의 자유라는 형식을 통해서 규정되는데, 이로부터 셸링은 세 가지 종류의 법을 도출해낸다.

- 보편의지에 대한 도덕적 자유의 법
- 다른 개별의지에 대한 형식적 평등
- 의지 일반에 대한(특정한 의지에 반한 것이 아닌) 법, 즉 사물에 관한 법

이 책은, 공권력을 통해 여러 법들을 보호하고 보장해주는 기구로서의 국가와 헌법에 대한 개괄과 더불어 끝난다.

비록 셸링의 저작이 근대 자연법 전통이라는 틀 속에서 그다지 영향력을 발휘하지는 못했지만, 그럼에도 불구하고 이것은 자연법사상의 발전에 있어서 매우 중요한 계기를 제공한다. 이 책은 체계이론적인 숙고에 있어서 상대적으로 추상적이었던 실천성의 규정과 그 기능을 구체화시켰던 것이다. 뿐만 아니라 《새로운 자연법 연역》은 사변적인 개념들이 어떻게 구체적으로 칸트의 실천철학에 있어서 그 '전제'로서 작용하는지를 보여준다는 데 의의가 있다.

주지하다시피 칸트의 《도덕 형이상학Metaphysik der Sitten》은 1797년에야 출판되었는데, 이를 통해 우리는 셸링이 독자적인 방식으로 칸트를 선취하여 논증하였음을 알게 된다. 셸링 사유의 한 단계를 종결짓는 이 책은 또한 '삶'이라는 개념을 규정하면서 자연철학의 근본문제가 무엇인지를 미리 드러내 주고 있기도 하다.

지금까지의 단계에서는 독단론과 비판론, 다른 표현으로는 실재론과 관념론은 사변철학에 있어서 유일하게 가능한 두 가지 이론 형태

로 제시되었다. 이 중 독단론은 비록 그것이 〔비판론과 마찬가지로〕 동일한 문제를 다루고, 또한 그 문제를 똑같이 실천적으로 해결해야 할 과제로 파악한다고 하더라도, 실천적 측면에서 (인간과 절대자의 본질 규정으로서의 자유라는 면에서) 보았을 때에는 부적절한 것으로 간주되었다.

동시에 셸링은 내용상으로 가능한 두 철학적 체계들의 특징이 무엇인지를 드러내면서, 피히테의 학문론을 포함하여 칸트의 비판철학을, 이 체계들을 구축함에 있어서 순전히 형식적이면서 방법론적인 토대로 격하시키고 있다. 이는 앞에서 거론되었던 칸트주의자들에 반하는 전술이라고 볼 수 있다. 따라서 피히테는 이를《학문론 서설 *Einleitungen zur Wissenschaftslehre*》(1797)에서 비판하지 않을 수 없게 된다. 이 비판은 -피히테를 따라 말하자면- 인간이 어떤 종류의 인간 -자유를 추구할 것인가 아니면 절대자 가운데에서 자기상실을 시도할 것인지- 이 될 것인지를 결정하는 두 가지 유사한 체계들이 있다는 데 집중되고 있다.

피히테는 이어서 독단론의 개념도 비판하는데, 이때 그는 철학의 시작에 있어서는 그러한 두 가지 체계들이 가능하다고 보지만, 구체적인 실행에 있어서는 두 체계가 동일하게 가능한 것으로 드러날 수가 없다고 본다. 왜냐하면 독단론은 그 자체모순으로 붕괴될 수밖에 없기 때문이다. 말하자면 피히테는 셸링이 언급한 양자택일의 체계들을 진지하게 수용한 것이 아니다. 오히려 그는 순전히 형식만을 추구하는 철학Formularphilosophie이라는 비판에 대하여 학문론의 선험적 관념론을 방어하려 한 것이었다.

셸링은 독단론과 실재론이라는 두 가지 체계의 구분을 다시 사용하지는 않는다. 하지만 그의 자연철학의 개념과 결부되어 있는 실재론(자연철학)과 관념론(선험철학)이라는 상보적인 개념들은 마침내 피히테와 셸링 사이의 근본적인 대립을 초래하는데, 양자는 셸링의 동일철학(1801)과 더불어 최종적으로 단절된다.

셸링 사상의 발전을 연대기적으로 다루면서 소위 〈독일관념론의 가장 오래된 체계기획*Älteste Systemprogramm des Deutschen Idealismus*〉을[18] 거론하지 않을 수 없다. 이 단편은 헤겔의 자필원고 유작들 가운데에서 발견되었는데, 이를 출판한 로젠츠바이크Franz Rosenzweig는 셸링을 그 저자로 간주했다. 저자가 누군가에 대한 논란이 매우 급속히 일어났는데, 횔덜린이나 헤겔 자신, 또는 제4의 미지의 인물이 그 후보로 거론되기도 했다. 오늘날에 와서는 오토 푀겔러Otto Pöggeler의 면밀한 연구 이후 대체로 헤겔이 그 저자로 받아들여지고 있는 상황이다.

반면 틸리에테Tilliette는 조심스럽게 셸링을 그 저자로 제안하고 있다. 실제로 이 원고의 핵심적인 사상들은 셸링의 사고에 매우 근접해 있는데, 따라서 -비록 원저자에 대한 논의를 더 진행하지는 않는다고 하더라도- 그와 같은 병행과 일치들을 드러내기만 하더라도 의미 있는 일이리라 생각된다.

〈가장 오래된 체계기획〉이라는 제목은 원고 자체가 제공하는 것과는 다른 것을 가리키고 있다. 디터 헨리히Dieter Henrich가 정확히 지적한 바 있듯이,[19] 정작 이 원고에서 다루어지고 있는 것은 가장 오래된 것도 아니고 후보로 제시된 세 사상가들 즉 헤겔, 횔덜린, 셸링이 그 당시 이미 도달하고 있었던 사고에 적합한 체계의 기획 일반에 관한 것도 아니다. 체계에 대한 셸링의 사상적 출발은 더 이른 시기에 일어났고 피히테가 예나(1794년 이후)에서 가르치고 횔덜린이 그곳에서 피히테의 강의를 들었던 이 시기에, 어떻게 철학적 체계를 파악해야 하는 지에 대해서는 아마도 이작 싱클레어Isaac Sinclair를 중심으로 가진 모임에서 이미 보다 자세히 알려져 있었을 것이다.

헨리히는 이런 확신을 토대로 매우 흥미로운 생각에 도달했는데, 그것은 이 원고가 백성들을 선동하려는 목적으로 작성된 선전문이며, 이를 헤겔이 베껴 썼으리라는 것이다. 원고의 구조를 살펴보면 이 원고가 특정한 수취인들을 염두에 두고 있음이 드러난다. 원고의 저자는 결코 자기가 말하고자 하는 바를 근거지우려 하지 않고, 단지 단언하면서 주장할 뿐이다. 원고는 칸트를 모방하지만, 정작 칸트를 칸트 자신과는 매우 다른 방식으로 수용하고 있다. 칸트의 요청설이 언급되긴 하지만 근본적으로는 체계적 연관성 속에서 이루어지고 있으며, 이는 더 확대되어야 할 이념인 것으로 이해될 수 있다. 따라서 헨리히는 매우 분명해 보이는 결론에 도달한다. 이 원고는 분명 선전문이거나 선동문이었으리라는 것이다.

셸링과 연결시켜 볼 때 다음과 같은 문구들이 주의를 끈다: "절대적으로 자유로운 존재인 나 자신에 대한 표상"으로부터 출발해야 하며, 이로써 동시에 "하나의 완전한 세계", "무로부터의 창조"가 드러나게 된다는 것 등이다. 뿐만 아니라 자연에 대한 단락은 "도덕적 존재를 위해 세계가 어떻게 만들어 질 수 있단 말인가?"와 같은 질문들이나, 새로운 근거지우기를 통해 물리학에 "날개"를 달아 줌으로써 학문으로 고양시키고자 하는 통찰들을 다루고 있다.

국가는 전혀 자유의 대상을 드러내지 않으며, 따라서 국가를 이념을 사유할 능력이 없는 인간들을 위한 임시방편적 기구에 지나지 않는 것으로 보는 국가에 관한 단락들은 셀링의 후대의 주제들 -예를 들어《선험철학의 체계》에 나타나는- 을 암시해 준다. 인류의 교사로서의 시학Poesie에 대한 정의라든지, 그 안에서 이념들이 미학적으로 드러나게 될 *새로운 신화* 또는 *새로운 종교*에 대한 요구 등은 셀링의 철학에서 본질적인 의미를 지닌 사고들이다.

4 상호보충적인 철학적 학문으로서의 자연철학과 선험철학

1. 자연철학의 이념

독일관념론의 발전사에서 셸링이라는 이름은 기본적으로 자연철학이라는 개념과 결부되어 있다. 셸링의 자연철학과 견줄만한 자연에 대한 사변적이고도 통전적인 이론은 그리스인들의 자연철학, 특히 소크라테스 이전의 철학자들(예를 들어 아낙시만드로스Anaximandros)이나 르네상스철학(예를 들어 조르다노 브루노Giordano Bruno)에서나 발견된다.[1]

오늘날 자연철학이라는 제목 아래에서 이루어지는 연구가 주로 (경험적) 자연과학에 대한 학문이론적이고 방법론적인 성찰에 제한되어 있는 반면, 셸링은 통일적이고도 총체적 실체로서의 자연에 대한 이념과, 자연에 관하여 절대적으로 타당한 철학적 지식을 구축하는 것을 그 목표로 한다.

셀링의 자연철학은 자연세계에 대한 형이상학적 존재론의 근본구조를 보이고자 한다. 그것은 단순한 자연력들에 의한 물질의 자기구성으로부터 시작하여 가장 높은 수준의 복잡한 존재양식인 개별적 유기체들, 즉 이성의 유기체적 담지자에 이르기까지[인간을 의미] 그 안에 스스로 근거지워지고 닫혀져 있는 자연현상들의 연관성을 보이는 것이다. 전일성의 철학으로서 -그 원리에 있어서 뿐만 아니라, 자연의 내적 질서들 및 자연 현상들의 일련의 역동적인 층위적 구성과 관련하여- 자연철학은 비교적 단순한 근본사유에 토대를 두고 있다.

셀링에 의하면 자연은 전적으로 그리고 그 모든 단계들에 있어서 유기적인 체계Organisation이다. 유기체적 자연과 비유기체적 자연은 서로 상이한 원리들에 의해 분리되어 있는 자연들을 나타내는 것이 아니다. 이 (총체적) 유기적 체계는 오직 하나의 생산적인 힘produzierende Kraft에 의해서만 가능한 것으로 사유할 수 있는데, 이 힘은 또한 유기적으로 체계화하는 원리를 필요로 한다. 이 원리는 결코 맹목적인 원리일 수 없고, 오직 자연적 생산물들 가운데 내포되어 있는 합목적성을 그 목적에 타당하도록 산출하는 그런 종류의 원리이어야 한다. 따라서 이 원리는 하나의 정신적인 원리이어야 한다. 셀링은 이 원리를 상황에 따라 무제약자 혹은 실재와 이념의 절대 동일성absolute Identität von Realem und Idealem이라고 부른다. 셀링에게 자연은 무의식적 정신 unbewußter Geist과도 같다.

여기에서 셀링의 자연철학의 주제들을 모두 다 구체적으로 다룰 수는 없다. 그 근본적인 어려움은, 셀링이 자기의 프로그램을 단권의 저서 속에 상세하게 기술하는 식으로 작업하지 않았다는 데 있다. 전체적인 윤곽을 그려 보고자 한다면 K. 피셔가 작성한 '셸링의 자연철학적 저서들 개관(본서의 부록 중 개요표)이 도움이 될 것이다. 여기에 작성된 형식별, 주제별 분류는 두 가지 측면에서 주의를 기울여야 한다.

　첫째, '입문서들'(I)은 다시 'A. 소개서들Propädeutische Schriften'과, 'B. 일반자연철학Allgemeine Naturphilosophie'으로 구분되어 있는데, 이는 발전사를 따른 분류이다. 1801년 이후의 셸링의 자연철학을 위해서는 일반자연철학과 특수자연철학을 구분하는 것이 표준적인데, 이중 가장 중요한 것은 1804년의《뷔르츠부르크 강의들》즉《전체철학, 그리고 특히 자연철학의 체계》이다. 1803년부터 1806년까지의 작품들 중 발췌되어 'B. 일반자연철학'으로 분류되어 있는 것들에는 일반적인 존재론적 원리들이 묘사되어 있다. 이 원리들은 무엇보다도 형이상학적 원리로서의 물질과 빛, 그리고 현실적인 것의 세 가지 실재 포텐츠reale Potenz des Wirklichen로서의 물질, 빛, 생명이 그것이다. 초기의 자연철학적 작품들에서는 이와 상응하는 형이상학적 원리들에 대한 언급을 찾아보기 힘들다.

　둘째, '상세한 작품들'에 분류된 것들은 보다 더 명시적으로 자연철학적 특징을 드러내고 있다. '전체의 체계'로 분류된 것들 가운데에서도《자연철학 체계의 첫 번째 기획Erster Entwurf eines Systems der Naturphilosophie》같은 책은 단지 광범위한 자료 모음집에 머물러 있을 뿐이고, 주제별 배열 역시도 아직 '자연적 질서'를 따라 이루어져 있지 않고 있다. 1801~02년에 출판된 철학의 체계에 대한 작품들은 미완료된 형태로 끝나고 있다. 비록 여기에서도 전체 체계와의 관련 속에서 이를 위한 상세한 설명들이 부분적으로나마 선취되고 있긴 하지만, 그럼에도 불구하고 이 작품은 단편적으로 머물고 있을 뿐이다. 셸링의 자연철학에 대한 거의 완결된 기술은 1804년의 강의에서 이루어지고 있다.

발전사적으로 보았을 때 전체 개념을 위해 가장 중요한 작품은 의심의 여지없이《나의 철학체계의 서술Darstellung meines Systems der Philoso-phie》(1801)로서, 1809년 셸링은 그것을 자기 자연철학의 "첫 번째 학문적 서술"(VII 357)이라고 평가하였다. 자연철학적 프로그램의 형성과정은 이 작품과 더불어 어느 정도 종료되었다. 이 책에 나타난 기본골격에 더하여 1806년까지는 여전히 부분적인 첨가(예를 들어 우주론, 천문학, 지질학, 지층 역사학, 의학 등), 확장, 그리고 순서상의 재배열 등이 이루어져야 했던 게 사실이지만, 이 책에 나타나는 방법론상의 핵심적인 개요는 셸링의 사고에 있어서 최종적인 형태를 이루는 것이었다.

1827년부터 이루어졌던 강의들인《새로운 철학의 역사》에서 셸링은 자기의 자연철학을 이 책에 나타나는 모델을 따라 묘사하고 있다. 나아가서 '학문적'이라는 셸링의 평가는, 1801년 이 책에서야 비로소 자연적 (그리고 정신적) 세계의 현상들 가운데 놓여 있는 실재와 이념의 완전한 동일성이라는 원리가 최초로 상세하게 제기되고 있다는 것을 의미한다. 여기에서는 이제 뒤따르게 될 설명들을 미리 선행하여 초기 자연철학의 발전을 단계적으로 제시해 보이도록 하겠다.

1. 자연철학의 프로그램은 우선 자연에 대한 지식의 가능성의 조건에 대해 질문하는 구성이론적konstitutionstheoretisch 성찰의 지평 속에 근거지워지고 수행되고 있는데, 이러한 태도는 의심의 여지없이 칸트와 피히테의 영향으로 말미암은 것이다. 셸링은 후일 자신의 초기 철학을 "피히테로부터 시작해서" 객관에게로 향하는 길을 찾고자 하는, 보다 자세히 말하자면 "모든 것이 오직 자아를 통해 그리고 자아를 위해 존재한다는 피히테의 명제를 전제로, 어떻게 객관적 세계가 파악 가능한 것인지"(X 95)를 찾는 시도였다고 묘사하고 있다.

자연철학은 자연의 통일성과 총체성을 탐구한다. 그런데 이처럼 자연철학에서 나타나는 "객관에게로의" 전환은 이를 가능토록 했던 형이상학적인 근본 신념을 전제로 한다. 즉 자연과 인식하는 정신의 통일성, 실재와 이념의 본질적 동일성Wesensidentität에 대한 신념이 바로 그것이다. 이와 같은 형이상학적 사고방식이 그 근저에 놓여있지 않았다면, 인식하는 주체에 대하여 독립적으로 존재하는 외부세계로서의 자연에 대한 지식이 어떻게 가능할 수 있는지가 제대로 대답될 수 없다.

> 그러므로 여기에서, 우리 안에 있는 정신과 우리 바깥에 있는 자연의 절대적 동일성 가운데에서 어떻게 우리 바깥에 있는 자연이 가능한가 하는 문제가 해결되어야만 한다.(II 56/AA I,5 107)

이때 자연은 자기인식을 추구하는 절대 동일성의 필연적이고도 통합적인 계기의 하나로, 절대자의 가시적인 자기실현sichtbare Selbstwerdung으로 이해된다.

2. 절대 동일성의 원리는 실재성(자연)과 이념성(지성) 안에 대립적으로 분여되어 있고 절대 동일성에로 복귀하기를 추구한다. 셸링은 이 절대 동일성으로부터 출발해서, 그것이 동등하게 분여되어 있는 두 영역에 관해 다루는 서로 구별되면서도 상보적인 철학의 기본분과를 두 가지로 분류한다. 자연철학에게는 실재로부터 이념을 "해명"하는, 또는 이념으로 실재를 보충해야 하는 과제가 주어져 있다. 선험철학의 과제는 이념에게 실재를 "종속"시키는, 즉 이념을 실재를 통해 보충하는 것이다.

《자연철학 체계의 첫 번째 기획 서문*Einleitung zum Ersten Entwurf*》에서는 이와 같은 간단한 해설과 더불어 이 철학분과들이 서로 어떤 관계를 맺고 있는지에 대해 정의한다. "따라서 두 학문은 하나이다. 그것들은 오직 그것들의 과제가 지니는 대립적인 방향에 따라서만 서로 구분되는 학문이다. 하지만 두 방향은 동시에 가능할 뿐만 아니라 동시에 필연적이기 때문에, 지식의 체계 속에서 양자에게는 동일한 필연성이 부과되어 있다."(Ⅲ 272f.) 여기에서 -체계의 실재적인 한 부분, 즉 유일하게 가능한 독단적 체계인- 자연철학은 경험과학들과 구분하여 *사변적 물리학Spekulative Physik*이라는 이름을 얻는다.

3. 철학에 있어서 두 개의 상보적인 기본학문들이라는 개념에 반대하면서, 피히테는 선험철학만이 철학의 토대가 된다는 비판을 제기하였다. 한편, 셸링 자신은 그와 같은 개념 자체가 지니고 있는 내적

인 어려움 때문에 1801년에 이르러서는 마침내 자연철학과 선험철학 또는 정신철학Geistphilosophie을 하나의 통일적인 연관 속에서 하나의 *단일한* 철학 체계의 부분들로 서술하고 발전시키는 것으로 입장을 변경하게 된다.

간략히 말하자면 자연철학은 철학의 원리가 무엇인지, 그리고 이 원리가 어떻게 체계적으로 전개되어야 하는 것인지에 관한 문제와의 연관성 속에서 수행되고 있다. 철학의 *원리*를 실재와 이념의 절대 동일성으로 규정하는 것으로부터(1796/97) 시작해서, 실재와 이념(자연과 정신) 각각 속에 놓여 있는 '실재와 이념의 *철저한* 동일성'에 대한 사고에 이르기까지(1801), 자연철학은 언제나 이러한 중심적인 철학의 원리에 대한 질문과 깊이 결합되어 있다.

이는 현상의 영역과 관련하여 이 동일성이 어떻게 변용된 양태들 Modifikationen로 드러나는지를 보이고, 나아가서는 이 동일성이라는 개념이 함축하고 있는 의미를 절대자의 개념 속에서 보다 심화시켜 발전시키려는 노력들과도 긴밀히 결합되어 있다.[2] 철학의 최종근거를 탐구함에 있어서 선험철학에 대하여 독립적인 자연철학을 세우려는 자신의 의도와 주체적인 의식에 대한 구성이론을 위한 출발점을 찾는 시도 사이에 내재적으로 잠재해 있는 어려움과 긴장들을, 셸링은 1801년에야 비로소 극복했다고 말할수 있다. (이러한 좁은 의미에서의 동일철학적인 자연철학 이해는 5장에서 간단히 진술할 것이다.)

위에서 약술한 것처럼 자연철학을 근거지우고 수행함에 있어서 자연의 몇몇 대상들은 특히 중요한 역할을 하고 있다. 우선 셸링은《자연과학의 형이상학적 출발점들*Metaphysische Anfangsgründe der Naturwissen-*

schaft》(1786)에 나타나는 칸트의 문제의식을 공유하는데, 특히 물질, 즉 비유기체적 자연이 어떻게 구성되는지에 대한 문제에 관심을 기울인다. 두 번째 중점사항은 유기체적 자연과, 그것이 비유기체들과 맺는 통일성의 문제이다. 마지막으로 동일철학은 스스로를 우주에 관한 포괄적인 이론이라고 선언한다.

최초의 자연철학적 저작들에서는 자연철학의 기본사유들이 형성되어가는 과정을 보여준다는 점에서 특히 주목할 만 하다. 사실 셸링은 이미 튀빙겐에서 공부하던 시절에 자연철학을 위한 기초지식을 얻었는데, 이것들은 그가 라이프치히 대학에 체류하는 동안 수학, 물리학, 생리학 등을 공부하면서 더 확장, 심화될 수 있었다.[3] 셸링은 칸트의 이해를 토대로 세계의 형성과 그 원리들을 다루는 플라톤의《티마이오스》와《필레부스》를 수용하였는데,[4] 이는 셸링 자연철학의 핵심적인 철학적 원천이다.

아래에서는 셸링 자연철학의 철학적 동기들과 더불어 그 철학적, 자연과학적 기원에 대해 간략히 살펴보고자 한다. 셸링의 자연철학에 대한 연구를 통해서 우리는 특히 당시의 자연과학적 원자료들에 대한 이해를 심화할 수 있게 되었다. 이는 당시의 자연과학 이론이 형성되어 가는 상황을 보여주는 중요한 발견인 동시에, 그것들이 가지고 있는 문제들이 무엇이었는지를 보여주기도 한다. 이제 막 형성되어 가던 자연철학이 아래와 같은 점에서 기여하였다는 역사적 의미에 대해서는 이론의 여지가 없다. 당시 자연에 대한 개별 과학적 지식들은 대부분 초보적인 수준이었을 뿐만 아니라 개별지식 상호간의 연관성이 갖추어져 있지 않았다.

셸링의 자연철학은 개별지식들을 포괄하는 사고, 즉 자연에 대한 이념을 획득하고자 시도함으로써 자연에 대한 지식의 통일성을 추구하고, 이를 통해 자연 자체를 하나의 통일성으로 파악하고자 하였다. 한편, 오늘날의 셸링 자연철학 수용은 대체로 초기 작품들에 집중하면서 '주체로서의 자연', '역동적 원자론dynamischer Atomismus', '자기 스스로를 전개하는 총체성으로서의 자연'과 같은 표제어들을 중심으로 이루어지고 있다는 것도 기억해야 한다.

이에 반해 동일철학의 시기(1801~1806)의 저서들, 예를 들어 1804년의 강의들 속에서는 자연의 역동적 단계들이 방법론적-체계론적으로 강요된 유비들 때문에 지나치게 과도하게 구성되어 있다는 문제를 가진다. 이는 자연의 연속적 단계들로부터 그 역동성을 제거해 버릴 뿐만 아니라, 나아가서는 자연철학 자체가 자의적인 몽상에 불과하다는 인상을 주고 만다. 19세기의 철학과 과학에서 자연철학이 대체로 부정적인 평가를 받은 것은 이 때문이었다.

2. 사변적 물리학

셸링의 첫 번째 자연철학적 저작인 《자연철학의 이념들Ideen zu einer Philosophie der Natur》(1797)에는 자연철학의 기본적인 초안이 담겨 있다. 이 책의 제목은 헤르더의 《인류 역사의 철학에 대한 이념들Ideen zu einer Philosophie der Geschichte der Menschheit》을 상기시킨다. 사실 두 책은 유사한 관점을 공유하고 있다.

헤르더가 자신의 책을 통해 당대의 역사철학을 새롭게 근거지우고자 했던 것처럼, 셸링은 자연철학의 새로운 토대를 세우고자 한다. 자연철학의 '이념들'이라는 용어는 헤르더가 그것을 사용했던 것과 같은 의미에서, 자연철학이 어떻게 세워지고 구조 지워져야 하는지를 드러내는 근본 문제들, 근본 개념들, 주요한 측면들을 지시한다.

셸링은 우선 서문에서 철학의 체계 안에서 자연철학이 차지하는 위치가 무엇인지를 보이고자 한다. 칸트가 시도했던 선례를 따라 셸링은 이론철학과 실천철학을 구분하면서 전자를 순수 분과에, 후자를 응용 분과에 귀속시킨다.

> *순수한* 이론철학은 다만 우리의 지식 *일반의*Wissen überhaupt 실재성에 대한 탐구만을 다룬다. 반면 자연철학이라는 제목으로 이루어지는 응용철학의 과제는 우리 지식의 *특정한* 체계bestimmtes System(즉 경험 전체의 체계)를 그 원리들로부터 도출해 내는 데 있다. *이론철학*에서 *물리학*이 차지하는 위치는 *실천철학*에 있어서 *역사*의 그것과 같으며, 따라서 이 같은 철학의 두 주요 부분들로부터 우리의 경험적 지식의 두 가지 주요 분과들이 발전해 나온다. *자연철학*과 *인간에 대한 철학*Philosophie des Menschen을 작업함으로써 나는 전체 응용철학을 포괄할 수 있기를 기대한다. 전자를 통해서는 자연에 대한 이론이, 후자를 통해서는 역사가 학문적 토대를 얻게 되어야 한다.(II 4/AA I,5 61f.)[5]

철학을 분류함으로써 얻어진 이 같은 기초안은 여러 측면에서 셸링 철학에 있어 발전사적으로 중요한 의미를 지닌다. 우선 초기 저작들과 비교해 볼 때, 철학의 분류를 통해서 변화된 기본 입장들이 근거지워지고 있음을 알 수 있다. 이제는 지금까지의 전형적인 질문, 즉 지식이 실재성을 가지는지, 또는 지식의 실재성이 어떻게 가능한 것인지에 대한 질문이 더는 철학적 반성의 중심에 놓이지 않는다. 대신 어떻게 인식이 가능한가 하는 질문이 그 자리를 차지하게 된다. 논의의 이차적인 단계에 가서야 이 질문 가운데 어느 정도 실재성에 대한 질문이 동시에 내포되어 있다는 사실이 드러나게 된다(cf. I 366/ AA I,4 85; II 16/AA I,5 73).

한편, 기초가 되는 토대를 찾으려는 전략은 그것이 참된 것인지, 혹은 그것이 어떻게 참되다는 것을 주장할 수 있는 것인지의 문제와 결합되어 있다. 이를 통해서만 토대에 대한 탐색은 하나의 보편적인 출발점을 획득할 수 있기 때문이다. 보다 구체적으로 말하자면, 셸링은 진리와 참된 지식으로서의 인식을 일치Übereinstimmung라는 관점 아래에서 기술하고자 한다. 인식이 어떻게 가능한가 하는 질문은, 표상하는 정신과 현실(표상과 대상)을 서로 중재하면서 양자를 구조 지우는 동시에 연결하는 계기가 무엇인지를 드러내는 것을 그 목표로 한다.

이러한 전략은《자연철학의 이념들》과 거의 같은 시기에 쓰였으면서 당대의 철학서들과 대결하고 있는《새로운 철학문헌들에 대한 일반적인 개관Allgemeine Übersicht über die neueste philosophische Literatur》(1796/97)에서 집중적으로 전개되고 있다. 이 책은 후에《학문론의 관념론 해명을 위한 소론Abhandlungen zur Erläuterung des Ideaismus der Wissenschaftslehre》이라는 제목으로 재출판 되었다. 뿐만 아니라 이런 전략은《선험적 관념론의 체계》를 시작하는 체계적인 도입부를 결정짓기까지 하였다.

《일반적인 개관》에서 셸링은 《자연철학의 이념들》에서 그랬듯이 먼저 《순수이성비판》의 인식이론적 문제들을 검토하면서, 이 문제들을 역시 《순수이성비판》의 원리를 따라 극복하고자 (때로는 비판적으로 해결하고자) 한다. 이와 관련해서 또 다른 질문이 연관되어 있는데, 표상과 표상의 필연성 사이의 연속성의 근원, 즉 세계 안의 대상들에 대한 우리의 이론적 표상들이 어떻게 임의적이지 않을 수 있는가 하는 질문이 그것이다. 이때 표상들에 대한 규정을 초월적 사물들, 특히 물자체의 자극Affektion을 통해 해명하고자 하는 시도들은 처음부터 배제된다.

따라서 셸링에게 있어서 인식의 가능성에 대한 질문은, 표상과 대상 간의 일치의 근거로서의 동일성에 대한 질문과 같은 것을 의미한다. 이를 위한 유일한 조건은 자기 스스로를 직관하는 어떤 존재가 있어야 한다는 것이다. 왜냐하면 오직 그러한 존재 안에서만 인식을 위해 요구되는 -자기 내재적인- 중재가 일어날 수 있기 때문이다. 이를 위해서 셸링은 다양한 표현들을 사용한다. 어떤 경우에는 우리 자신이 그런 존재라고 말하기도 하고, 다른 경우에는 이미 잘 알려진 표현인 '자아'라는 개념을 사용하기도 한다.

마침내 셸링은 새로운 개념을 제시하게 되는데, 이것은 그 때까지 그의 철학에서 별다른 의미를 지니지 못하고 있던 *정신Geist*이라는 개념이다. 정신은 "자기의 지식과 인식의 절대적 *자기근거Selbstgrund*"로, 절대적이면서도 자기 자신만을 향해 존재하는 주체-객체absolutes, für sich seiendes Subjekt-Objekt로 정의된다. 정신은 스스로를 자연(객체) 속에서 뿐만 아니라 구체적으로 인식하는 자아(주체) 안에서 스스로를 드러내는 어떤 것이다.

정신이라는 개념을 도입하면서부터 셸링에게는 새로운 철학적 가능성이 열리게 된다. 이 개념으로 인해 이제 자아와, 이미 형성되고 구성되어져 있는 복수의 자아들의 수준에서 일어나는 자아의 자기직관의 배후로 돌아 들어갈 수 있게 된 것이다. 이것으로부터 볼 때 자연 뿐만 아니라 인간의 정신, 즉 지성Intelligenz 모두는 동일한 정신이 나타나는 양상으로서 이해될 수 있다. 이때 셸링은 정신을 가리켜 활동적이고 생산적이며, 산출적인 직관이라고 정의한다.

셸링은 1801년에야 비로소 이런 내용을 *탈포텐츠화*Depotenzierung 과정이라는 표제어 아래에서 직접적으로 주제화하여 다루게 되지만, 사실상 그것은 1797년부터 이미 준비되어 있었다. 표상과 사물은 하나의 동일한 정신의 산물Produkt이다: "표상은 원본인 동시에 복사본이다."(I 379/AA I,4 106) 이와 같은 표현은 -다음과 같은 문구와 마찬가지로: "무한한 세계는 … 무한한 생산과 재생산 가운데 있는 우리의 생산적인 정신 외에 다름 아니다."(I 360/AA I,4 78)- 여전히 선험철학적 입장을 내포하고 있는 것이 분명하다.

하지만 이때 표상이라는 개념은 단지 유비적인 의미만을 지닐 뿐이라는 사실을 간과해서는 안 된다. 많은 구절들에서 자연은 더 이상 자기 자신을 직관하는 표상의 활동성의 산물, 즉 인간적 정신의 산물로서가 아니라 오히려 인간적 자아까지도 거기에 참여하고 있는 정신의 산물로 간주된다. 자연과의 연관성 속에서 이 정신은 창조적인 혹은 무의식적인 정신으로 정의된다.

자연은 보이는 정신이며, 정신은 보이지 않는 자연이다.(II 56/A I,5
107)

무의식적 생산과 관련하여 셸링은 피히테의 생산적 상상력produktive
Einbildungskraft에 의존하는데, 피히테는 이를 비반성적이고도 무의식적
인 생산 속에서 자연을 '창조'하는 것으로 진술한 바 있다. 셸링은 이
런 주관적 원리subjektives Prinzip를 객체에게도 적용하면서도, 동시에 이
원리의 주관적 속성을 놓치지 않는다. 피히테에게 있어서 자아가 순
수한 비실체적 활동성reine substanzlose Tätigkeit인 것처럼, 자연철학 역시
도 하나의 무제약자로부터 출발한다. 무의식적 정신은 고유한 실체
성Substrat을 지니지 않는 순수한 힘이며, 실재das Reale는 오직 무의식적
정신을 통해서만 존재할 수 있다.

반면, 이 무의식적 정신 자체는 실재에게만 고착되어 있지는 않는
다. 따라서 자연철학의 핵심 내용은 정신의 본성으로부터 자연에 대
한 일련의 필연적 표상들을 도출해 내는 것이 아니라 오히려 "사물
들로 하여금 정신 가운데 있는 일련의 단계들과 더불어 발생하고 형
성되어가도록"(II 35/AA I,5 89) 하는 데, 즉 주관적 의식의 표상들을 그
객관적 '되어감' 속에 있는 자연의 생산력으로서 사유하는 데 있다.

자연현상에 대한 통일적 이론을 구축하려는 시도는 이와 같은 자
연의 생산성에 대한 개념을 근거로 한다. 이를 통해 자연철학은 -이
미 선험철학과의 대비를 통해 그 주요한 기본 입장이 드러난 바와 같
이- 자기의식의 역사로서의 정신의 발전에 대한 이론으로서 구축될
수 있었다. 정신의 행위는 한편으로는 무의식적 생산 속에서 스스로

를 드러냄으로써 자연이 되고, 다른 한편으로는 자기 자신에게로 돌아가는 생산 속에서 스스로를 객관에 대한 의식으로 형성함으로써 객관 일반을 구축하게 된다. 이 객관 일반은 의식 속에서 수용되며, 자기의식 속에서 자기 자신의 계기들로 파악된다. 따라서 셸링은 "외부 세계는 그 안에서 우리의 정신의 역사가 재발견되도록 하기 위해 우리 앞에 펼쳐져 있다."(I 383/AA I,4 110)고 말한다. 이로써 이미 셸링은 정신의 선험적-발생적 이론으로부터 자연의 발생이론을 향한 길로 접어들어 서 있다.

이와 같은 구상에 있어서 중요한 철학적 기원으로는, 절대 실체에 대한 스피노자의 이론과 라이프니츠의 단자론적 개별성의 원리 monadologisches Individualiätsprinzip, 즉 표상력Vorstellungskraft의 내재적 생산에 대한 이론을 꼽을 수 있다. 물론 칸트도 빼 놓을 수 없다. 표상과 대상의 일치가 우연히 일어나는 게 아니라면, 자연 목적론에 대한 이론은 더 이상 유기체적 자연 가운데 있는 합목적성을 단지 '마치 있는 것처럼 간주하는'* 방식으로 논할 수는 없는 일이다. 이에 반해 셸링은 모든 자연사물들 가운데에는 스스로를 조직화하는 물질이 놓여 있으며, 따라서 유기체를 인식함에 있어서는 그 가운데 놓여 있는 정

---

* 역자 주: 칸트는 기본적으로 자연을 인과율적으로 이해하고 있다. 자연 전체는 원인과 결과의 인과율적 법칙의 지배를 받는 필연성의 영역이라는 것이다. 이에 반해 칸트 본인도 유기체적인 자연을 고찰할 때에는 거기에 원인과 결과의 인과율을 넘어서 전체와 부분의 통일성이 이루어져 있는 합목적성이 구현되어 있는 것으로 표상할 수밖에 없다는 것을 인정하고 있다. 하지만, 유기체에게서 드러나는 이러한 합목적성을 칸트는 자연 자체에 '구성적konstitutiv'인 것으로 간주하지 않고, 단지 자연을 표상하는 사유에게 있어서 '규정적regulativ'인 것으로 보아야 한다고 주장하였다. 이는 유기체에 실제로 합목적성이 부과되어 있는지는 실제로는 알 수 없으나, '마치 있는 것처럼' 사유해야 한다는 것이다. 상기한 셸링의 주장은 이러한 칸트의 유기체론에 대한 비판이자 보충인 것이다.

신과 물질의 근원적인 통일성이 사유되어야 한다고 보았다.

자연철학에 대한 하나의 기획서라고 할 수 있는《자연철학의 이념들》에서 셸링은 매우 인상적으로 당시의 경험적이고도 자연과학적인 지식에 토대하고 있다. 그는 우선적으로 경험적 자료들을 수집하고, 서로 대립적인 이론들을 중재하면서 이를 체계적으로 조직화한다. 이 중에는 라부아지에Antonine Laurent Lavoisier에 의해 혁명적으로 발전하게 된 화학적 연소이론도 포함된다. 빛과 그 운동에 대한 이론 및 공기와 산소의 결합 이론, 또한 전기력의 생성과 그 종류, 그리고 전기력과 자력의 연관성에 대한 이론 등도 빼놓을 수 없다.

셸링은 이 모든 자연현상의 상이한 부분들 속에 놓여 있는 긍정적 힘과 부정적 힘의 상호작용이라는 체계적인 구조를 드러내려 한다. 이 구조는 힘들의 평형과 교란, 혹은 지양이라는 변화들을 통해 스스로를 산출한다. 구조에 대한 이러한 통찰은 르사주George Louis Lesage의 기계론적 원자론을 거부하는 것으로, 원칙적으로는 우리가 직관하는 자연의 생산성은 단일한 근원적인 힘을 향하여 역동적으로 회귀한다는 생각에 바탕을 두고 있다.

따라서 이 근원적 힘은 모든 자연적 생산물의 가능성이며, 두 힘들이 이루는 하나의 과정으로 사유된다. 이 과정은 두 힘들의 평형을 향한 추구를 그 특징으로 하며, 이러한 추구는 자연의 생산물 가운데 나타나거나 혹은 스스로를 생산물로 실현한다. 또한 그것은 평형 상태의 지속적인 지양이기도 한데, 바로 이 속에 자연의 생산성의 근거가 놓여 있다. 이 과정의 첫 번째 단계는 -칸트의《자연과학의 형이상학적 출발점들》을 따라 – 인력과 반력Attraktions- und Repulsionskraft을 통한 물질의 구성이다.[6] 물질이 어떻게 서로 상이한 방식으로 발달하는 지를 드러낸 후 셸링은 그 질적 특성들Qualitäten을 구성하고자 시도한다.

칸트에 의하면 질적 특성들이란 감각 가운데 있는 실재적인 것으로, 선험적으로 서술할 수 있는 종류의 것이 아니다. 동일한 의미에서 셸링에게 있어서도 질적 특성들은 구성되어질 수 없는 것들이다. 왜냐하면 질적 특성들에 대한 감각은 그 토대를 화학 작용에 두고 있기 때문이며, 화학 작용 자체는 집약적이면서도 지속적인 운동으로 생각되어야 하기 때문이다. 이때 전제가 되는 것은 칸트에게 문제가 되었던 물질의 완전한 (화학적) 투과이다. 화학 작용을 구성하려는 시도와 더불어 이 책은 끝을 맺는다. 자연 생산성이 드러나는 양상으로서 개략적으로 진술된 자연의 일련의 단계들, 즉 물질의 구성으로부터 유기체에 이르는 단계들은 이 책에서는 더 이상 자세히 설명되지 않는다.

《세계혼에 대하여. 고차 물리학을 위한 하나의 가설Von der Weltseele. Eine Hypothese der höheren Physik》은 《자연철학의 이념들》의 후속편은 아니다. 여기에서 중심 문제는 하나의 동일한 원리에 근거지워져야만 할 유기체적 자연과 비유기체적 자연의 상호관련성에 관한 것으로, '세계혼'이라는 개념은 이 원리를 가리키는 표현이다. 셸링은 생명을 기계화하는 유기체적 조직에 대한 기계론적 이론을 비판한다. 하지만 유기체들 가운데에는 특별한 생명력이 존재한다는 기존의 생기론적 가설 역시 부적절할 뿐만 아니라 증명 불가능하다고 비판하고 있다.

반면 유기체적 조직은 목적론적으로, 즉 하나의 의도에 따른 창조라는 이념으로부터 해명되어서도 안 되며, 오직 자연원리들에 의해서만 해명되어야 한다는 것이 셸링의 입장이다. 만일 생명과 무생물 모두에 대한 단일한 물리적 해명이 가능한 것이라면, 물리적인 기본 힘들은 이미 생명의 원리를 내포하고 있음이 분명하다.

이를 위해 우선 셸링은 자연의 일반적인 이원론을 자세히 해명하고 있다. 자연의 힘들은 근원적으로 이원화되어ursprüngliche Entzweiung 있는데, 이 힘들 간의 대립은 실재적이고real, 또한 역동적인 동일성의 근거가 된다. 물질적인 사물들에 대해서 칸트는 전적인 양극성을 주장한 바 있는데, 인력과 반력이 그것이다. 칸트에 의하면 물질적 혹은 물리적 요소들은 인력과 반력의 상호작용을 통해 생성된다.

이와 같은 양극성을 가장 전형적으로 드러내 주는 형태는 바로 두 극들 간의 강력한 상관적 이원성으로 형성되어 있는 자석이다. 자기력의 본성은 두 개의 극 상호 간의 동시적인 반력과 인력이다. 이처럼 자석의 본성을 통해 감각적으로 인지할 수 있도록 나타나는 법칙이 이제 셸링에 의해 '보편적인 세계의 법칙'(II 489)으로 고양된다. 마이너스와 플러스로 구성된 전기력, 산과 알칼리의 결합으로 발생하는 화학적 과정, 그리고 생리학의 재생성과 민감성Reproduktion und Irritabilität 및 민감성과 반응성의 작용 가운데에도 마찬가지로 동일한 힘들의 이원론이 지배하고 있다. 이렇게 양극성으로 드러나는 모든 것들을 통일시키는 근원 힘이 바로 자연이다. 즉 그것은 모든 생산물과 현상들(소산적 자연natura naturata) 배후의 능산적 자연natura naturans이다.

이 근원 힘은 자기 스스로부터 대립성을 산출하며 따라서 양극적인 힘들의 상호작용 속에는 사실은 하나의 단일한 생산적 힘이 자리하고 있을 뿐이다. 전체로서의 자연은 하나의 살아있는 것이자, 조화롭게 균형을 이루고 있는 하나의 거대한 유기체이다. 개별적인 것들 속에서 이 자연은 언제나 상이한 계기들의 충돌로 묘사될 수 있다. 이러한 동일성과 차이의 동시성은 평형(생산물)과 교란(생산성)의 상호작용으로 나타난다. '세계혼'이란 바로 이와 같이 자기 스스로에게로 귀환하는 유한하면서도 무한한 운동의 과정을 의미한다.

생명이라는 개념은 경험적으로 보자면 생명현상들의 법칙성으로부터 파악되게 마련이다. 그런데 셸링은 생명에 대한 개념을 구성함에 있어서 생명을 일종의 생기로서 간주되는 영혼이 깃든 물질로 보는 것과, 외부로부터 야기된 운동으로 파악하는 방식의 두 가지 관점들을 처음부터 배제한다. 이에 반해 생명의 근원은 유기체들의 수동적인 수용성과 그 고유한 활동성의 공동작용 가운데에서 찾아져야 한다. 이때 결정적인 요소가 민감성이라는 현상인데, 이는 생명이 무엇인지를 파악하기 위해 필요한 능동성과 수용성 사이의 관계가 그 안에서 가장 분명히 나타나기 때문이다. 반응성, 민감성, 그리고 생성 및 재생과정이라는 세 단계로 생명현상을 구분하는 것은 헤르더와 키일마이어Carl Friedrich Kielmeyer에게까지 소급된다.

이 같은 작업 이후 《자연철학 체계의 첫 번째 기획》(1799)은 모든 생명의 기능들 가운데에서 작용하고 있는 통일적인 생명원리에 대한 사고를 근거지운다. 이 생명원리는 동물들의 종류에 따라 다르게 나타나는 유기체적 기관들의 차이를 재생산, 민감성, 반응성이라는 기본 기능들의 상이한 단계로써 파악하게 한다. 이는 더 고차적인 유기체일수록 민감한 생명의 작용들에 대한 반응성의 작용이 더욱 높게 나타난다는 법칙을 따라 파악된 것이다. 《세계혼》의 마지막 부분은 《자연철학의 이념들》과 마찬가지로 자연의 통일성 및 일반적 이원론 가운데 있는 자연의 전적인 연속성에 대한 사고를 담고 있다.

《자연철학 체계의 첫 번째 기획》은 예나에서 행했던 강연들로부터 유래한 것인데, 이 책은 순수한 생산성 혹은 무한한 활동성을 그 출발점으로 삼는다. 셸링은 이것들을 무제약자로 정의하면서 자연철학의 출발점과 대상 역시 무제약자임을 드러내고 있다. 순수한 생산성은 스스로를 무한하면서도 지속적으로 형성되어가는, 결코 존재하지 않는 생산물immerzu werdendes, nie seiendes Produkt로 스스로를 드러낸다.*

엄밀히 말하자면 이 생산성은 그것에 대해 존재한다고 말할 수 없는 존재 자신이다. 생산물을 제대로 묘사하고자 한다면, 이 무한한 활동성이 동시에 어떻게 무한히 제지Hemmung되고 있는지를 사유해야만 한다. 이 무한한 제지는 당연하게도 활동성 자신 안에 그 근거를 두고 있다. 생산적 활동성은 선험적으로apriori 이원성Dualität이다. 이를 통해 셸링은 자연 자체의 구조뿐만 아니라 모든 자연적 사건들의 구조, 그리고 경험적으로는 지각될 수 없는 자연의 근원적인 질적 특성들의 '논리적 전역사logische Vorgeschichte'를 해명해 낸다.

이와 같은 시도는 질적 특성들의 근거를 경험적으로 현상되는 것

---

* 역자 주: 이 표현은 생산물로서의 자연이 존재하지 않는다는 의미라기보다는, 생산물은 언제나 중단 없는 생산성의 산물이며, 따라서 이러한 생산성의 작용 없이 또는 지속적인 생산활동과의 관계 없이 정적인 상태로 존재하기만 하는 생산물은 없다는 것을 의미하는 것으로 이해해야 한다. 이는 생산성으로서의 자연은 존재한다고 말할 수 없다는 뒤따르는 진술에도 동일하게 적용된다. 자연은 정적으로 존재하기만 하는 것이 아니라, 언제나 역동적인 생산과 되어감의 과정 속에서만 있다.

들의 전역사 안에다 정위시킴으로써 《자연철학의 이념들》에서 제기된 바 있는 질적 특성들의 문제를 해소시킨다. 질적 특성들로서 간주되는 현상들은, 그것을 통해 자연의 생산성이 드러나게 되는 제지점 Hemmungspunkte들이다. 따라서 질적 특성들은 순수한 조건들이며, 논리적으로 모든 공간 메꾸기Raumerfüllung보다 선행한다. 순수한 응집성 Intensität으로서 질적 특성들은 무한한 분할의 활동성Aktualität을 가리키며, 따라서 스스로 공간의 저편에 자리하고 있다. 이를 위해서 셸링은 '최초의 활동'이라는 표현을 사용하는데, 이를 통해 자연철학은 다른 입장들과 구분되어 역동적 원자론dynamische Atomistik으로 정의된다.

《자연철학 체계의 첫 번째 기획》첫 번째 부분에서 자연은 형태를 갖추지 못한 하위단계로부터 유기체에까지 이르는 일련의 단계들로 묘사된다. 여기에서 단계란 하나의 동일한 유기체적 조직이 발전해 나아간다는 것을 드러내는 표현으로, 이 발전은 유기체 안에서 최고조의 형태를 획득하게 된다. 이에 따르면 안정적인 종들의 유형들과 더불어 여러 형태로 나타나는 유기체들의 다양성은, 생명이 처음부터 독자적인 형태들로 분화되어 있었기 때문이 아니라, 수많은 형태들을 통해 하나의 단일한 발전원리가 드러나기 때문이다.

또한 이 원리는 유한한 오성의 관점에서 보자면 서로 분리되어 있는 것처럼 보이는 것들을 내적으로 연결해 주고 있다. 유기체 안에서는 (힘들의) 근원적 이원성이 성적 차이로 나타나며, 동시에 (재)생산성으로도 나타난다. 유한한 개별체는 출산을 통해 무한한 유Gattung와 자기의 고유한 생명을 동시에 획득하게 된다. 생명 자체를 사유함에 있어서 이 책은 《세계혼》의 뒤를 따른다. 외부로부터의 자극은 삶의 부정적인 조건이다. 이것은 하나의 화학적 과정을 촉발하여 유기체가 스스로를 보존하게끔 한다.

하지만 유기체는 반응성 속에 뿌리박혀 있는 자극가능성Erregbarkeit을 그 긍정적인 조건으로 가지고 있다. 생명을 이렇게 유기체적 내부와 비유기체적 외부의 관계로 정의하는 것은 이 책의 두 번째 부분에서 비유기체의 구성에로 이끈다. 여기에서는 중력이 질량의 가능성으로, 그리고 최종적으로는 생명의 조건인 우주의 가능성으로 연역된다.

마지막으로 세 번째 부분은 유기체와 비유기체 간의 상호관계를 다룬다. 이 둘을 서로 이어주는 지점은 민감성으로, 사실 민감성은 반응성이 드러나는 현상에 지나지 않는다. 이러한 구조 역시도 삼중적인 구조로 확장된다. 왜냐하면 내부와 외부라는 질적 특성을 통해 산출된 운동 자체는 아직은 생명의 보존을 의미하지 않기 때문이다. 생명의 구조에 대한 부분은 대사기능 및 재생산 기능에 대한 언급과 더불어 끝을 맺는다.

유기체적 자연과 비유기체적 자연은 서로를 모사하고 있다. 이 둘은 서로 대립적으로 분리되어 있는 것이 아니며, 따라서 함께 무차별을 향해 나아갈 수 있다. 그러므로 둘의 관계는 −수학적 표현을 사용하여− 포텐츠Potenz의 관계로 정의된다. 유기체는 비유기체의 보다 고차원적인 포텐츠이다. 양자 간의 대립은 생산적이다. 자연의 기초현상이 자기력, 전기력, 화학 작용이라는 삼중성을 지니고 있는 것과 마찬가지로, 보다 고차적인 포텐츠의 수준에서는 반응성, 민감성, 재생산이라는 삼중성이 나타난다. 인간 가운데에서 세계유기체는 그 최종 목표에 도달한다. 이로써 자연의 발전과정에 대한 통일적인 분류는 무제약자(절대자)의 포텐츠(단계)로서의 자연의 범주들의 일련의 단계로 파악되는데, 이는 셸링 자연철학의 기본적인 유형이 된다.

《선험철학의 체계》에서 셸링은 이 단계들을 직관의 단계들로 해석하고, 이 해석을 따라 《역동적 과정의 일반연역*Allgemeine Deduktion des dynamischen Prozesses*》(1800)에서 처음으로 상세히 서술한다. 이에 의하면 물질의 세 계기들(인력, 반력, 중력)은 비유기체적 자연의 단계에서는 자기력, 전기력, 화학작용과 유기체적 자연에서는 반응성, 민감성, 재생성과 상응한다.

《자연철학 체계의 첫 번째 기획》은 유기체적 자연의 단계들을 숙고하면서 끝을 맺는데, 여기에서는 재생성과 민감성의 관계가 변경되어 나타난다. 유기체적 조직이 더 복잡해질수록 개별개체의 생명이 더 중요하게 되고, 그 유적 기능, 즉 단순한 재생산의 능력은 약화된다. 마찬가지로 민감성과 반응성의 관계 역시도 유기체의 발전정도에 따라 역전되어 나타나고, 고차적인 자연은 그 자극에 대한 반응이나 운동, 반응능력 및 자립성에 있어 보다 세분되어 있다. 더 고도의 형태에 이를수록 감각활동은 더 활발해지며, 마침내 자연의 단계적 과정들을 종결지으면서 인간의 의식에 도달한다. 인간 속에서 세계 유기체는 그 최종목표에 도달하게 되는 것이다.

자연 속에 있는 정신은 생산적인 것이 사실이지만, 비반성적인 정신, 즉 무의식적 정신에 지나지 않는다. 자연 생산물의 일련의 단계는 이 무의식적 정신이 자기의식에 도달하기 위해 걸어 온 노정이다. 이 의식은 개별적인 자아 가운데에서 나타나고, 그 가운데 침투해 있는 무의식적 지성이 자기 자신에게 도달함으로써 마침내 스스로를 의식하게 된다. 자연철학적 구상을 특징적으로 드러내는 표현은 역동적 원자론이지만, 그 학문이론적-방법론적 측면에서 보았을 때에는 사변적 물리학으로 표현되기도 한다.

사변적 물리학이라는 제목은《자연철학 체계의 첫 번째 기획 서문》(1799)에서 사용된다. 이를 통해 셸링은, 당시의 일반적인 언어습관을 따르자면 '역사적' 혹은 '사실적'이라는 의미에서 이해되어졌던 경험적 학문들과는 구별되는 자신의 자연철학의 특징적인 내용을 드러내고자 한다. 사변적 물리학은 자연에 대한 일상적인 인식의 틀을 통해서는 도달할 수 없다. 한편, 이 용어는 자연철학이 철학의 기초적인 분과이자, 철학의 체계에 있어서 실재적이면서도 객관적인 부분을 담당하는 분야라는 것을 드러내기도 한다.

모든 학문의 전제는 -《자연철학의 첫 번째 기획》에 기록된 것처럼- 무제약자이다. "비록 인간의 지식 속에 있는 절대적 무제약자에게로는 오직 선험철학만이 스스로를 고양할 수 있을 지라도"(Ⅲ 11) 이 무제약자는 그것이 존재하고 있다고 우리가 칭할 수 있는 사물 혹은 어떤 것Etwas 가운데 놓여 있을 수 없다. 무제약자는 "존재 자체das Sein selbst이다. 그것은 스스로를 유한한 생산물 속에서 완전히 드러내는 적이 결코 없다. 따라서 모든 개별적인 것들은 동시에 무제약자의 특수한 표현", "존재의 개별적인 형식 혹은 방식"이다.(Ⅲ 11) 자연철학의 출발점이 되는 무제약자는 "최고의 구성하는 활동성이다. 비록 무제약자 자신이 객체가 되지는 않지만, 그럼에도 불구하고 무제약자는 모든 객관의 원리이다."(III 12) 사변적 물리학으로서의 자연철학은 "모든 자연현상들을 … 하나의 절대적 전제로부터 도출"(III 278)한다.

셸링에게 자연은 본질적으로 생산성이다. 자립적이면서도 실재적으로 사유된 자연과 사변적 물리학의 대상이 되는 자연적 힘들의 관계들로부터 생산물의 총체성이 발생적으로 도출되어야 한다. 생산물을 생산적인 것으로부터 해명하는 작업을 가리켜 셸링은 '구성'Konstruktion이라고 칭한다. 생산물의 전체(자연)를 구성하는 작업이 개별적인 계기들을 구성하는 것보다 선행해야만 한다.

개별적인 생산물들을 그 원인으로서의 자연력들로부터 도출해 내는 방법을 가리켜 셸링은 물리적 구성이라고 말하면서 설명Erklärung이라는 말을 피하고자 하는데, 이는 설명이란 하나의 현상으로부터 그것의 원인에게로 거슬러 올라가는 것이기 때문이다. 그와 같은 구성은 사변적 자기구성으로서 또는 실험에 기초한 구성으로도 가능하다. "모든 실험은 자연에 대한 질문으로, 이를 통해 자연은 거기에 대답하도록 강요되어진다. 하지만 모든 질문은 이미 감추어져 있는 선험적 판단Urteil apriori을 내포하고 있다. 모든 실험은, 아니 실험 자체는 예언이다. 실험하는 행위 자체는 현상들을 산출해내는 것이다. ㅡ따라서 학문을 위한 첫 번째 걸음은 적어도 물리학에 있어서는 이 학문의 대상 자체를 산출하기 시작하는 것이다."(III 276)

이와 같은 구성을 위해서는 검증되어져야 할 요소가 있다.

우리의 학문을 완성시키기 위해서는 결코 그로부터 제거될 수 없는 하나의 요구가 놓여있다. 그것은, 이 학문은 그 선험적 구성에 일치하는 외부에 관한 직관들을 동반해야 한다는 사실이다. 그렇지 않다면 이 구성들은 색채에 대한 이론이 맹인들에게 갖는 것 외에는 다른 어떤 의미도 우리에게 제공하지 않을 것이기 때문이다.(Ⅲ 20)

자연을 그 발생 속에 있는 객관적 전체로, 즉 스스로의 자기구성Selbstkonstruktion 가운데 있는 것으로 드러내려는 입장에 일치하여, 1801년 셸링은 자연에 대해서도 지적 직관intellektuelle Anschauung을 요구하게 된다. 이를 통해 자연철학은 이제 경험으로부터 퇴각하여 '절대자 안에서', '이념 속에 있는 개별자', 보다 구체적으로는 '개별자에게서 드러나는 보편자'를 구성하고자 한다. 구성하는 자연과 구성되어진 자연(경험)의 일치가 이러한 도출의 적합성의 기준이 된다: "당연한 말이지만 경험은 (자연철학자에게는) 원리가 될 수 없다. 그것은 구성의 지향점terminus ad quem이 될 수는 있겠지만, 구성의 출발점terminus a quo이 될 수는 없다."(Ⅳ 97)

3. 선험적 관념론의 체계

1800년 셸링은 같은 시기에 행했던 강의들로부터 《선험적 관념론의 체계System des transzendentalen Idealismus》를 출판한다. 두 개의 상호보충적인 철학의 근본학문이라는 입장을 따라 셸링은 이 책을 자연철학에 대한 보충물로 간주한다. 자연철학이 정신이 형성되어가는 과정을 객관적objektiv으로 묘사하는 반면, 이제 여기에서는 지식의 전체 체계가 선험철학적으로 전개되어야 한다.

이 책의 목표는 서문에 상세히 드러나 있다. 피히테의 선험철학 관념론의 기획에 반하여 그것을 "전체 지식의 체계로" 확장시키는 것, 즉 "지식의 모든 대상들과 관련하여 가능한 모든 문제들에 선험철학의 원리들을 적용하는 것으로, 이는 이미 이전에 시도되었으나 해결되지는 못했던 과제이며 체계를 통해서야 비로소 가능하면서도 최초로 발생하게 된다."(III 330) 셸링은 이 책에서 다루어질 기본적인 내용을 언급하면서, 사실 여기에서 전적으로 새로운 것을 다루는 것은 아니며, "학문론의 창시자가 자기 책에서 말했던 것들, 혹은 저자 자신이 이미 오래 전부터 언급해 왔던 것들"(III 330f.)과 전혀 다른 어떤 것들에 대한 것도 아니라고 밝히고 있다. 그렇지만 지금의 작업은 "몇몇 부분에 대해서는 더욱 확실한 명확성"(III 331)을 드러내 보여 준다

선험철학의 원리들을 전체 지식에게로 확장시킴에 있어서 결정적인 것은, 이때 "철학의 모든 부분들을 하나의 연속성 가운데에서 진술하고, 또한 전체 철학을 … 자기의식의 발전사"(III 331)로 기술한다는 점이다. 바로 이러한 연속성과 자기의식의 점진적인 역사 속에서 기술되는 직관들의 일련의 단계들은 자연 가운데 있는 자아의 하부단계, 즉 사물에 대한 직관들로부터 인간적 자아의 최고 수준의 의식 곧 "지고한 포텐츠 가운데 있는 의식"(III 331)까지를 포괄한다. 이는 이론철학으로부터 실천철학을 거쳐 자연 목적론에 대한 이론, 그리고 최종적으로는 예술철학에까지 이른다.

셸링은 이를 "자연과 지성의 병행론Parallelismus der Natur mit der Intelligenz"을 토대로 수행하는데, 이는 "그가 이미 오래 전부터 가지고 있던 생

각으로, 이를 완벽히 서술하는 것은 선험철학이나 자연철학 그 어느 하나만으로는 가능하지 않고 오직 두 *학문* 모두를 통해서만 가능하다."(Ⅲ 331) 두 개의 상호보충적인 학문에 대한 구상은 참된 지식의 구조와 근거로부터 도출된다. 이는 《자연철학의 이념들》과 같은 실험적인 저작들 속에 이미 나타나고 있다. 이와 같은 방법론을 통해 지식 가운데 있는 진리의 근거에 대한 질문이 실재의 근거에 대한 질문보다 선행해서 제기된다. "모든 지식은 객체와 주체의 일치에 근거하고 있다. 우리는 참됨das Wahre을 알고 *있다.* 일반적으로 참됨이란 표상들이 그 대상들과 맺는 일치 가운데 놓여 있다."(Ⅲ 339)

셸링은 진리에 대한 질문을 다음과 같이 정의함으로써 구체화한다.

> 우리의 지식 가운데 있는 모든 *객관*들의 총괄개념을 *자연*이라고 부를 수 있으며, 반면 모든 *주관*들의 총괄개념은 자아 혹은 *지성*이라고 불린다. 두 개념들은 서로 대립적이다. 기본적으로 지성은 순전히 표상하는 것das bloß Vorstellende으로, 자연은 순전히 표상되는 것das bloß Vorstellbare으로 사유된다. 전자는 의식적이고 후자는 무의식적이다.(Ⅲ 339)

모든 지식 가운데에서는 자연과 지성 간의 상호만남이 일어난다. 따라서 진리가 어떻게 가능한가 하는 질문은 자연과 지성 간의 만남이 어떻게 가능한가라는 질문을 통해 해명되어야 한다. 지식 속에는 주관과 객관이 하나를 이루고 있어, 그 중 어느 것도 다른 것에 대하여 우위를 점한다고 말할 수 없다. 우선성은 없다. 첫 번째나 두 번째도 없다. 왜냐하면 둘은 동시적이며 하나이기 때문이다.

따라서 이 둘의 만남을 설명하기 위해서는 필연적으로 이것 혹은 저것, 주체 혹은 객체, 지성 혹은 자연을 전제로 해야만 한다. 그렇다면 둘 사이의 만남, 혹은 지식 가운데 있는 동일성, 즉 진리의 가능성을 설명하기 위해서 가능한 수는 두 가지 경우밖에 없다: "객관을 첫 번째로 삼고, 어떻게 주관이 그것과 일치를 이루게 될 객관에게로 향할 수 있는가"(III 340) "또는 주관을 첫 번째로 삼을 때의 과제는 이것이다: 어떻게 객관이 그것과 일치를 이루게 되는 것에게로 나아올 수 있는가"(III 341) 객관을 전제로 하고 있는 첫 번째 질문은 자연과학과 자연철학의 중심적인 질문이다. 반면 어떻게 객관이 주관에게로 나아와서 그것과 일치를 이룰 수 있는가 하는 것은 또 다른 철학, 즉 선험철학의 필수적인 질문이다.

이로써 -위에서 기술된 바 있는 초기의 통찰들과 연결되면서도 이제는 보다 자세한 방식으로- 두 개의 서로 독립적인 철학적 학문들이 확정되는데, 이 두 학문들은 하나의 동일한 질문이 지니는 상이한 두 가지 측면들을 해명하고자 한다.

1. 정신의 생산물은 자연생산물과 자아의 자기직관의 단계들이라는 두 개의 계열로 이루어져 있다. 이와 관련하여 두 개의 세계, 즉 자연과 지성, 실재계와 이념계 사이에는 예정조화prästabilierte Harmonie가 주어져 있는 것으로 사유되어야 하는데, 이는 객관의 세계가 산출되게 하는 활동성이 인식 및 의지 가운데에서 스스로를 드러내는 활동성과 그 근원에 있어서 동일할 때에만 가능하다.

하나의 계열 속에서 그리고 병행해 있는 또 다른 계열 속에서 스

스스로를 드러내는 활동성, 그것은 그 자체로 두 계열의 조화의 근거
가 되는 것으로, 단지 상이한 측면에서 보았을 때에만 상이한 것으로
규정될 뿐이다. 선험철학의 측면에서 보았을 때 그것은 하나의 '역사'
속에서 규명되어야 할 자기의식으로 나타난다. 이 활동성은 자연철
학에서는 -이는《선험철학의 체계》에서는 다루어지지 않는데- 절대
적 생산활동으로 나타난다.

2. 절대적 생산활동에 대한 기술은《자연철학의 참된 개념Über den
wahren Begriff der Naturphilosophie》(1802)에서 이어지는데, 피히테가 학문론
에서 드러낸 바 있고,《선험철학의 체계》에서 나타나는 것과 동일한
방식으로 이루어지는 관념론은 그 자체로는 "순수한 이론적 토대를
가지지 못한다."(Ⅲ 332)

이 사실은, 관념론이란 학문론을 통해서는 단지 형식적인 방식으
로만 근거지워질 수 있으며, 때문에 오직 자연철학만이 의식의 관념
론을 위한 고유한 '물질적 증거'를 제시해 줄 수 있다는 것을 의미한
다. 바로 그렇기 때문에 관념론은 "하나의(이론적인) 명증성을 가질 수
없고 … 이는 오직 자연과학에 의해서만 가능하다."(Ⅲ 332)

셸링이 탐구하고 정당화하고자 하는 선험철학의 원리는 자기의식
이다. 이론철학에 의하면 경험의 가능성은 자기의식 안에 근거지워
져 있다. 자기의식은 지식의 최고원리로서 주체와 객체의 직접적 통
일성die unmittelbare Einheit von Subjekt und Objekt, 구체적으로는 동일성 안의
이중성Duplizität in der Identität이며, 그 안에서 자아가 모든 규정성에 선행
하여 스스로를 지각하고 생산하는 지적 직관의 활동으로 이해되어져

야만 한다. 자아의 무한한 직관의 활동성이 자기 직관에로 넘어감에 따라 자아는 스스로에 대해 객체가 되고, 이와 결합되어 있는 자기 분화Selbstentzweiung를 통해 지식의 전체 원리의 구조가 산출된다.

셸링에게 있어서 우리의 모든 인식과 지식의 실재성의 근거는 직관이라는 계기 가운데 기초해 있다. 이에 따르면 주체와 객체의 근원적 통일성 속에서 우리는 두 개의 활동성들을 구분할 수 있는데, 무한한 활동성과 이에 대립해서 한계를 설정하는 활동성, 즉 이념적-무제한적 활동성eine ideale unbegrenzte Tätigkeit과 실재적-제한적 활동성eine reale begrenzte Tätigkeit이 그것이다. 이념적 활동성은 모든 새로운 의식의 내용과 형식 속에서 상승하는 방식으로, 즉 잠재화되어 나타난다. 이러한 중재의 단계들을 통해 자아는 스스로를 주체-객체로서 의식하게 된다. 이렇게 구상된 자기의식의 역사는 이론철학에서 세 단계로 구분된다.

첫째는 '근본지각으로부터 생산적 직관에 이르는'von der ursprünglichen Empfindung bis zur produktiven Anschauung 단계이다. 이념적 활동과 실재적 활동은 제3의 활동인 지각에서 결합된다. 이를 통해 지각하는 주체는 그 자체의 고유한 활동적 본성을 통해 지성이 된다. 지각이 생성되는 것은 순수 수용성bloße Rezeptivität, 즉 외부로부터의 자극만으로는 설명될 수 없다. 왜냐하면 이럴 경우 지각이란 "오직 유사한 사물들 사이에서만 유효한" 인과율의 법칙을 통해서만 조절되는 종류의 것이 되고 말기 때문이다.

또는〔지각을 순수 수용성으로만 이해할 경우〕우리는 표상을 일종의 존재에 불과한 것으로 물질론적으로 제시해야만 할 것이다. 그럴 경우

"우리는 물질 자체를 하나의 허상으로, 즉 단지 지성의 변용으로 만들며, 사유와 물질은 이것의 기능에 불과할 것이다. 이로써 물질론 Materialismus은 그 근원으로 전제되는 지성적인 것에로 퇴각하고 만다." (III 407) 뿐만 아니라 존재는 지식으로부터 설명될 수도 없는데, 왜냐하면 이럴 경우 존재는 지식의 작용에 지나지 않기 때문이다. 인식의 실재성(사태적합성Sachhaltigkeit)과 관련하여 셸링은 이처럼 "지각을 설명할 수 없는"(III 407) 철학을 '실패한' 철학이라고 폄하한다. 직관되어진 것과 직관, 외부와 내부의 구분은 근원적 실재성에 대한 생산적 직관의 단계에서야 비로소 이루어진다.

두 번째 단계인 '생산적 직관으로부터 반성Reflexion에로의' 단계는 내적 직관과 외적 직관이라는 활동양식을 산출해 낸다. 이 직관의 내적 응집성Intensität과 관련해서는 시간이, 외적 확장성Extensität과 관련해서는 공간이 생성된다. 양자 간의 관계성을 통해서는 직관의 형식들 혹은 범주들이 산출된다. 첫 번째 단계가 주체와 객체의 차이Differenz von Subjekt und Objekt로 특징 지워지고 물질의 구성이 그 귀결로 일어나는 반면, 두 번째 단계에서 이 차이는 상호작용으로 직관되어진다. 첫 번째 단계에서 일어났던 물질의 구성과 상응하여 이 단계에서 발생하는 것이 유기체의 연역이다.

세 번째 단계는 '반성으로부터 절대적 의지활동der absolute Willensakt 에로의' 단계이다. 여기에서는 자아에게 세계 자체가 포괄적이면서도 스스로 닫혀진 유기체로 나타나지 않는 이유가 무엇인지, 자아가 무언가를 자기 바깥에 정립하는 이유는 무엇인지 등의 질문이 해명되어야만 한다. 이러한 자기 자신으로부터의 벗어남Von-sich-weg-Setzen

및 자기 자신과의 관계 형성의 조건이 되는 것이 추상화하는 판단abstrahierendes Urteil이다. 이것은 직관과 개념을 분리시키고 양자를 다시금 도식적으로schematisch 관계 맺도록 한다. 판단이란 하나의 절대적 추상에 근거지워져 있는 것으로, 지성으로서의 자아는 추상을 통해 직관의 총체성으로부터 분리되어 스스로를 정립하게 된다. "절대적 추상은 의식의 시작"(Ⅲ 532)이고, 이를 통해 대상인식 전체가 가능하게 되는 것이다.

의식이 비로소 시작되며, 자아가 스스로를 의식하게 되는 유한자아의 자기직관의 단계에 대한 설명과 더불어 이론철학은 끝을 맺는다. 지성의 무의식적인 자기-자신에로의-도달 내지는 의식에로의-도달Zu-sich-selbst-Kommen bzw. Zum-Bewußtsein-Kommen의 과정을 다 지나온 후 자연과 관련되어 있는 자연철학적 계열, 즉 자연의 구성과 의식의 형성에 대한 병행론은 종결되고 이제는 자유의 계열, 즉 자기 의식적인 정신의 전개 단계로 이행하게 된다.

이와 더불어 이제는 실천철학이 시작된다. 여기에서 실천철학이란 칸트의 《실천이성비판》이 그러하듯이 (정언명령, 자의, 법의 연역, 국가연맹 등과 같은) 실천을 위한 기초규정 등의 윤리적 개념들에 대한 상세한 체계를 발전시키려는 것은 아니며, 그 핵심에 있어서는 기본적으로 역사철학을 말해 주고 있다. 이에 의하면 의식의 시작은 오직 자기규정의 행위, 즉 지성의 자기 자신에 대한 자유로운 활동을 통해서만 가능한 것으로 파악되어져야 한다.

자기규정의 행위는 그것이 비록 자유로운 것일지라도 우선적으로는 순전히 자연적인 충동으로 나타난다. 자기 스스로에게 객관이 되기 위해 의지는 직관 속에, 혹은 의지를 향하려는 의지 가운데 자신의 근거가 있는 것이 아니라, 다른 지성들의 행위 가운데 있음을 반성해야 한다. 내가 의지하며 자유로운 존재로서의 나에 대해 현재적이면서도 객관적이 될 수 있는 것은, 내 바깥에 지성들이 존재하고 있으며 내가 내 행위의 대상이 될 수 있는 하나의 세계 가운데 살고 있다는 사실을 통해서이다.

여기에 객관의지Objektives Wollen의 가능성이 근거지워져 있다. 순수한 객관의지는 언제든지 자연적으로 규정된 자의로 드러나게 되기 때문에 하나의 절대자를 지시한다. 이 절대자는 무제약적인 의지unbedingtes Wollen로 무제약적인 당위unbedingtes Sollen로서의 자의에 대립하여 서 있다. 이 법은 도덕법의 요구 가운데에서 스스로를 드러낸다. 그것은 다른 모든 지성들 역시도 의욕할 수 있을 만한 것을 의욕하는 것이다. 이런 요구는 오직 선택의 자유라는 충동과 상황에 직면해서만 의식된다.

'실천철학에 대한 부록'이라는 제목 아래에서는 법과 국가질서에 대한 연역이 이어진 후 마침내 실천철학의 중심문제인 자유와 필연성의 일치가 다루어지는데, 이와 더불어 철학은 절대자의 계시로서의 역사의 구성이 된다. 국법이란 개별자로서의 이성적인 존재들이 "모두와의 상호작용 속에서"(Ⅲ 582) 서로를 파괴해 버리고 마는 것을 방지하는 하나의 강제법이다. 이 같은 법을 통해서 근거지워진 법률질서는 "제2의 자연"(Ⅲ 583)으로 나타나는데, 이는 개별자들의 자유와 그 보존을 위해 존재한다.

법률제도 속에는 한 사회의 이상적인 형태가 나타나며, 법률제도는 국가들 간의 관계에까지도 확대된다. 이를 위해서는 칸트의《세계 시민의 관점에서 본 보편사의 이념*Idee zu einer allgemeinen Geschichte in weltbür-gerlicher Absicht*》(1784) 및《영원한 평화에 대하여*Zum ewigen Frieden*》(1795) 같은 문서들이 결정적인 도움이 되었다.

여기에서 셸링은 국가들의 국가, 즉 국가들 간의 연맹에 대해 숙고 한다. 여기에서는 그 모든 회원들이 서로를 침해하지 않기로 보증함 으로써 국가들 간의 평화와 안전이 담보된다. 모든 문명국가들이 통합된 "보편적인 민족들의 회의Allgemeiner Völkerareopag"가 하나의 중재기 관이 되어 "모든 폭력적인 개별국가에 대하여 다른 여타 국가들의 권능을 법적으로 제시"(III 587)할 것이다.

보편적인 법률제도를 향한 사회와 국가의 발전은 역사의 내용이 다. 거기에는 인간의 활동이 역사적 필연성과 긴밀히 얽혀 있다. 인간은 자유롭게 행위하는 존재이다. 하지만 "그의 행위의 최종적 귀결 은 … 인간의 위에서 그의 자유의 실현을 조정하는 필연성에 의존한 다."(III 595) 이를 위해 셸링은 '거대한 세계무대'라는 상을 사용한다. 이 위에서 배우들은 단지 자기의 역할을 연기하는 데 그치지 않고, 동시에 스스로 역할을 만들어 낸다. 그 안에서 행위하는 개인들은 전적으로 자유롭게 의식적으로 행위하지만, 동시에 그에 의해 의도되 지 않았으면서도 전체의 의미를 위해 봉사하는 무언가가 무의식적으 로 생성된다.

자유 가운데 있는 이러한 종류의 합목적성은 보다 지고한 존재에 의해 중재되는 것으로 생각되는데, 그것은 "주체도 아니고 객체도 아 니며, 주체와 객체의 동시적인 어떤 것"도 아니다. 그것은 "절대 동일성die absolute Identität으로 … 그 안에는 어떤 이원성도 없다. 따라서 그 것은 결코 의식되어질 수 없다. 왜냐하면 모든 의식의 조건은 이원성이기 때문이다. 이 영원히 의식되어질 수 없는 것은 정신의 세계에 비치는 영원한 태양이며, 자신의 결코 흐려지지 않을 빛으로 스스로를 숨긴다. 그것은 결코 객체가 될 수 없음에도 불구하고 자신의 동일성을 모든 자유로운 행위들 가운데 찍어 놓았다. 그것은 동시에 모든 지성들의 동일성이자 그로부터 모든 지성들이 유래하여 그 포텐츠로 존재하는 보이지 않는 기원이다."(Ⅲ 600)

여기에서 피력된 행위와 사건의 절대적 종합absolute Synthesis이라는 신에 대한 개념과 더불어 절대자는 '의식의 대상'이 된다. 하지만 이는 다음과 같은 의미에서이다.

> 만일 객관의 세계들 가운데 스스로를 드러내는 무언가를 가리켜 존재라고 한다면, 이런 의미에서는 신은 결코 존재하지 않는다. 만일 그가이런 의미에서 존재한다면 우리는 존재하지 않을 것이다. 하지만 신은 지속적으로 스스로를 계시한다.(Ⅲ 603)

이에 의하면 세계사는 절대자의 지속적인 계시로, 숙명(고대세계들의 생성과 몰락), 자연(로마제국의 확장으로부터 국가들의 연맹의 결성에 이르기까지), 섭리라는 세 단계로 구분된다. 세 번째 단계는 지금까지 한 때는 숙명으로, 한 때는 자연으로 드러났던 것이 스스로를 섭리로 변화시킬 때 나타나게 될 것이다. 여기에 세계사의 목표와 완성이 있다.

그러므로 세계사 속에서 자아는 스스로를 자유롭고도 행위 하는 개인으로 의식하지만, 결코 자유와 필연성의 통일성을 파악할 수 없다. 이는 자유와 필연성의 통일성으로서의 근원적인 조화가 그에게 아직 객관이 되지 못하는 한, 즉 의식되지 못하는 한에 있어서 그렇다. 역사에 대한 완전한 개념을 위해 요구되는 근원적 조화에 대한 의식은 한편으로는 자연의 합목적성에 대한 인식을 통해서 도달할 수 있고, -자연은 단지 외적인 형식으로만 드러나 보이는 조화이다. 하지만 근원적 동일성으로서의 이 조화는 인간 가운데에서도 분명히 드러나야 한다. 따라서- 다른 한편으로는 예술과 예술의 산물에 대한 경험들을 통해서도 도달할 수 있다.

'목적론의 주요명제들'이라는 제하에서 셸링은 자연 생산물들, 특히 유기체 가운데 있는 자유와 필연성의 통일성을 의식적 활동과 무의식적 활동의 통일성으로 제시한 뒤, 목적론을 통해 이론철학과 실천철학의 통일성이 얼마나 명백히 드러나는지를 보다 구체화한다.

《선험철학의 체계》는 자유와 필연성의 통일성, 의식적 활동과 무의식적 활동의 통일성이 자아 *안에* 있는 구체적인 경험자아에게 어떻게 이 책의 서론에서 철학의 원리로 요청되었던 자기의식으로 드러나는지를 밝히는 단락과 더불어 끝을 맺으며, 이를 다루는 것이 예술철학이다. 천재의 예술 활동과 심미적 직관 가운데에는 이러한 일치가 객관적으로만 아니라, 자아 자신 가운데에도 놓여 있는 것으로 나타난다. 심미적 직관은 생산적 직관의 지고의 형식이자 이제 객관적으로 된 지적 직관으로, 여기에는 보편타당성Allgemeingültigkeit이 어느 정도 부과되어 있다.

철학은 모든 의식 속에 내주해 있을 수는 없고, 때문에 보편타당하게 될 수 없는 반면, 심미적 직관은 "모든 의식 가운데" *내주할 수 있다*고 말할 수 있다. 더 나아가서 예술은 "철학의 유일하면서도 참된 영원한 기관Organon이자 보증문Dokument"(Ⅲ 627)으로 정의된다. 예술은 철학의 보증문서이다. 왜냐하면 셸링의 견해에 의하면 철학은 (예술로부터 주어지는) 신임장과 확인서를 들고 자기 안에서는 다만 요청되어질 뿐인 원리(자아 혹은 자기의식)에게로 되돌아가며, 이를 통해 그 출발점에게로 귀환함으로써 체계가 종결과 완성에 이르게 되기 때문이다. 예술은 철학의 기관이다. 왜냐하면 '도구'이자 수단으로서의 예술적 직관을 매개로 점차 의식화되어가는 근원적 조화 속에서야 비로소 이 조화의 최종 근거가 객관적으로 파악될 수 있기 때문이다.

> 하나의 체계는 그것이 출발점으로 되돌아 갈 때 완성된다. 그리고 이것은 바로 우리 체계의 경우에 해당한다. 왜냐하면 주관과 객관의 모든 조화의 근원적 근거, 곧 그 근원적 동일성 가운데에서 오직 지적 직관을 통해서만 기술될 수 있는 근원적 근거는 예술작품을 통해 주체에 의해 산출됨으로써 완전히 객관적으로 되어 있기 때문이다. 이를 통해 우리는 우리의 대상, 즉 자아 자체를 우리 자신이 철학을 시작할 때 서 있었던 바로 그 자리까지 조금씩 이끌어 왔다.(Ⅲ 628f.)

철학자에게 있어서 예술은 "지고의 것이다. 왜냐하면 예술이 가장 거룩한 것을 그에게 열어주기 때문이다."(Ⅲ 628) 나아가서 예술은 철학자가 단지 주관적으로 묘사할 뿐인 것을 "보편타당성을 가지고 객관적으로 만들" 수 있게 한다는 점에서 의미가 깊다. 예술과 철학의 관계는 아래와 같이 정의할 수 있다.

> 철학은 지고의 것에 도달한다. 하지만 철학은 단지 인간의 단편적 모
> 습만을 이 지점으로 인도할 뿐이다. 반면 예술은 그가 존재하는 바로
> 서의 *전체 인간*을 인도한다.(Ⅲ 630)

셸링에 의하면 고대의 신화 속에는 학문과 시학Poesie의 통일성이
드러나 있다. 이제 셸링은 슐레겔의 낭만주의 프로그램과 유사하게
하나의 새로운 심미적 신화를 예언한다. 철학과 학문이 "학문의 유아
기에 시학에 의해 태동되고 양육되었던 것처럼, 모든 개별적인 강들
은 일단 완성된 후에는 그것이 처음 흘러 나왔던 시학의 대양 속으로
흘러 돌아갈 것이다."(Ⅲ 629) 형식적인 측면에서 보았을 때 완결된 셸
링의 저서는 이 표현과 더불어 끝을 맺는다. 셸링이 이 책에서 피히
테를 따라 발전시킨 형식적 구조는 헤겔의《정신현상학Phänomenologie
des Geistes》의 표준적인 모델이 되었다. 이 점에서 우리는 이 책이 지니
는 또 다른 의미를 발견하게 된다. 이를 따라 헤겔의 '철학하는 자아'
는 일반적이고 평범한 자아를 자기 인식 및 자기 자신에 대한 통찰을
위한 더 높은 단계에로 이끌어 간다.

5

절대 동일성의 체계

1. 근본개념: 통일성과 총체성

1801년《자연철학의 참된 개념》의 종결부에서 셸링은 자신의 "체계를 처음부터 … 근본적으로 새롭게 작업하고 발전"(IV 84)시키겠노라고 예고한다. 여기에서는 자연철학과 선험철학이 하나의 통일성의 기획 속에서 전개될 것이다. 지금까지 주장되었던 철학의 두 기본학문의 상호보충성, 곧 영원히 대립적이어서 "결코 하나가 될 수 없는"(III 331) 상호보충성은 포기된다. 대신 자연 가운데 있는 가장 단순한 것으로부터 시작하여 최고조의 것이자 결합되어 있는 것, 즉 예술작품에까지 이르는 "절대적 연속성", "단 하나의 비단속적인 계열"(IV 89)이 그 안에서 일어나는 체계에 대한 구상이 선언된다.

여기에서 셸링이 암시하는 체계는 '자아의 관념론Idealismus des Ich'과, 이에 대립해 있는 '자연의 관념론Idealismus der Natur', 그리고 양자를 전

제로 하면서 이를 보충하는 실재-관념론적 부분으로서의 예술철학
이라는 세 부분으로 구성되어 있다. 하지만 이러한 기획은 실제로는
여기에서도 상세히 수행되지는 않았고[1] 단지 암시되는 정도에 그치
고 있다. 여기에서는 자연과 정신이 그 안에서 서로 대립하지 않고
하나가 되어 있는 우주, 곧 단일한 하나의 세계에 대한 이론으로서의
동일철학이 예고되고 있을 뿐이다. 동일철학의 관점에서는 "모든 이
원론은 영원히 제거"된다. "만물은 절대적으로 하나"(IV 102)이다.

　이미 그 제목이 암시하듯《나의 철학체계의 서술》(1801)은 피히테
의 선험철학에 대하여 매우 비판적이면서도 독자적인 구상을 담고
있다. 형식적인 면에서 보았을 때 이 책은 자연철학의 실재론과 선험
철학의 관념론 사이의 '무차별점Indifferenzpunkt'을 그 입각점으로 삼는
다. 1801~02에 행했던 강의를 기록한 트록슬러Ignaz Paul Vital Troxler*의
필기본에 따르면 실재론과 관념론은 "하나의 타원의 경계지점들"로
간주되며, 이 지점들로부터 절대자라는 중심부를 향해 조금씩 진행
해가고 있다.

　　관념론이 해결해야 할 문제는 … 지성으로부터 시작하여 존재를 연역
　　해 내고, 이를 통해 절대자에게 도달하는 것이다. 실재론의 과제는 그
　　반대방향으로 연역해 내는 일이다. 이로써 실재론과 관념론은 하나의

---

*　역자 주: 클라우스 뒤징K. Düsing은 1801년 당시의 헤겔의 철학과 셸링철학의 발전단계를 비
　교하면서 이 강의록을 편집-출판하였다: Troxlers Nachschrift von der Schellings Vorlesung im
　Sommersemester 1801, in: K. Düsing (Hg.), *Schellings und Hegels erste absolute Metaphysik (1801~1802)*,
　Köln 1988. 이 강의록은 그 필사자인 트록슬러Troxler의 이름 중 첫 대문자를 따서 종종 T라는 약
　어로 인용된다. 본문의 (T)는 이를 가리킨다.

철학, 유일한 철학이 된다.(T 31)

이 철학은 "단 하나의 인식대상 외에는 다른 것을 용납하지 않는다. 그것의 과제는 모든 것 속에서 절대자를 발견해 내는 일이다. 그러므로 이 철학은 절대자의 학이라는 이름을 얻는다."(T 30) 절대자의 인식이 곧 절대적 인식이라는 사실은 동일철학의 *유일한* 테제이자 전제이다. "인식은 그 대상을 통해 서로 구별되는 게 아니다. 그 대상과 관련해 볼 때 인식은 하나의 철학, 언제나 동일한 철학이며 다만 그 형식에 있어서만 구별될 뿐이다."(T 31) 모든 인식 가운데에는 오직 *하나의* 인식만이 있으며, 철학적으로 보았을 때 오직 *하나의* 대상만이 있을 뿐이라는 사실은 철학의 원리, 즉 절대자 자신에 근거지워져 있다. "철학의 원리는 다양성으로부터 도출될 수 있는 그런 종류의 것이 아니다. 오히려 그것은 만유이며, 절대자이고, 무한자 자체이다. 그것은 절대 동일성이다."(T 31) 절대자에 대한 이와 같은 정의와 더불어 셸링은 분명 보다 심화된 방식으로 《자아론》의 기본 동기와 연계하고 있다.

(사유와 존재 간의) '절대 동일성'이라는 개념을 해명하기 위해 셸링은 A = A라는 형식논리적인 동일성 명제를 사용한다. 이 명제는 "절대 동일성의 현존과 본질, 그 형식"(T 50)을 설명하는 표현이다. 이 명제는 존재와 피정립성Gesetztsein, 즉 "이성에 관한 최고의 견해 속에 있는 정립These"(T 52)을 내포하고 있다. 최고의 포괄적인 통일성으로서 사변적으로 이해된 이 정립에 대해서는 반립Antithese과 종합Synthese의 과정이 대립해 있을 수 없다. 만일 이 명제를 동어 반복적으로 오해

하지만 않는다면, 그 속에서 우리는 동일성의 세 계기들을 구분해 낼 수 있다: 우선 정립되어져 있는 A와, 주부 및 술부로 표시되는 관계부 Relate, 혹은 셸링이 적시하는 바를 따르자면 주관과 객관(사유와 존재), 그리고 양자를 연관시키는 관계가 그것이다.

이에 의하면 절대자는 차이들의 무차별Indifferenz der Differenten, 주관과 술어, 사유와 존재, 주관과 객관의 비구분성Ununterschiedenheit이다. 이러한 절대자의 개념은 대상에 대한 규정, 곧 주체-객체라는 개념으로부터 추상함으로써 획득된 것이다.

이런 측면에서 무차별은 단순하고 비규정적이면서 다양성을 전혀 지니지 않는 동일성이며, 모든 대립적 규정들을 *배제한다*. 이와 같은 유일한 절대 동일체das Eine, absolut Identische는 동시에 사유와 존재, 주관과 객관, 이념과 실재라는 상호대립적인 규정들을 자신 *안에* 내포하고 있다. 왜냐하면 아무것도 그 바깥에 그리고 그것에 대립해서 정립되어 있을 수 없기 때문이다. 그것은 사유와 존재, 무한자와 유한자의 통일성이다. "그러므로 A = A를 통해서 사유와 존재는 서로 다르지만 동시에 하나라고 말할 수 있다."(T 34) 절대자는 단순한 무차별이다. *그리고* 동시에 그 안에 다양성이 내포된 통일성이다. 그것은 단일한 전체Ein-Alles 혹은 전일성Alleinheit, 통일성과 총체성이다.(cf. IV 126f.의 각주)

절대자에 대한 첫 번째 정의를 내릴 때 구상된 전일성이라는 개념은 다시금 존재와 형식이라는 계기들을 통해 설명된다. 동일성은 절대자의 *본질Wesen*이다. 이 본질로부터 필연적으로 뒤따르는 절대자의 존재는 인식, 더 자세히 말하자면 (주체-객체로서의) 자기인식Selbsterkennen이다. 절대 이성die absolute Vernunft은 절대 본질의 자기긍정Selbstaf-firmation이며, 이것은 절대자의 존재에게 있어서 필연적이면서도 영원한 첫 번째 형식Form이다. 이 형식 안에서, 그리고 이 형식을 통해서 비로소 형식을 갖지 않는 단일자와 다양성 사이에 중재가 일어나게 된다.

따라서 이 사실과 관련해서 셸링은 절대자를 '동일성의 동일성Iden-tität der Identität'이라고 묘사한다. 이 도식에는 그 본질로부터 나오는 절대자의 본질과 형식의 통일성Einheit von Wesen und Form이 나타난다. 때문에 절대동일성은 모든 사물의 본질이며 유일한 즉자An-sich이다. 그러한 것으로서 절대동일성은 "절대 동일성의 존재의 특수한 형식들"(포텐츠들)인 만물 속에서 참되며, 그것들 가운데에서 나타나고 또 인식된다.

만물의 본질로서 절대 동일성은 결코 제거되어질 수 없다. 주관과 객관의 차이가 (절대적 총체성 바깥에 있는) 사물들 속에서 드러난다고 하더라도, 이 차이는 단지 양적인 차이quantitative Differenz일 뿐이다. 그것은 다만 존재의 양상 혹은 크기와 관련될 뿐이다. 이러한 주관과 객관의 양적 차이를 표현하는 것이 A = B라는 양식이다. 여기에서 A와 B는 각각 주관(A)과 객관(B) 사이의 차이를 가리키는 표현이다. 한편, '='는 A와 B의 동일성, 즉 참된 본질을 지시한다. 따라서 사물세계 안에 나타나는 차이들은, 주관과 객관, 이념과 실재라는 두 양극 간의 서로 다른 정도에 기인할 따름이다. 이를 따라 셸링은 두 계열들을 구분하는데, 각자는 서로 우위를 점하는 요소에 따라 A=B⁺(실재의 계열, 자연)과 A⁺=B(이념의 계열, 정신)로 표현된다. 셸링은 동일철학의 근본양식을 자석의 표상에 상응하는 선으로 표현한다.

$$\frac{A^+=B \quad A=B^+}{A = A}$$

양극으로 구성되어 있는 이 도식은 그 전체에 있어서 "절대 동일성의 존재의 형식"을 드러낸다. 즉 이것은 절대 동일성의 본질에 관한 것은 아니다. 이 도식은 절대 총체성의 세 포텐츠들 및 개별 포텐츠들의 구조를 표현하고 있다. 이 도식이 포텐츠들의 총체성에 적용될 때 A = A는 (절대자의) 절대 무차별이 아니라, (우주 안의 사물들의) 상대적 무차별을 가리킨다. 개별 포텐츠들에 적용될 때 A = A는 그 상대적 총체성을 의미한다.

이 도식 속에서 우주 또는 세계 전체는 (주체-객체-동일성으로서의) 절대자의 본질의 지속적인 연속으로 이해된다. 절대자의 본질은 그 최소치로부터 주체성에 이르는 최대치에 이르기까지 스스로를 포텐츠로 만든다. 철학은 이러한 자기 구성적인 전개과정을 뒤따라 재구성하기 위해 포텐츠화Potenzierung라는 철학적 방법을 사용해야 하는데, 이를 위해서는 주관-객관이 객관화되는 모든 것들 가운데에서는 주체성 혹은 이념적 요소가 점증적으로 상승 또는 '포텐츠화 되어' 나타난다는 사실이 결정적으로 중요하다. 이미 1800년《선험철학의 체계》에서 발전되어 자기의식의 역사를 구조 짓는 데 사용되었던 이 방법은 앞으로도 셸링의 방법론적 길잡이가 된다.[2]

이 시기에 셸링은 절대자를 통일성과 대립의 통일성Einheit der Einheit

und des Gegensatzes으로 정의한다(《브루노*Bruno*》에서는 통일성과 다양성의 통일성으로). 이를 통해 야코비로부터 유래하고, 셸링이 철학을 시작했을 무렵부터 씨름했던 무한자로부터 유한자에로의 넘어감의 문제가 해결된다. 그것은 절대자 안에서 영원한 방식으로 포섭되어 있다. 유한자가 *유한한 것*으로서 생성되는 것은, 반성Reflexion 가운데에서 절대자의 계기들을 임의적으로 분리시키기 때문이다. 이는 자아의 개별적 행위를 통해서 이루어지는 것이며, 그 결과로 나타나는 것이 바로 유한한 의식과 참된 본질에 대한 근본적으로 박약한 모상Abbild이다.

반성이란 동일철학의 전망에서는 배제되어 있는 모순 명제의 자리에 불과하다. 반성은 절대자를 향한 철학적 사변을 위해서는 아무런 의미도 갖지 못한다. 하나의 철학적 방법론으로서 변증법은 이 반성적 사유에 부속되어 있다. 변증법은 단지 "반성 속에서 떨어져 나간 참된 방법의 형상을 드러낼"(IV 399) 뿐이다.

이에 반해 참된 방법이란 사변적 철학방법으로, 이를 매개로 모든 것들 가운데에서 참된 즉자das wahre An-sich가 인식된다. 사변적 방법은 분석을 통한 개념형성도 아니고 변증법적-종합적 방법도 아니다. 그것은 "지적 직관 속에 있는 서술Darstellung"이며, 이를 가리켜 "철학적 구성philosophische Konstruktion"(V 255)이라고도 한다.[3] 이러한 선험적이면서도 지적인 직관 혹은 이성의 직관 안에서 특수성들Besonderheiten이 구성된다. 이 특수성들은 절대자의 (총체성이 전개되는 계기들로서) 변용을 드러내며, 이를 가리켜 셸링은 이념들(포텐츠들)이라고 부른다. 이는 동시에 보편성들Allgemeinheiten을 의미하기도 한다.

보편성은 이미 그 자체로 보편적인 것(개념)과 특수한 것들(직관)의 통일성을 나타내는 것으로 정의되고 있다. 이념으로서의 보편적인 것과 관련해서 철학적인 구성작업은 "보편자 속에서 개별자를 기술"(V 131)하는 것으로 정의될 수 있다. 이러한 이념들은 절대자 *안에서* 이루어지는 자기구체화이며, 절대자 *아래에*로 귀속되는 것이 아니다.

이념들은 절대 동일성의 자기 인식의 과정에서 생성되는 절대 동일성의 모상이며, 이 가운데에서 절대 동일성은 스스로에 대해 대상적으로, 즉 객관적으로 된다. 이념들은 절대 동일성의 재현들이며, 절대동일성과 마찬가지로 실재와 이념의 통일성들이다. 이념들은 다시 스스로 이념들을 산출해 내며, 결코 유한자를 산출하지 않는다. 유한자는 자아와 비자아가 분리되어 있는 반성 가운데에서만 생성된다. "철학은 … 이념들에 대한 학문 또는 사물들의 영원한 원상Urbilder에 대한 학문이다."(V 255)

이렇게 구상된 이념론을 토대로 셸링은 구체적인 보편성, 즉 개념과 직관의 통일성에 대한 구성이론을 시도한다. 이로써 셸링은 전일성, 곧 무한자와 유한자의 통일성으로 정의된 원리에 상응하는 철학의 체계를 전개할 수 있는 도구를 손에 쥐게 된다. 하지만 이 같은 체계의 개요에 대해 셸링은 '단편'적으로만 전해 주고 있으며, 이에 대한 어느 정도 통합적인 서술은 단지 1804년의 강의들 속에서만 발견되고 있는 게 사실이다. 아무튼 이를 개괄하기 전에 우리는 동일철학적 입장과 결부되어 있는 발전사적인 문제를 먼저 다루어 보도록 하겠다.

셸링이 동일철학과 더불어 전적으로 새로운 철학을 전개하는 것인지, 아니면 단지 자신의 초기입장을 완성시킨 것인지에 대한 평가는 셸링연구에서 여전히 논쟁의 대상이다. 우리는 초기 문헌들을 '초기 관념론적'인 것으로, 즉 절대자를 그 원리로 전제하는 체계에 대한 기획으로 평가할 수 있다. 하지만 초기관념론에서 이 원리는 그 자신에 의해 근거지워진 체계가 전개되어 가더라도 인식될 수는 없다. 이런 점에서 셸링의 초기관념론은 절대자에 대한 완전한 인식을 주장하는 동일철학과 구별된다.[4]

이러한 전환은 셸링철학의 발전에 일어나는 비연속성을 드러내는 것이기 때문에 이를 해명하기 위해 셸링이 여러 사상가들을 새롭게 수용했다고 주장되기도 한다. 이 중에는 보다 심화되고 새로워진 스피노자 수용이라든지, 신 플라톤적 사고방식의 수용, 또는 순수 합리론의 구상 가운데 형성된 동일성의 원리를 주창하는 바르딜리C.G. Bar-dili나 라인홀드의 수용과 같은 것을 들 수 있다.

마지막으로는 이 같은 철학적 입장의 전환을 1801년 예나로 이주해 와서 이듬해 셸링에게 교수자격취득 논문을 쓰는 헤겔과의 공동작업의 산물로 해석하기도 한다. 이 시기에 헤겔은 자신의 사상적 발전에 있어서 사변이라는 방법론적 개념을 형성하였는데, 이 개념은 절대자의 인식과 더불어 '동일성과 비동일성의 동일성'이라는 체계적 개념을 위해서도 핵심적인 역할을 한다.

반면 이 같은 입장을 따르더라도, 1800~1801년에 있었던 피히테와의 서신교환을 통한 논쟁에 이미 동일철학의 구상을 위한 주요 동기들이 나타나고 있다는 데 대해서는 이론의 여지가 없다. 이때 야기된 문제제기들의 전망에서 볼 때 동일철학에로의 *전환*은 셸링의 사고의 연속성을 지시한다.[5]

셸링에 대한 피히테의 비판은 주로 세 가지 측면에 집중하고 있다. 1) 일반적인 자연개념에 대하여, 2) 지적 직관 내지는 자연의 주체성의 개념, 3) 선험철학과 자연철학의 관계가 그것이다.

1) 피히테는 셸링의 자연개념을 비판하면서, 지식 안에서 자연이 어떻게 사유되어야 하는지에 관한 질문을 제기한다. 선험철학적 관점에서 보았을 때, 자연이라는 개념은 도출되어 나올 수 없고, 다만 자극으로부터 오는 실질적인 필연성에 근거하고 있을 뿐이다. 이 자극은 비자아라는 개념을 형성하도록 만드는 것이 사실이지만, 그 자신이 비자아인 것은 아니다. 피히테에게 있어서 자연이라고 불리는 것의 전체 발전과정과 구조는 의식으로부터 도출될 수도 없지만 동시에 제거될 수도 없는 그런 것이다. 피히테는 자연과 관련하여 피제약성의 도출 불가능성과 자연의 실질적인 필연성을 동시에 강조하지만, 이 두 대립적인 관점이 해소될 수 있는 방안이 무엇인지에는 관심을 기울이지 않는다. "자연은 모든 정신성에 대하여 공허하다."[6]는 문장은 그 근본입장에서부터 이미 셸링의 생산적 자연 개념과 대립하고 있다. 피히테에게 있어서 인간의 지성을 자연과 관련하여 파악하려는 시도는 실패할 수밖에 없다. 왜냐하면 우리는 지속적인 넘어감을 통해서가 아니라 오직 절대자유 또는 도약을 통해서만 스스로를 이성에게로 고양하기 때문이다. 유기체로부터 의식에로의 넘어감은 성공할 수 없다.

2) 자연의 일반개념에 대한 비판은 셸링의 지적 직관에 대한 비판적 질문에서 보다 구체화된다. 피히테는 지적 직관이라는 것이 어떻

게 가능한지 질문한다. 왜냐하면 지적 직관 안에는 직관행위의 주관적인 계기가 제거되어 있기 때문이다. 피히테에게 있어서 –이 용어를 군이 사용하고자 한다면– 지적 직관이란 다만 주관적인 주체-객체subjektives Subjekt-Objekt 혹은 주관적이면서도 객관적인 주체-객체의 통일성Einheit von subjektivem und objektivem Subjekt-Objekt일 뿐이다. 셸링의 탈포텐츠화Depotenzierung는 문제가 있는 개념이다. 왜냐하면 여기에서 정신은 정신의 바깥에 정위되고 있고, 오직 지식 속에서만 명확해 질 수 있는 정신이 자연의 객관적인 구성요소의 한 계기로서 간주되고 말기 때문이다. 모든 자연철학이 필연적으로 요구하게 마련인 자연의 자기구성이라는 이념 역시 이와 밀접히 결합되어 있다: 스스로를 구성하는 지식의 요소들을 이런 방식으로 객관화시켜 버리고, 그것들을 단지 자연 안에서 일어나는 구성과정 자체로 해석해 내는 '자연 주체성'은 잘못된 것이다.

3) 피히테는 자연철학과 선험철학의 관계에 대한 셸링의 생각을 근본적으로 거부한다. 피히테에게 있어 하나의 철학은 결코 두 개의 필연적인 기본학문들을 가질 수 없다. 선험철학은 철학의 한 부분으로 파악되어서는 안 된다.

셸링에 대한 피히테의 비판적 질문의 핵심을 간단히 표현하면 다음과 같다: 기본적으로 자연은 선험적-이념적 발전의 대응체Korrelat, 즉 의식의 대응체로 간주된다. 그런데 이렇게 이해된 자연과, 자연철학에서는 독자적인 영역으로 간주되는 자연을 어떻게 조화시킬 수 있다는 말인가?

둘 사이의 논쟁은 피히테가 1800년 12월 27일의 편지에서 "선험철학을 그 원리에 있어서까지 *지속적으로 확장*"시킴으로써, "오늘날 시대가 시급히 요구하는" 지성적 세계에 대한 선험철학 체계의 형식에 도달하는 학문론의 새로운 서술을 예고하면서 새로운 국면에 접어든다. 이제 "지금까지의 선험철학의 원리들"과는 전혀 다른 명제들이 근거지워지게 되고, 이로써 "이 지성의 체계 속에서" 셸링과 피히테의 차이들이 재조정되리라는 것이다.

이는 피히테에 의하면 자연철학과 관련하여 다음과 같은 변화를 의미한다.

> 개인은 [이에 대한 셸링의 난외 메모: '나는 자아라고 말했다. 자아와 개인은 다르다'] 단지 자연의 상위 포텐츠에 지나지 않는다는 자연철학의 명제를 나는 오직 아래와 같은 전제 속에서만 정당하다고 평가한다. 즉 나는 자연을 단순한 현상으로 (유한한 지성에 의해 산출된 것이지, 그것이 다시 지성을 산출하지는 않는다는 의미에서) 정립하는 것이 아니라 [셸링의 메모: '이는 나에게도 그러하며, 여기에 나의 체계가 토대한다'], 그 안에서 *지성적인 것을 발견한다*는 것이다. 바로 이 때문에 개인은 자기 안에 있는 것의 하위 포텐츠이며, 그 안에 있는 무언가는 (규정될 수 있는bestimmbar) 고도의 포텐츠이다 (규정되어진 것으로서das bestimmte). 이러한 지성의 체계 안에서만 우리는 특정한, 그리고 다양한 차이들을 넘어서 우리 자신을 이해하고 통일시킬 수 있다.(BuD Ⅱ 305)

당연한 말이지만 셸링의 두 번째 메모는 자신의 지금까지의 문헌들 속에서는 그다지 명확한 전거를 제시하기 어렵다. 오히려 이로써 자연철학과 선험철학을 단일한 통일성의 기획에로 통합하게 하는 주요개념을 피히테가 셸링에게 제공해 주고 있는 것처럼 보인다. 오직 이러한 예고와 관련해서만 셸링은 자신과 피히테가 일치하는 것으로 이해하고 있다. 이미 출판된《나의 철학체계의 서술》과 더불어《라인홀드에게 보내는 답변서*Antwortschreiben an Reinhold*》는 이러한 견해를 어느 정도 확증하는 듯 보인다. 이는 1801년 5월 24일의 편지에서 명시적으로 드러나고 있다.

여기에서 셸링은 1801년의 작품에서는 단지 제시하기만 했을 뿐 구체적으로 밝히지는 않았던 실존의 근거와 실존자 사이의 구분Unterscheidung von Grund der Existenz und Existierendem이 가지는 근본적인 의미에 대해 설명한다.(IV 212: IV 151 각주)

> 의식 또는 자아가 어떻게 실존하는 절대 동일성의 중심점으로 생성되는지를 곧 뒤이을 책에서 밝힐 것이다. 나는 이를 완전히 명증하게 드러낼 수 있다고 믿는다. 자아만이 현실적으로 실존하는 동일성이다. 전체 자연은 자신의 고유한 실존의 근거를 자기 안에 가지는 한 동일한 절대 동일성이다. 바로 이 지점에 있어서 모든 것을 포괄하고 파악하며 관통하는 태양으로서의 관념론이 떠오른다. 만물은 참으로 동일한 것 가운데에서 살며 움직인다. 그 참된 의미는 모든 것 = 자아이고, 자아 = 모든 것이라는 것이다.(BuD II 327)[7]

《나의 철학체계의 서술》에 대한 피히테의 비판적인 태도를 접한 후 셸링은 피히테에 대한 자기의 기대가 허상이었다는 사실을 깨닫게 된다. 비판적인 논쟁은 전면전으로 번졌고, 이제 두 사람은 더 이상 상대방을 설득할 수 없다는 것을 깨닫게 되었다.[8]

그렇다면 셸링에게 있어서 –피히테의 용어를 빌리자면– 자연 안에 있는 지성적인 것 또는 이념적인 것이란 무엇인가?

셸링의 대답은 다음과 같다: 빛은 "a = b(중력)와 관계하고 있는 두 번째 포텐츠의 A이다." 자연 안에 있는 이념적인 것은 바로 이것이다. 초기의 자연철학 문헌들에서 빛이라는 현상은 언제나 열과 빛의 관계, 빛을 구성하는 물질에 대한 질문 등에 대한 자연과학적 고려의 맥락에서 거론되었다. 《역동적 과정의 일반연역*Allgemeine Deduktion des dynamischen Prozesses*》(1800)에서 빛은 일반적인 결합과정allgemeiner Kohäsionsprozess의 매개체로 생각되었다. 반면 《나의 철학체계의 서술》에서 빛은 결정적인 형이상학적 규정을 획득하게 된다.[9]

후에 자기의 철학에 대해 서술할 때마다 셸링은 1801년에 전개된 이 빛에 대한 정의를 언급한다.[10] 빛은 "연장된 세계 속에 있는 정신의 유비체Analogon다. … 그것은 그 깊은 단계 가운데 있는 사유하는 정신 외에 다름 아니다."[11]

반면, 피히테는 주체와 객체의 대립에 대한 형식적인 규정만을 내림으로써 자연을 "의식의 어떤 영역 속에서도 결코 포섭하려 하지 않는다."(BuD II 354). 피히테는 자연을 단지 실재적인 것, 객관적인 것으로만 파악하고, 실재-이념적인 것Real-Ideales, 주체-객체로서 파악하기를 거부한다.

반면 셸링은 빛을 가리켜 "첫번째 사례"[12] 또는 "피히테에 반하여 내가 사용하는 *최초의 반증수단*들 가운데 하나"라고 칭한다. "이것들을 수단으로 해서 나는 정신적인 것이 필연적으로 주관적인 것은 아니라는 사실을 보여 주었다. 빛은 우리에게 대해서는 객관적이다. 하지만 빛은 하나의 정신적인 것이며, 객관적으로 정립된 정신적인 것이다. 주관과 객관의 대립은 단지 상대적일 뿐 절대적인 것이 아니다. 피히테는 무언가가 이념적이면서도 동시에 실재적일 수 있다는 사실을 보지 못했다. 빛은 객관세계에 속하지만, 그 안에서 이념적이다. 빛은 그것보다 상위의 이념성인 … 인간의 정신에 대해서만 실재세계에 속한다."[13]

빛에 대한 이러한 정의는 근본적이면서도 폭넓은 의미를 지니는데, 이는 특히《나의 철학체계의 서술》에서 전개된 절대자 개념과 관련해서 그러하다. 여기에서 자연과정의 원리이자 근원으로 제시된 절대자는 내적으로 구분되어 있는 것으로 이해된다. 빛이라는 현상에 부과된 의미를 토대로 해서만 자연과정은 인식과정으로, 보다 상세히는 절대자의 자기인식의 과정 속에 있는 계기의 하나로 이해된다. 자연은 절대 동일성의 존재의 특정한 형식이다. 이를 통해 동일철학의 구상이 보다 명확하고도 상세하게 전개된다. 이것이 자연개념을 해명함에 있어 기여하는 바는 다음과 같다: 자연은 주관의식에 대하여 독립적이라는 의미에서 절대적으로 실재적absolut real이고, 절대자의 객관이라는 점에서 절대적으로 이념적absolut ideal이다. 이제 자연철학은 이념론Ideenlehre이 된다.

동일성의 근거(자연)와 실존하는 동일성을 구분함으로써 우선적으로는 선험철학과의 관계에 대한 문제가 해소된다. 하지만 이와 더불어 절대자로부터 어떻게 해서 "유한한 사물들이 이탈"하게 되었는가 하는 문제가 더 긴박한 과제로 나타난다. 사실은 전술한 구분 역시도 비슷한 문제를 내포하고 있다. 근거Grund와 실존자Existierendes를 구분하면 절대자는 유한자가 실제로 존재할 때에만 참으로 존재할 수 있다는 문제가 야기되는 것이다: "절대 동일성은 주체-객체성의 형식 아래에서만 존재한다."(IV 128; cf. BuD II 349)

그렇다면 절대자는 하나의 전제 또는 가정과 결합되어 있는데, 이는 절대자의 개념 자체와 배치되는 것이 아닌가? 뿐만 아니라 셸링의 동일철학은 허무주의라는 의심을 받기도 하였다. 쾨펜Friedrich Köppen은 동일철학을 "절대무의 철학"으로 폄하하였고[14], 어떻게 무차별의 절대무로부터 차이가 생성될 수 있는지 그 문제를 해결하라고 촉구하기도 하였다.[15]

동일철학에는 스피노자의 '자연으로서의 신Deus sive natura'과 연결되어 있는 절대자연 개념이 그 근저에 놓여 있다. 자연은 전체로서의 존재에 상응한다. 절대자에 대한 철학적 인식이라는 요구를 충족시키려면 주관의식은 스스로를 저 존재와 동일하게 정립해야 한다.

이를 골자로 셸링은 한편으로는 자연의 질서를 따르는 완결된 방식으로 상세히 자연철학을 전개하는데, 이는 앞의 단락에서 약술된 바와 같다. 자연은 (반성에게 귀속되는) 인과성의 법칙을 따라서가 아니라 하나의 철학적 구성을 통해 기술된다. 이때 모든 사물들은 우주 속에서 자기의 자리를 차지하고 있는 것으로 묘사된다. 실재의 계열은 포텐츠들, 곧 물질, 빛, 생명을 포괄한다.

다른 한편 셸링은 (유한)정신의 실재철학Realphilosophie des (endlichen)

Geistes이라는 형식 속에 있는 체계의 실천적인, 즉 이념적인 부분으로서 선험철학을 통합한다. 이념의 계열은 지식, 행위, 예술이라는 세 개의 포텐츠를 포괄한다. 그 중 예술은 인간 안에 있는 일자 또는 신적인 것의 현시인 종교와 철학을 포괄한다.[16] "말하자면 신과 자연은 이 학문의 양극이다. 둘은 서로 분리되지 않고서 우주를 형성해 간다."(T 31)

정신과 자연을 동일한 것으로 파악하는 절대철학absolute Philosophie이라는 관점에서 보자면 자연철학은 동시에 정신의 철학이기도 하다. 이와 더불어 자연과 역사의 관계에 대한 관점은 그 구체적인 내용에 있어서 변경된다. 형이상학적인 동일성 개념을 토대로 자연과 역사는 유기체라는 은유를 통해 서로 결합되는 것이다. 유기체 사상은 하나의 총체성, 대립들로부터 도출되는 종합을 통한 하나의 단일성이라는 의미를 내포하고 있다. 이는 (기계론적으로 사유된) 자연법칙만 아니라 법적 안전을 위한 메커니즘으로써의 국가의 형성 등 역사의 영역 안에 있는 규정들에 대한 비판까지도 포괄한다.

"단일한 우주, 바로 그것이 자신을 따라 형성된 세계 안에 있는 이중적인 형식을 그 각각의 형태와 고유한 방식 안에서 드러낸다. 이를 토대로 보자면 완성된 역사의 세계는 하나의 이념화된 자연, 곧 국가이다. 국가는 자유 가운데에서 도달한 필연성과 자유의 조화의 유기체이다."(V 306) 이것이 *유한한* 세계를 절대적 우주의 "반영"으로, 그리고 이 우주를 "절대적 예술품"absolutes Kunstwerk(V 385)으로 파악하는 철학의 신조이다. 이 절대적 예술품은 조화와 아름다움 속에 있으면서, 그 어떤 부정성에 의해서도 결코 흐려지지 않을 참된 세계이다.

2. 학문들의 유기체와 그리스도교의 역사적 구성

1802~1803년 셸링은 《학문연구의 방법론 강의들*Vorlesungen über die Methode des akademischen Studiums*》을 강의하였고, 이를 바로 출판하였다. 이 강의들은 학문연구의 조건, 조직, 의미 등에 대한 질문들을 담고 있기도 하지만 그 핵심에 있어서는 "학문의 일반 백과전서의 ⋯ 개요" (V 247)이다. 셸링은 지속적인 개정판을 내기 위해 더 손질하기를 원했지만 실제로 그러지는 않았다.[17] 1830년의 인쇄본은 분명 헤겔의 《철학적 학문의 백과전서*Enzyklopädie der philosophischen Wissenschaften*》에 필적하는 것으로 이해되기도 했다. 셸링은 강의들에서 여러 번 이 텍스트를 요약설명하기도 하였고 특강의 기초로 사용하기도 하였다. 따라서 이 책은 셸링사상의 발전사를 이해하기 위해서도 매우 중요하다.

이 책은 철학의 자기이해와 원리들을 토대로 하여 그 안에서 적합한 지식의 전달과 교육이 이루어지는 철학교육기관의 조직을 위해 기획된 것이었는데, 이것은 근대 대학의 자기이해에 큰 영향을 끼쳤다. 이 강의들은 특히 철학과 관련하여 논쟁을 진행하면서 대학조직을 재구성하도록 하였다. 이 논쟁을 시작한 것은 칸트의 《학과들 간의 다툼*Streit der Fakultäten*》(1798)이다.

여기에서 칸트는 신학 및 국가공직자 양성을 목표로 하는 학과들(법학과 의학)에 반하여 철학과가 가지는 의미를 집중적으로 강조하였다. 나머지 세 학과들은 국가와 교회가 특히 관심을 보이는 실천적 교육을 지향한다. 이와는 달리 칸트에 의하면 철학은 오직 이성과 진리에만 봉사하며, 이것들이 모든 공적인 경우에서 결코 약화됨이 없이 유효성을 갖도록 하는 학문이다. 비록 어느 정도 변경이 일어나긴 하지만 셸링의《학문연구의 방법론 강의들》은 바로 이 지점에서 칸트의 주장과 합류하고 있다.

이 강의들은 베를린 대학의 신규설립(1810)에 있어 그 사상적 중심 방향을 제시해 주고 있다는 점에서 매우 특별한 역사적 의미를 지닌다. 이 강의들이 베를린 대학의 설립을 위한 직접적인 선언문이었던 것은 아니지만, 당시(짧은 기간 동안) 프로이센 국내부의 문화교육 담당관이었던 훔볼트Wilhelm v. Humbolt는 셸링의 강의들에 전적으로 동의하였다.[18] 나폴레옹 전쟁에서의 패배 이후 프로이센에서는 고등교육기관의 형태와 관련한 문제가 시급히 해결해야 할 과제로 떠올랐다. 그것은 슈타인의 개혁* 이후 새롭게 생겨난 국가적 삶의 양식에 비추어 대학과 학문들의 아카데미 중 어느 것을 선택해야 할 것인가 하는 문제였다.

이때 주된 토론의 대상이 된 것이 근대 국가와 학문들 간의 관계에 관한 것이었다. 널리 알려진 것처럼 베를린 대학의 직접적인 설립문서로는 특히 피히테의《베를린에서 설립될 고등교육기관에 대한 계획》이나 슐라이에르마허의《독일적 의미에서의 대학에 대한 소고》(1808) 또는 스테펜의《대학의 이념에 대하여》(1809)를 들 수 있다.[19] 하지만 스프랑거Eduard Spranger에 의하면 여기에 제시된 구상들은 "셸링이 최초로 제기한 생각에 관한 개인적인 감상"[20]에 지나지 않는다.

---

* 역자 주: 나폴레옹과의 전쟁에서 패배한 이후 프로이센의 국가, 행정, 교육 등의 제도를 근대화 하려는 개혁의 시도를 의미한다. 이를 제창한 슈타인과 하르덴베르크의 이름을 따 슈타인-하르덴베르크 개혁이라고도 한다.

대학에 대한 셸링의 구상은 학문을 삶의 문제들을 해결하거나 사회적 복리, 건강, 부, 행복 등을 구현하기 위한 실천적인 수단으로 삼는 계몽주의의 실용주의에 반대하는 것이었다. 대학이 의사, 법률가, 신학자 등을 배출하기 위한 특별 양성소의 형태로 구성되어 있다는 것은 고등교육기관이 계몽주의의 목표에 부합하는 형태로 구성되어 있다는 것을 의미한다.

실용주의 체계 아래에서는 "직접적으로 필요로 할 만한 것이 무엇인지, 그리고 어떻게 직접적으로 사용할 수 있는가 하는 것만을 배운다."[21] 바로 이러한 실용주의에 반하여 셸링은 자기의 고유한 프로그램을 개발한다. 순전히 경험적인 목적을 위한 "잔재주Handwerktalent"만을 가르치는 것을 혐오하면서, 직접적인 유용성만을 위해 지식을 추구하는 것을 노골적으로 거부하고 있는 것이다. 이는 엘리트주의적인 지식인 귀족층을 배출할 뿐이다. 오직 근원지식, 즉 모든 개별지식 가운데 놓여 있는 참된 지식을 향한 추구만이 지식의 동기이자 대상이며 과제이다. 대학이란 바로 이것이 이루어지는 곳이다.

단지 직업수행에 필요한 숙련된 기술을 얻는 것을 목표로 하며 이를 위해 대학을 개별적인 특수교육기관들로 분할시키는 것을 셸링은 격렬하게 반대하고 있다. 이때 그 기조에는, 교육이란 단지 지식들을 서로 교류하도록 하는 데 그치는 것이 아니라, 인간의 특성과 그의 행위를 규정하는 것을 목표로 한다는 특별한 교육개념이 그 기저에 깔려 있다. 관념론적인 신념에 의하면 학문은 인간을 도야시키는 것이다. 즉 이론은 교육을 통해 인간에게 영향을 미치고 이를 통해 그 자신이 실천적인 형태로 변화해 간다. 교육에 대한 이와 같은 관념론적 신념 가운데에서 시행되는 이론화에 대한 높은 요구는 사회적 실천과 긴밀히 결합되어 있다. 셸링은 일평생 가르치는 동안 교육과 연구의 자유에 관한 이와 같은 구상을 단 한 번도 잊은 적이 없다. 이러한 신념 덕분에 셸링은 뮌헨에서 일어났던 학생들의 소요와 이로 인한 대학의 폐쇄를 막을 수 있었다. 후대의 강의들에서도 역시 셸링은 이를 계속해서 드러내고 있다.

칸트 이후의 철학에서 그러하듯 지식에 대한 이념, 그리고 지식의 통일성에 관한 이념과 더불어 모든 학문연구의 본질적 통일성의 문제가 최초로 본격적으로 다루어진다. - 이때 그와 같은 지식이 전달되기에 적당한 교육기관의 형태가 무엇인가에 대한 논의 역시 전개되기 시작하였는데, 대학이 바로 그것으로 간주되었다. 지식과 학문에 대한 이와 같은 이해는 자유로운 자기활동과 유기체적 통일성에 대한 근본 신념 없이는 불가능한 것이다. 지식의 총체성 및 진보에 대한 이념은 무엇보다도 연구 혹은 지식을 생산적 활동으로, 지식인을 그 개별적 담지자로 이해하였던 피히테의 지식론을 통해 토론의 주제로 부각되기 시작했다.

칸트가 자기 강의들에서 다른 저자들의 문헌들을 기반으로 했던 반면, 예나에서 피히테와 셸링은 그와는 전혀 다른 형태의 강의들을 개척하기 시작했다. 이들은 자신들의 철학적 구상만을 따라 강의를 기획하고 실시했던 것이다. 지식의 전일성과 관련해서는 프랑스의 백과전서파나, 기존의 지식을 백과전서처럼 완성하려고 했던 볼프가 어떤 의미에서는 선구자라고 말할 수도 있다. 하지만 백과전서의 모델은 관념론자들이 보기에는 순전히 잡다한 지식의 집합체에 불과하며, 칸트가 《순수이성비판》의 건축술 장에서 밝힌 인간의 인식조건들의 체계인 이성의 유기적 형식에 부합하지 않는 것이었다. 체계에 대한 이러한 유기적 이해 속에서는 전체에 대한 구상이 부분들에 선행한다. 전체에 대한 구상이 부분들의 위치와 상호관계, 공동의 목표 즉 전체의 통일성을 규정하는 것이다.

셸링에게 있어서 이념들은 즉자적인 정신의 영원한 무한성을 자연 및 역사의 구체적 현상들 가운데 발생하는, 개별적이면서도 특징적인 단절과 중재하는 역할을 한다. 이념들은 무한자가 유한자가 되도록, 신적 생명이 경험세계의 형식 안으로 들어오도록 하며, 그 안에서 절대적인 창조와 형성을 대리한다. 이는 예술가의 창조활동과 비견될 만한 것인 동시에, 학문들에 의해 사후적으로 재창조되는 바로 그것이다. 이를 가리켜 문자적 의미에서 '재구성Rekonstruktion'이라고 한다.

이렇게 학문들은 이념적인 것의 세계 속에 있는 유기적 구조를 반영할 뿐만 아니라 세계 안에 실재하는 유기적 구조를 반영한다. 대학 혹은 교육기관의 아카데미는 이러한 이념적 통일성이 다시금 실재화 Realwerden 되는 곳이다. 대학은 학문적 탐구의 통일성이 드러나는 곳이며, 개별 연구자들은 학문적 추구를 통해 이념들의 세계를 창조적으로 자기 자신 안에서 산출해 낸다. 이념들은 수동적인 학습을 통해서 취득되는 것이 아니고 언제나 새로이 자율적으로 창조되어야 한다. 왜냐하면 신적 이념들은 사물들의 다양성 안에서, 그리고 그것들로부터 도출되어야 하기 때문이다. 이에 상응하여 학문은 단지 결과들을 나열하지 않고, 신적 이념의 드러남을 발생학적으로 탐구해야 한다는 독특한 규정을 얻게 된다.

이념의 통일성으로부터 도출되어 나오는 것이 대학의 통일성이다. 지식이 이념을 모사abbilden하는 것인 한, 지식은 이념의 통일성도 역시 함께 모사해야 한다. 모든 지식이란 특수한 것 안에서 보편적인 것을 인식하는 일이다. 이와 마찬가지로 모든 개별 학문은 궁극적으로는 보편성의 지고한 통일성에로 회귀해야만 한다. 이를 보다 구체적으로 말하자면, 순전히 개별학과의 전문지식에만 집중하는 학문탐구의 방법이 거부되고, 대신 철학과에 보다 우월한 지위가 부과된다는 것을 의미한다.

이는 모든 학문들의 통일성이 철학에 기초하고 있기 때문이며, 장래의 직업선택을 위한 전문분야들은 학문의 통일성에 별다른 기여를 못하기 때문이다. 하지만 이것이 지식의 전문화를 거부한다는 것은 아니다. 오히려 이는 지식의 전문화 역시도 철학과에 토대하고 있어야 한다는 것을 의미한다. 왜냐하면 전문화란 새로운 지식의 생산적인 산출을 의미하기 때문이며, 철학과에서는 개별적인 것과 보편적인 것의 지속적이고도 새로운 상호침투가 이루어지기 때문이다.

셸링은 지식의 이념과 이념에 대한 지식을 근본적으로 동일시한다. 이에 상응하여 이성학문으로서의 철학과 수학이 다루어지고 뒤이어 다른 학과들과 분과들이 거론된다. 절대이성학absolute Vernunftwissenschaft으로서의 철학이 다른 학문들에 대하여 맺는 관계는 보편적인 것이 개별적인 것에 대해 가지는 관계, 또는 무차별이 포텐츠들의 결과물들과 맺는 관계와 같다. 철학은 결코 여러 개별 학문들 가운데 하나에 불과한 것이 아니라 단 하나의 유일한 포괄 학문이다. 그리고 철학은 그 안에서 내적으로 구분되어 있다.

철학 안에 구분되어 있는 지식의 유기체는 자연, 역사, 신을 그 대상으로 하는 학문들 가운데에서 드러나는데, 자연학, 역사학, 신학이 바로 그것이다. 이 학문들은 국가와 밀접한 관계를 맺고 있다는 점에서 실증 학문positive Wissenschaft이라고 불린다. 철학은 예외로 하지만, 셸링이 계몽주의 시대의 대학에서 형성된 학문들의 모델을 충실히 따르고 있다는 것은 부인할 수 없는 사실이다.

비록 이제 시대에 뒤떨어진 것이긴 하지만 셸링은 이 학문분과들을 영원 전부터 수립되어 있는 지식의 전문화로 이해하고자 했다. 이것이 가능했던 것은 셸링이 법학을 역사철학에, 의학을 자연철학에 귀속시켰기 때문이었다.[22] 학과들이 이처럼 구분되는 것은 절대자의 계시가 종교, 자연, 역사 가운데에서 일어나기 때문이다. 이 계시는 종교의 절대형식, 즉 그리스도교 속에서 뿐만 아니라 인간적 유기체, 그리고 국가라는 도덕적 유기체 속에서 완성될 것이다.

셸링의 후기문헌을 위해 특히 중요한 것은 '그리스도교의 역사적 구성'에 관한 장과 여기에서 도출되는 신학수업을 위한 요소들에 대한 언급이다. 체계적인 측면에서 보았을 때 특히 중요한 부분은, 종교의 역사적 특성이 상호침투 한다는 주장이다. 여기에서는《선험철학의 체계》에서 개발된 역사 개념과 동일철학적 절대자의 이념이 서로 결합되어 있다. 이로부터 그리스도교 신학은 역사적으로 주어지고 인식가능하게 된 바를 그 대상으로 한다는 관점이 도출된다.

그리스도교에는 하나의 영원한 진리와 필연성이 내주하고 있으며, 이로 인해 신학은 학문적 인식의 절대적 타당성과 가능성을 주장할 수 있다. 그리스도교는 단지 하나의 역사적 현상에 불과한 것이 아니라 역사 자체가 세계 안에 나타나도록 한다. 이는 그리스도교 신앙에 있어서 신적인 것은 스스로를 자연으로서가 아니라 역사로서 계시하기 때문이며, 그것은 곧 도덕적 세계국가이다. 이것은 숙명이나 자연법에 의해서가 아니라 다만 섭리에 의해서만 다스려진다. 인류의 발전사에 있어서 여기에서 처음으로 역사에 대한 종교적 인식과 종교에 대한 학문적 인식이 가능하게 된다.

이와 같은 그리스도교의 특색은 고대종교와 비교해 볼 때 더욱 선명히 드러난다. 그리스도교와 고대종교와의 관계는 정신과 자연의 관계와 같다. 고대종교, 특히 셸링이 주목하는 그리스 종교에서 신적인 것은 자연이라는 형식 속에 감추어져 있다. 반면 신성의 참된 본질은 그리스도교 안에 담겨 있다. 신적인 것은 자연 속에서는 공개적으로 공공연히exoterisch 나타나는 반면, 공적인 현상 속에서는 은밀히 esoterisch 드러난다. 계시는 자연 안에서는 상징적으로 (자연은 신적인 것의 형상이다) 일어나고, 인간의 내면에서는 신비적으로 (자연은 알레고리가 된다) 일어난다. 자연종교 안에서는 정신이, 그리스도교 안에서는 자연이 봉인된 신비로 남아있다.

구원의 과정에서 자연은 불투명한 채로 남아있으며, 종교철학에 의해서만 비로소 그 본질을 꿰뚫어 볼 수 있다. 이때에야 비로소 자연은 비자유 및 필연성의 원리라는 것, 그리고 이와 동시에 구원의 필요성의 토대라는 것이 인식된다. 신의 인간화Menschwerdung Gottes에 선행하여 자연의 인간화Menschwerdung der Natur가 일어났다. 따라서 셸링의 견해에 의하면 "자연의 비밀과 신의 성육신의 비밀을 동일한 것으로" 간주하는 영지주의는 기독교적으로 적용된 신비주의이며 철학과 대등한 위치를 차지한다.

그리스도교의 역사적 특징의 근간을 이루는 것은 신의 성육신에 대한 이념만이 아니다. 성육신이란, 역사라는 도덕적 우주 속에서 자연의 인간화까지 관통하여 일어나는 영원한 신적 활동이자 그 계시이다. 하지만 그리스도교의 본질적인 의미는, 인간이 된 신이 실재현상 속에서, 즉 역사적 인물로서 세계사 가운데 나타났다는 것과 이를 통해 그리스도교가 엄격한 의미에서 역사적이 되었다는 데 있다. "따라서 그리스도교의 최초의 이념은 필연적으로 인간이 된 신, 즉 모든 신들의 세계의 정점이자 최후인 그리스도이다."(V 292)

인간의 신격화와 더불어 종결되어질 자연의 신성화는 신의 성육신을 통해 극복되었다. 신의 성육신을 통해 자연과의 연결은 끊어지고, 유한자는 극복되고 제물로 바쳐졌다. 그것은 하나의 인격적이면서도 현실적인 행위 가운데 일어났다. 그리스도는 "그 고귀함만이 아니라 비천함에까지도 인간의 모습을 입었다. 그는 영원부터 결정된, 하지만 동시에 시간 속에 있는 허무한 현상 가운데에 자리하고 있다. 그는 두 세계의 경계로 서 있다. 그 자신은 보이지 않는 것들 가운데로 되돌아갔고, 이제 정신, 이념적 원리를 약속했다. 이 약속된 원리는 자기를 대신하여 유한자 안으로 와서 그들 가운데 머물러 있기만 하는 것이 아니라 유한자를 무한자에게로 이끌어 간다. 그런 한 그것은 새로운 세계의 빛이다. 바로 이 첫 번째 이념에 그리스도교의 모든 규정들이 결부되어 있다."(V 292)[23]

자연으로부터의 단절 안에서, 그리고 신과 맺는 내적이면서도 신비적인 통일성 안에서, 이제 신앙의 통일성은 역사적으로 보자면 교회로서 스스로를 조직화시킨다. 그리스도 안에서 나타난 신-인Gott-menschheit의 이념은 삼위일체신의 교리 안에서 완성된다. 따라서 그리스도교는 그 특정한 교리 가운데에서 하나의 신적이고도 절대적인 현상으로서 역사적으로 파악될 수 있다. 그리스도교는 영원하면서도 역사적인 필연성이다. 종교에 대한 역사적 고찰과 철학적 고찰이 이렇게 신학 안에서 결합되고 있다.

3. 예술, 종교, 철학

셸링은 《학문연구의 방법론 강의들》을 대학에서의 예술연구의 가능성에 대한 전망과 더불어 끝맺는다. 기교적-실제적인 예술교육은 대학에서는 적합하지 않다. 따라서 대학에서는 오직 이론적인 예술론만이 가르쳐질 수 있다. 대학에서의 이론적인 예술론 교육은 기본적으로 시문학Dichtkunst에로 제한되는데, 이는 조형예술에 있어서는 직관의 재료들이 필수적이라는 사실에 기인한다.

대학에서의 예술교육은 우선 예술을 역사적으로 재구성하는 일이고, 이는 언어학 분과에서 수행된다. 나아가서 예술교육은 예술을 이념적으로 재구성하는 작업, 즉 철학적 예술론까지도 포함한다. 셸링은 이를 유고집에 수록되어 있는 《예술철학》 강의들에서 발전시킨다.

이에 선행해서 셸링은 이미 《선험철학의 체계》에서 예술을 연역하고자 시도한 바 있었다. 여기에서 예술은 '철학의 기관과 보증문'으로 간주되었으며, 이때 예술 혹은 예술철학에게는 전체 철학 안에서 가지는 독특한 체계적 기능이 부과되었었다. 예술이 가지는 체계적 의미는 자유와 필연성의 통일성, 무의식적 활동과 의식적 활동의 통일성이 경험자아, 즉 인식하고 행위 하는 자아에게 드러나도록 하는 데 있다.

이 통일성은 객관 속에서는 생동적인 자연생산물, 즉 유기체로 있으면서 그 안에 현존하는 가운데 외적으로 직관된다. 주관 속에서, 즉 자아 안에서 자유와 필연성의 통일성은 자아 자신의 생산물, 즉 예술작품으로 존재한다. 이 안에서 생산적 직관으로서의 자아의 *자기직관*은 심미적 직관으로 완성된다.

셸링은 예술의 의미를 다음과 같이 비장한 어투로 표현하고 있다.

> 예술은 철학자에게 있어 지고의 것이다. 왜냐하면 예술은 가장 거룩한 것을 그에게 열어주기 때문이다. 자연과 역사 속에서 서로 구분되어지는 것, 사고뿐만 아니라 삶과 행위 가운데에서도 영원히 사로잡히지 않을 그것이 이 안에서는 영원하면서도 근원적인 결합 속에서 하나의 불꽃 가운데 불타고 있다.

이런 의미에서 예술은 자연과 매우 특별한 관계를 맺고 있다. 왜냐하면 "철학자가 자연으로부터 인위적으로 만들어낸 견해는 예술에게 있어서는 근원적이면서도 자연스러운 것이기 때문이다." 예술에게 자연스러운 본성은 "철학자에게 그런 것과는 달리 예술가에게는 더 이상 특별한 제약들 속에서만 현시되는 이념의 세계도 아니고, 그 바

깥에 있는 세계의 불완전한 반영도 아니다. 그것은 예술가 자신 안에 실재한다."(III 628)

예술과 자연, 예술품과 자연생산물 간의 비교를 통해 다음과 같은 규정이 도출된다. 유기체, 즉 맹목적이면서도 동시에 합목적적인 생산물은 하나의 전체이며, 자기 자신 안에서 완결되어 있는 총체성이다. 반면 예술가는 전체를 직관한다. 하지만 그가 창조해내는 것은 개별적인 것들이며, 그것들은 결코 분할될 수 없는 것, 즉 자유로운 활동과 무의식적 활동이 공동으로 산출해 내는 생산물과 결합되어 있다.

따라서 자연과 예술 사이의 차이는 그 출발점과 귀결에 있어서 서로 대립적인 방향에서의 운동이라는 데 있다: 자연이 무의식으로부터 시작해서 최종적으로는 의식에 도달하는 반면, 예술의 길은 그 반대의 방향을 따른다. 예술은 의식적으로 시작하여 '무의식적으로' 끝난다. 예술의 생산물은 언제나 아름답지만, 자연의 생산물은 그렇지 않다. 자연미는 예술품의 아름다움에 비하면 전적으로 우연한 것으로 드러날 뿐인데, 이는 유기체의 생산 활동이 의식으로부터 출발하지 않기 때문이다. 이런 이유들로 인해 미학이란, 아름다움(일반)에 대한 철학이 아니라 오직 예술에 대한 철학으로서 수행되어질 수 있다.

여기에 진술된 입장의 핵심에는 천재미학Genieästhetik이 자리하고 있다. 예술철학은 예술품의 발생을 해명해야 할 과제를 가지고 있다. 그런 한에 있어서 천재는 예술철학에 있어서 "자아가 철학에 대해 가지는 바와 동일한 의미를 지닌다. 그는 지고의 것이며 절대적으로 실재적인 것이다. 이것은 그 자신은 결코 객체화되지 않지만, 모든 객

관의 원인이다."(III 619)

창조적인 예술 활동은 의식적인 동시에 무의식적이고, 자유로운 동시에 수행되어지는 것이고, 숙고되어져야 하는 것인 동시에 감동에 사로잡혀야 하는 것이다. 그 안에는 신이 내주한다. 이 같은 사건이 일어나는 예술가는 천재이고, 그의 작품은 천재의 생산품이다. 천재의 예술적 창조과정은 그 심미적 생산 활동이 시작되는 정신과 자연의 무한한 모순을 "자연과 자유의 종합"(III 619)인 예술품 속에서 해소시킨다. 무한한 무의식적 활동과 유한한 의식적 활동의 대립을 해소함으로써 예술은 참으로 시적인 것das Poetische을 산출한다.

따라서 예술작품은 무한성에 대한 직관과 이에 대한 유한한 서술로 정의된다. 아름다움의 독특성은 바로 여기에 기반하고 있다. 예술작품은 무한한 종류의 해석 가능성, 의미의 복수성을 지닌다. 이처럼 예술작품이 담고 있는 다양한 의미들은, 예술품이 창작될 때 예술가가 지니고 있던 본래적인 의식 활동이나 의도, 혹은 창작을 위해 재료를 사용—조작할 당시에는 전혀 포함되어 있지 않던 것들이다. 따라서 예술 안에는 서로 구분되는 다양한 활동들이 내포되어 있으며, 이것들이 통일성을 형성할 때 비로소 예술은 완성된다.

이러한 활동들 중 하나가 기술적인 능력이며, 이는 좁은 의미에서 이해되어진 예술이다. 이 기술적인 능력은 전승을 토대로 하여 가르쳐질 수 있고 학습되어질 수도 있는 종류의 것이다. 한편, 예술 활동에는 이와는 상반되는 측면도 포함되어 있다. 그것은 결코 학습되어질 수 없는 종류의 것으로서, 하나의 예술가를 천재로 만드는 것은 자연의 자유로운 총애를 통해서만 이루어질 수 있다는 것이다. 예술

작품 안에서 시작Poesie으로 드러나는 것이 바로 이것이다. 한편, 예술 작품 속에 의식적 활동이 지나치게 많이 나타나면 이 작품은 의도와 인위성에 의해 방해를 받는다. 주관적 요소가 지배적인 예술작품은 직관을 위한 것이라기보다는 반성을 위한 것이 되고 만다.

《예술철학》강의들(1802~03)에는 위에서 진술된 것들과 동일한 규정들이 나타나고 있다. 당연한 일이겠지만 이것들은 동일철학적 전제들에 의해 변형된 형태로 다시 등장한다. 천재미학적인 측면은 후퇴하고, 개인을 대신하여 국가들 혹은 시대들의 역할이 더 강조된다. 예술에 있어 천재의 역할은 예술작품 속에서 무한자와 유한자를 '통일'시키(cf. V 461)고, 이로써 아름다움을 현실화하는 것으로서 대략적으로 파악될 뿐이다. 아름다움이란 실재로 직관된 절대자이며, 이는 모든 예술작품의 근본특성이다.

《예술철학》은 세 부분으로 나누어진다. 우선 예술의 본질이 정의되는데, 이때 철학적 구성을 통해 예술이 대학 안에서 차지하는 위치가 언급된다. 이어서 신화 속에 담긴 예술의 재료가 정의되고, 마지막으로 상이한 예술형식의 발전이 다루어진다.

예술은 절대자의 *실재적인* 현재화reale Vergegenwärtigung이다. 이러한 바로서 예술은 절대자의 *이념적* 현재화인ideale Vergegenwärtigung 철학에 대립해 있다. 절대자의 입장에서 보았을 때 이념들은 모든 현실적인 것들의 원형Vorbilder이며 절대자 자신의 모형Gegenbild이다. 이념들 속에서 절대자는 직관되어지고 객관화된다. 절대자의 자기객관화의 과정 속에 있는 이러한 대리물들 가운데에서 이념과 실재의 통일성, 주관과 객관의 통일성이 드러난다.

이 통일성은 여러 요소들의 혼합이 아니라, "순수 이념성이 실재성으로 전환되는 영원한 과정 속에 있는 전적으로 이념적인 것"(VI 34)이다. 그 원형(혹은 모형)은 이념과 실재의 통일성이며, 이 통일성은 절대자와 마찬가지로 '하나의 또 다른 절대자'로 정의된다. 철학이 이념들의 절대적 총체를 절대자 안에 있는 원형과 모형의 관계를 따라 '원형적으로'urbildlich 현재화하는 것이라면, 예술은 이러한 절대적 관계를 따라 신적세계를 '모형적으로'gegenbildlich 표현해 낸다. 말하자면 예술이란 신적 세계에 대한 모사도 아니지만, 그렇다고 해서 신적 세계에 대한 유한한 표현물도 아니라는 것이다. 예술작품은 미학적으로 파악된 신적 세계이며, 이 신적 세계는 지적 직관 가운데에 내재하고 있다.

예술의 현실 연관성은 플라톤에게 가장 커다란 문제였다. 왜냐하면 그에게 있어서 예술이란 영원한 원상, 즉 이념이 아니라 단지 이것들의 *감각적* 모상을 흉내 낸 것에 지나지 않았기 때문이다. 때문에 플라톤에게 예술가는 천상적인 것들의 그림자들을 모방하는 사람에 불과했다. 셸링은 예술을 절대자의 '모형적인' 묘사로 정의함으로써 이러한 문제를 해결하였다. 전통적으로 미학이란 아름다운 예술들에 대한 이론으로 간주되었고, 그 고전적인 자리는 자연을 모방하는 것이었다. 하지만 셸링에게 와서 이러한 고전적인 미학개념은 자연에 대한 변화된 개념으로 인해 매우 독특한 의미를 얻게 된다. 이미 1800년의 《선험철학의 체계》에서 셸링은 자연의 아름다움이 예술의 척도가 된다는 주장을 배척한 바 있다. 자연의 모방은 예술의 원리가 될 수 없다. 오히려 "그 완전성 속에서 예술을 촉발하는 그 무엇이 자

연의 아름다움을 평가하기 위한 원리와 기준이다."(Ⅲ 622)

그 사이 시간이 지남에 따라 확장된 자연에 대한 역동적 개념을 바탕으로 한 《조형예술의 자연과의 관계*Über das Verhältnis der bildenden Künste zu der Natur*》(1807)는 독특한 입장을 개진하고 있다. 예술가에 의한 자연의 모방은 자연의 생산물과 관련된 것이 아니라 본질적으로 오직 자연의 생산성 혹은 자연의 구성력과만 관련된다. 자연의 생산성은 예술을 구현해가는 토대이며, 예술 안에서 묘사되어지는 바로 그것이다. 이로써 셸링은 이상화된 자연을 토대로 하며 고대의 관념적 형식을 모범으로 삼는 빙켈만Johann Joachim Winkelmann의 고전적인 모방이론을 비판적으로 거부하고 있다(cf. Ⅶ 295ff.).

예술 안에는 자연의 완성과 최고조의 포텐츠가 나타난다. 천재의 창조력은 바로 여기에 토대하고 있으며, 예술의 내용은 신적 우주이다. 신적 우주는 예술의 판타지와 상상력을 충족시키는 동시에 예술의 재료를 제공해 주는 세계이다. 이념들이 인식과 밀접한 관계를 맺는 것처럼 신적 세계 혹은 신화는 판타지와 밀접한 관계를 맺는다. 이미 《독일관념론의 가장 오래된 체계기획》은 그리스와 동방의 신화에 반하는 이성의 신화로서 이념들을 위해 봉사해야 할 새로운 신화를 요청하고 있다.

《선험철학의 체계》에도 새로운 미학적 신화에 대한 전망이 주어져 있다. 동일철학에 이르러서는 이 새로운 신화에 대한 기대는 새로운 우주적 신화, 즉 "이념들의 상징적 표현"(V 67)으로 변화한다. 이는 시인 개인이 개별적으로 수행할 수 있는 것이 아니라, 그들 가운데에서 사변적 물리학과 예술의 통일성이 구현되어 있는 시인 전체를 통해 이루어질 수 있다(V 446). 이를 실현할 수 있는 가능성은 자연에 대한 상징적 이해와 결합되어 있다(VI 67).

신화는 절대자 또는 신적인 것을 파악할 수 있고, 이렇게 파악된 절대자를 하나의 감각적인 종교 안에서 현실화할 수 있다. 이와 더불어 동일철학의 목표가 보다 구체적으로 드러나게 된다. "절대자와 유한자(개별자)의 통일성은 예술의 재료 속에서 한편으로는 자연의 활동으로, 다른 한편으로는 자유의 활동으로 나타난다."(V 451) 신화는 그 안에서 신들이 "완전한 객관성을 혹은 독립적인 시학적 실존을 획득하게 되는"(V 405) 형식이다. 신화는 모든 예술의 일차적 재료이며, "절대적 시학absolute Poesie"이다.

이때 중요한 것이 고대의 신화와 새로운 신화의 구분인데, 이와 같은 구분은 자연과 역사가 서로 구분되는 것과 같다. 하나의 실재적 계열인 고대 신화는 그리스 신화에서 그 정점에 도달했다. 여기에서는 각각의 등장인물들이 개별적이면서도 자유롭게 살아간다. 그리스도교 종교에서 완성되는 새로운 신화는 로고스-복음 및 아들이 그 상징이 되는 영원히 성육신한 신의 표상과 더불어 보편적인 성격을 획득하였다.

그리스도교는 역사를 섭리가 주관하는 자유의 왕국으로 표상하는 반면, 고대신화에서는 자연과 운명이 지배한다. 교회는 스스로를 하나의 위계질서적으로 구분되어진 가시적 이념세계로 발전시킨다. 교회는 상징적 제의를 갖춘 지상에서의 신의 나라이다. 예술은 이념들과 역사들로부터 그 재료를 얻는다. 주요한 인물들만 예시적으로 제시하자면, 단테는 이념세계의 시인이고 아리오스트는 영웅시인이며,

칼데론은 성자들의 전설을 노래한다.

예술은 고대와 그리스도교 신화 가운데 놓여 있는 이러한 재료 혹은 내용을 하나의 예술들의 체계 속에서 현실화한다. 이 예술의 체계는 일련의 예술의 형식들로 이루어져 있다. 이러한 예술을 철학적으로 구성하는 일은 미학의 발전론 안에서 완성된다. 예술의 형태들과 관련해서도 셸링은 다시금 실재적 계열과 이념적 계열을 구분한다. 전자는 조형예술을 통해, 후자는 시학 속에서 나타난다. 조형예술은 (결코 사물과 결합되어 있지 않은 순수한 운동으로서의) 음악, 미술, 조형을 포함하며, 조각은 다시금 건축, 부조, 조각으로 나뉜다. 시학적 예술은 서정시, 서사시, 희곡시학으로 그리고 희곡시학은 다시금 비극과 희극으로 구분된다.

예술형식을 법칙적이면서도 필연적인 발전에 따라 구성하는 일은 동시에 이 발전에 일치하는 독보적인 작품들을 필요로 하는데, 이런 작업은 분명 셸링의 예술철학에 있어서 가장 문제시되는 부분이기도 하다. 많은 부분에서 셸링은 슐레겔의 《미학》에 관한 베를린 강의들을 참고하고 있다. 이 이유로 인해 셸링은 《조형예술의 자연과의 관계》를 유고의 형태로라도 출판하지 말라고 요구했다. 그럼에도 불구하고 셸링이 자신의 자연개념과 관련하여 예술의 본질을 새로이 정의하는 방식은 고전 미학의 시대에 관한 주요한 보고서라는 의미를 가진다.

2부

절대자와 인간의 자유

6. 체계와 자유

6 체계와 자유

1. 주체성과 유한성

《철학과 종교*Philosophie und Religion*》(1800)* 이후 셸링은 일련의 책들을
출판하게 된다. 전체적으로 보아 이것들은 일상적인 대화 속에서 이
루어졌던 동일철학에 대한 논쟁과 비판에 대한 반응이기도 하고, 다
른 한편으로는 동일철학 자체에 의해 촉발된 것이기도 하다.《수정된
피히테의 이론과 자연철학의 관계에 대한 서술》(1806)이나《야코비의
신적 사물들에 관하여를 기념하며》(1812)와 같은 책들은 그 동기와
대상을 명시적으로 제목에 드러내고 있다.《인간자유의 본질에 관한
철학적 탐구》(1809, 이하에서는《자유론》) 역시도 슐레겔F. Schlegel의 비
판이라는 외적 동기로부터 비롯된 것이다. 하지만 여기에서 셸링은

---

* 역자 주: 본서의 저자들은 이 책과 관련하여《철학과 종교》 또는《종교론》이라고 혼용해서 병기하
고 있다. 아래에서는 원문의 방식을 따르기 위해 두 제목을 모두 사용하기로 하겠다

피히테의 영향 아래에서 생의 철학적으로lebensphilosophisch 확장되었던 관념론적 요소가 이제 완전히 극복되었다는 것을 명시적으로 드러내려 한다.

셸링의 동일성의 체계에 대한 비판들을 대략적으로 열거하자면 다음과 같다: 자연주의, 반종교성, 범신론 등. 자연주의라는 비판은 사실 부분적으로는 셸링 자신이 자기의 철학에 붙인 명칭 때문에 조장된 측면이 있다. "철학은 유일하게 긍정적인 것으로서의 신적인 것에 대한 학문이고, 바로 그렇기 때문에 철학이란 현실적인 혹은 자연-세계 속에 있는 유일하게 현실적인 것으로서의 신적인 것에 관한 학문이다. 그것은 본질적으로 자연철학"(VII 30)이거나 혹은 "사실상ipso facto 자연철학이다. 이런 인식이 보편적으로 되기 전까지는 철학은 이 이름을 지닐 수밖에 없다. 이를 통해 철학은 비현실적인 것, 즉 거짓된 것 가운데 있는 거짓 철학으로부터 자신을 구별할 수 있다."(VII 30f.)

명칭의 의미가 지니는 미묘한 차이에 관심을 기울이지 않는 사람은 이런 셸링의 진술이 단지 말놀이에 지나지 않는다고 생각할 수도 있다. 하지만 동일철학에 대한 비난들이 가지는 상이한 측면들에 적절하게 대응하기 위해서 셸링은 철학의 실재적 부분(자연철학)에 상응하는 이념적 부분(정신세계의 철학)을 확실히 해 두어야 할 필요성을 느꼈다. 《철학적 작품들Philosophische Schriften》(1809)의 서문에 의하면 《종교론》은 이를 위한 "처음 시작이었지만 서술상의 문제 때문에 명료하지 않은 채로 남아 있다."[1]

철학의 이념적 부분과 관련하여 셸링은 절대자의 개념을 세분화하고 동일성 개념의 의미를 구체화하며, 전체 체계와의 관련 하에서 자유의 문제를 반성해야만 할 필요를 절실히 느꼈다. 《종교론》이나 《자유론》은 셸링의 다른 작품들에 비해 외부적인 요소에 덜 영향을 받고 있으며, 보다 더 철학의 체계와 관련한 문제를 중심으로 정위되어 있고 매우 압축적으로 작성되었다는 특징을 지닌다. 《자유론》에서 셸링은 '단지' "철학의 이념적 부분의 *개념*을 그 완전한 규정과 함께 제시하고자"[2] 할 뿐이지 체계 자체를 제시하려는 것은 아니다.

위에서 언급된 작품들은 셸링 사유의 단계들에 있어서 자유의 철학 및 세계시대의 철학에 속하는 것들로, 동일철학의 틀을 넘어섰거나 벗어난 것들로 평가되고 있다. 유고로 전해진 《슈투트가르트 강의들*Stuttgarter Vorlesungen*》(1810)은 어떤 의미에서 새로운 문제의식과 철학적 사고들이 동일철학적 입장의 지평 속에 자리 잡게 되었는지를 분명하게 보여준다. 어떻게 체계에 관한 셸링의 입장이 확대, 심화되었는지는 아래에서 서술하기로 하겠다.

《종교론》을 쓰게 된 직접적인 요인은 칼 에셴마이어Karl August Eschenmayer의 책 《비철학에로의 전이 가운데 있는 철학*Philosophie im Übergang zur Nichtphilosophie*》(1803)이었다. 에셴마이어는 동일철학의 견해들 가운데 철학적-사변적 신인식 및 철학적 종교론의 가능성에 반대하였다. 철학은 한계 지워져야 하고, 종교는 신앙과 지복에 대한 느낌의 필연적인 보충물로 이해되어져야만 한다는 것이 그 결론이었다.

셸링은 이런 문제제기를 자신에 대한 비판, 즉 범신론적 자연주의 혹은 신과 우주의 동일시라는 비판과는 달리 의미 있는 것으로 받아들이고 다양한 측면들과 관련해서 발전시켰다: 신의 본질은 사변적 사유로는 접근 불가능하다는 것, 철학의 절대자는 종교의 신과 동일하지 않다는 것, '이념과 실재, 주체와 객체의 통일성'으로서의 절대자의 이념은 그것이 혼합된 것인 만큼 신적 본질의 표현이 될 수 없으며, 단지 사고를 통해 산출된 것이기 때문에 외부로부터 중재된 이념에 지나지 않는다는 것 등이 그 문제제기의 주요 내용이다.

이념성과는 무관하게 정립된 절대자의 실재성은 모든 인식으로부터의 독립과 직접적 인식의 불가능성을 의미할 것이다. 그렇다면 인식은 절대자 자신이 아니라 단지 절대자에 대한 순전히 주관적인 *이념*만을 대변한다(S. 106). 셸링은 독단론적 체계만이 아니라 칸트와 피히테의 신론과 종교론 역시도 이런 관점에 속해 있다고 판단한다.

이미 《브루노》나 특히 《학문연구의 방법론 강의들》에 나타나는 것처럼, 셸링 자신은 종교라는 주제를 결코 철학이라는 학문의 지평에서부터 제거하려고 하지 않았다. 종교와 종교의 대상에 대한 사변적 인식의 근본전제는 철학과 종교 모두에서 도출되는 통찰들의 상호일치이다. 신에 대한 이론과 사물의 영원한 출생에 관한 이론, 사물과 신의 관계, 그리고 이 이론에 근거한 '복된 삶을 위한 지침'[3]으로서의 도덕론을 셸링은 그 중요한 통찰들로 이해했다.

마지막으로 언급된 도덕론은 인류의 기원과 최종목표, 영혼불멸 등을 그 내용으로 한다. 고대의 비교秘教들에서 종교적 통찰과 사변적 통찰은 서로 분리될 수 없는 통일성을 이루는 가운데 그 종교적 내용을 구성하고 있다. 바로 이 내용은 "오직 바로 그 때문에 철학을 하고, 평범한 지식을 넘어 우리 자신을 고양해야 할 이유가 되는 … 유일하면서도 위대한 대상"(V 16)이다. 철학을 위해 이 대상들을 재확인하고, 그에 대한 인식을 통해 철학과 종교의 통일성을 재수립하는 것이

《종교론》의 의도이다.

이때 가장 커다란 문제는 절대자의 직접적 인식의 가능성에 관한 것이다. 절대적 인식absolute Erkenntnis이 곧 절대자에 대한 인식Erkenntnis des Absoluten을 뜻한다는 것은 동일철학의 주제이자 전제였다. 따라서 동일성의 이론은 철학과 종교의 대립을 결코 받아들일 수 없다. 무차별 혹은 이념과 실재의 절대 통일성은 절대자의 본질에 대한 규정이며, 절대자에게는 자신과 일치하는 자기인식 혹은 자기직관이 절대적으로 필연적인 형식으로 있다. 절대자는 자기객관화의 과정을 통해 자신의 현실적인 모형으로서의 이념 속에서 스스로에 대해 대상적으로 직관된다.

이와 같이 절대자를 재현해 내는 것이 이념과 실재, 주관과 객관의 통일성이다. 신의 모형인 이념은, 이념성을 실재성 안으로 변형시킬 뿐만 아니라 그 스스로 생산적인 이념들을 생산할 수 있는 힘을 가지고 있다. 이념은 스스로를 전개해서 이념의 세계로 확장시키고, 이 이념의 세계는 "본질의 모든 단계들로 이루어진 전체적인 절대 세계" 혹은 그 완전한 통일성 속에 있는 우주를 지닌다. 이 세계 속에서 개별자는 오직 개별자로서만 존재하지 않는다. 그런 개별자, 곧 "절대적이거나 이념적이지도 않고, 전적으로 영혼도 아니고, 순수한 능산적 자연도 아닌"(VI 35) 그런 것은 세계 안에 존재하지 않는다. 이념의 세계는 신의 계시의 무시간적 과정으로 "참된 선험적 신통기Theogonie"(VI 35)이자 모든 인식의 조건이 되는 신적 자기인식이다.

하지만 신의 지적인 세계 속에서 사물이 영원히 출생하는 것이라면, 유한하면서도 신체적인 세계의 기원은 어떻게 이 이론에 의해 해

명될 수 있는 것일까? 절대자로부터의 유한자의 기원, 이념의 통일성
으로부터의 구체적인 사물들의 기원은 어떻게 설명할 수 있는가?

절대자와 맺는 유한한 세계의 관계에 대한 질문은 "철학의 가장 지
고한 비밀에 속하는" 물질의 기원에 대한 철학적 문제의 형태로 나타
난다. 물질을 신으로부터 독립적으로 볼 것인지 혹은 의존적으로 생
각해야 하는지의 양자택일의 문제는 해결하기 곤란해 보인다. 이를
위해서는 또 다른 두 번째 원리(페르시아 종교의 이원론에서 그런 것처
럼)를 도입하던지, 아니면 신을 불완전한 것들의 창시자로 생각해야
만 한다. 전자의 경우는 절대자의 개념 자체와 대립한다는 문제가 있
다. 반면 후자의 경우는 신에 대한 물질의 의존성이 어떤 식으로 규
정되건 간에 상관없이 신이 악의 근원이 되어 버리고 마는데, 이는
신의 절대성과 조화될 수 없다.

따라서 라이프니츠가 이미 시도했던 것처럼,[4] 세계 안의 악의 문제
에 직면하여 신의 선함을 변호하는 철학적 신정론이 시도될 수밖에
없다(VI 47). 이원론을 피하고자 한다면 유한한 자연은 절대자로부터
나와야 하고 신과 자연 사이에 모종의 관계가 있어야만 한다. 신으로
부터 기원한 세계의 지속적인 전이(유출설)를 피하려 한다면 양자 간
에는 일종의 단절이 요구될 수밖에 없다. 따라서 셸링에 의하면 물질
의 기원은 절대자로부터의 발출에 의해서가 아니라 오직 "절대성으
로부터의 완전한 단절"로 사유되어야만 하며, "그 기원은 오직 *이탈*
속에, 절대자로부터의 *타락*Abfall속에 있을 것이다."(VI 38)

유한한 세계는 참되고 현실적인 존재가 아니며 다만 무한자와 영
원한 것에 대한 대립으로 존재한다. 이러한 유한한 세계의 가능성과

기원은 자유의 개념을 통해 근거지워진다. 절대자 바깥에는 어떤 존재도 사유될 수 없기 때문에 절대자로부터의 타락의 가능성이 먼저 수립되어야 한다. 절대자의 참된 모형Gegenbild은 필연적으로 독자성과 자유라는 특성을 지닌다.

> 절대성은 자신의 모형에게 자기 자신의 본질과 더불어 독자성까지도 부여하는데, 이것은 절대성 자신에게 고유한 특성이다. *자유*는 … 자기-자신-안에-존재하는 것이다. 저 모형의 독자성으로부터 흘러나오는 것이 바로 현상세계 속에서는 자유로 출현한다. 자유는 타락한 세계 안으로 보내진 신성의 마지막 흔적이자 봉인이다.(VI 39)

모형은 참으로 독자적이다. 하지만 이는 모형이 그 독자성 속에서 자기의 고유한 활동을 통해 스스로를 포착하여 절대자로부터 분리되어 나오고, 이로써 자기 자신의 힘으로 스스로를 신으로부터 분리하여 '또 다른 절대자'로 기능할 때에만 그러하다. 바로 이러한 '절대자에 대한 대립자das Gegenabsolute'의 고유한 활동을 가리켜 셸링은 플라톤과 마찬가지로 '타락'이라고 부른다. 그러므로 유한한 세계의 가능성의 근거는 신 안에, 그 현실성의 근거는 신의 모형 자신 안에 놓여 있다.[5]

타락의 현실성이 없다면 모형의 자유는 무기력할 뿐이다. 반면 자유가 없다면 절대자의 모형은 불가능할 것이고, 역으로 현실적인 모형이 없다면 절대자 자신도 불가능하다. 유한성을 절대자로부터 직접적으로 도출하거나 해명하지 않고도 양자의 관계를 설명할 수 있는 마지막 방법이 남아 있다. 유한한 세계는 신과의 통일성이 제거됨에 따라 생성되는 신 바깥의 현존재Dasein로 해명된다. 모형은 그 실재성 가운데에서는 직접적으로 이념에 의해 규정되고, 자신 안에 자기의 존재의 가능성을 가진다.

반면, 타락으로 말미암아 또 다른 실재성이 나타나는데, 이것은 그 존재의 가능성을 자기 자신 안에서가 아니라 바깥에 가지고 있다. 시공간적인 현실은 감각적으로 제약되어 있으며 물질로 구성되어 있다. 이와 더불어 생성되는 것이 유한한 자연과 사물들의 인과율적 관계망으로서의 유한한 필연성이다. 신적 모형 속에서 절대적 자유는 절대적 필연성과 동일했지만, 타락은 유한한 필연성과 무상한 자유를 초래하고 만다.

나아가서 셸링은 감각적인 우주를 "자기성이라는 측면에서 파악되는 이념 가운데"(V 41) 근거지운다. 이념들의 근거는 무시간적이고, 이념들은 시간 바깥에 놓여 있는 영원하면서도 지적인 행위이기 때문에 타락은 발생적으로 설명될 수 없다. 절대자와 관련하여 볼 때 타락은 '본질을 벗어난' 것이거나 혹은 우연적인 것으로, 신 바깥의 현존재를 발생케 한다. 타락이란 -피히테의 표현을 사용하자면- 순수활동Tathandlung이다. 피히테의 주체성 이론은 이렇게 셸링에 의해 절대자에 대한 이론에로 통합된다.

물론 피히테의 주체성 이론 자체가 엄밀한 사변적인 원리에게로 이끌고 있는 것은 아니다. 자기 자신을 위한 존재Fürsichselbstsein는 보다 고도의 포텐츠 속에서 자기성Ichheit으로 나타난다. 따라서 자기성은 타락한 세계의 감각적 우주에 있어서 중심적인 주제이다. 자기성은 유한성의 원리이자 타락Sündenfall의 원리이다.

피히테의 학문론의 진정한 의미는 -셸링이 강조하는 바에 따르면- 순수활동이라는 개념을 통해 유한성 및 유한한 의식의 본질이 최고조의 보편성 속에 있는 타락의 원리로 진술되었다는 데 있다. 피히테는 자아의 본질과 그 무상성을 꿰뚫어 봄으로써 "자기성은 … 단지 *자기 자신의* 활동, 자기의 고유한 행위에 지나지 않으며 이 활동을 빼고는 *아무 것도 아님*"(VI 43)을 보여주었다.

이처럼 (초기) 피히테의 이론이 편입됨에 따라 유한한 의식과 지식에 대한 구성이론이었던 피히테의 철학은 이제 참된 철학이 전개되기 위한 필수적인 중간 과정으로 간주되며, 나아가서는 그 본질적인 원리구성에 있어서 동일철학 안으로 통합되게 된다. 셸링은 1806년 피히테의 대중철학적인 작품들[6]과 치열하게 논쟁을 벌일 때, 초기 피히테에 대한 이러한 '수정된' 이해를 바탕으로 1801년 이후 학문론의 초기 구상을 넘어 사변적으로 나아가려는 피히테의 시도들을 반박하였다.

일부 해석자들은 종교나 유한자의 문제, 또 이와 관련된 '타락'의 개념들을 근거로 이제 셸링의 사유에서 전적으로 새로운 시기가 도래했다고 본다. 때문에 이들은 여전히 동일철학의 맥락 속에 있는《종교론》을 동일철학을 극복하는 1809년의 철학적 자유론의 선취로 이해한다. 하지만 유한자의 문제는 사실상 동일철학의 문제이기도 했다. 물론 이때에는 절대자로부터의 임의적인 *분리*활동Absonderung 또는 절대자에 대한 사변적 직관으로부터의 이탈로서의 반성이 순전히 *이론적인* 고려에서만 다루어진 것이 사실이다. 반성이 유한한 세계를

구성하는 활동으로 파악되긴 했지만, 그렇다고 해서 유한한 세계 자
체가 전적으로 무상한 것으로 폄하되었던 것은 아니다.

따라서 타락이라는 표현과 더불어 《철학과 종교》에서 어떤 새로
운 원리가 도입된 것은 아니다. 오히려 이 표현은 저 분리활동의 실
천적-도덕적 측면을 동시에 강조할 뿐이다. 유한한 세계와 관련하여
볼 때 역설적이게도 이것은 세계의 부정성과 무상성을 긍정하는 것
과도 같다. 이는 1806년 이후부터 셸링의 자연관 안으로 혼돈스러운
것, 비법칙적인 것, 끔찍한 것, 괴상하고 야만적인 것들이 유입되어
오기 시작했다는 사실과 관련이 있다. 이것들은 "실재의 파악될 수
없는 기반이며 결코 제거되지 않을 흔적으로 아무리 노력하더라도
오성 속에서 해소될 수 없는 것들이다."(Ⅶ 360) 본래는 조화롭게 드
러나던 자연관의 이와 같은 '암울한 변주'는 셸링의 생애를 통해 일어
난 외적 영향들의 결과에 불과한 것으로 이해되어서는 안 된다. 오히
려 그것은 유한성의 근원을 도덕적으로 재 정의하려는 체계적 시도
의 결과인 것으로 이해되어야 한다.

자기성은 유한자의 본질을 드러낸다. 자기성은 단지 분열되어진
자유에 불과한 것이 아니다. 나아가서 자기성은 스스로를 분열되어
진 자유로서 인식하기까지 한다. 자기성은, "모사되어진 것은 자기-
자신을-위해-존재한다는 것을 드러내는 가장 지고한 지점이다. …
그것은 동시에 타락한 세계 속에서 본원적인 세계가 스스로를 다시
복원할 수 있는 지점이다. 여기에서는 저 초세계적인 힘들, 이념들
의 화해가 일어난다. 이 이념들은 인간의 학문과 예술, 도덕적 활동
속에서 시간성 안으로 강림해 들어온다. 우주와 우주의 역사의 거대

한 의도는 완전한 화해와 절대성 안으로의 귀환 외에 아무 것도 아니다."(VI 43)

유한한 세계가 시간적으로 전개되는 일, 곧 역사의 최종적인 목표와 관련해서 셸링은 두 가지 주요한 단계들을 구분한다. 첫 번째는 신과 관련하여 일어나는 원심적인 단계로, 여기에서는 만물의 중심인 신으로부터 점점 멀어지려는 시도가 일어난다. 두 번째는 구심적인 것으로, 신에게로 되돌아가려는 시도가 일어나는 것을 그 특징으로 한다. 전자는 신적인 세계시가Weltgedicht의 "일리아드이고, 후자는 오디세이다." "역사는 하나의 서사시, 신의 정신 안에서 기록된 서사시다."(VI 57) 일찍이 셸링이 자연을 정신의 오디세이로 칭한 것처럼, 이제는 종교가 역사의 오디세이이다. 이 오디세이는 "그 전체 가운데에서 … 연속적으로 스스로를 전개하는 신의 계시"(VI 570)이고, 다시 수립된 신과 세계의 통일성 속에서 완성될 것이다. 따라서 타락은 "신의 *완전한* 계시를 위한 수단"(VI 63)이다.

철학적 신의 인식 역시도 신과의 통일성을 향한 의식적인 노력에로 전환할 것을 촉구하고 있는데, 이를 가리켜 셸링은 도덕성이라고 칭한다. 그 목표는 지복에 도달하는 것이다. "신이 있을 때에만 도덕적 세계란 것이 존재한다." -즉 오직 신을 인식하는 자만이 참으로 도덕적일 수 있다- "신을 존재하도록 하고 이로써 도덕적 세계가 존재하도록 하는 일, 그것은 오직 참되고도 필연적인 관계로의 완전한 전환을 통해서만 가능하다."(VI 53) 세계사조차도 그 전체의 일부로서 포괄하고 있는 우주의 역사는 인간세계의 전역사前歷史Vorgeschichte와 역사의 최종점을 그 안에 담고 있다. 인간 역사의 전역사와 목표는 모두 지상에서의 삶 너머에 놓여 있다. 사물이 신에게로 귀환하는 것, 신의 완전한 계시가 "전체 세계현상의 위대한 의도"(VI 57)이다. 이에 의하면, 좁은 의미에서의 실제 역사Historie는 이 역사를 제대로 묘사하지 못한다. 신으로부터의 이탈보다 선행하고 있으며 신과의 친밀한 상태를 의미하는 저 태초는 황금시대에 대한 표상을 가리킨다. 셸링은 인류의 발전을 위해 "현재의 인류가 스스로를 짐승과 본능의 상태로부터 이성과 자유의 상태로 고양했다."(VI 58)는 생각을 거부한다.* 그게 아니라 감각세계는 신적 모형의 타락으로부터 말미암는 것으로, 이 타락은 스스로에게만 그 범과가 귀속되는 지적인 자유로부터 온 활동이다. 유한한 자연 및 감각적 생명의 현존하는 하나의 잘못Schuld에 기인하고, 이 잘못은 필연적으로 징벌을 (유한성 그 자체가 징벌이다, cf. VI 52) 초래한다.

이제 인류에게는 정화와 -플라톤의 《파이돈》과 《파이드로스》에 의하면 징벌로 육체에 갇혀버린 영혼을 해방하는 것이 정화이다- 잘못을 변제해야 할 과제가 남아 있다. 세계 및 세계역사의 목표는 '정신의 나라'이다. "우주의 역사는 정신의 나라의 역사이다. 우주의 최종 의도는 오직 정신의 나라에서만 인식될 수 있다."(VI 60) 불사성은 영

---

*   역자 주: 이를 통해 셸링은 당시 계몽주의 역사철학의 일반적인 역사관을 거부하고 있다. 헤르더와 칸트는 구약성서의 창세기 3장의 타락설화를 해석하면서, 타락설화는 인간이 자연적이면서도 미숙한 상태로부터 이성적이면서도 성숙한 자유와 문명의 상태에로 나아가는 첫 번째 걸음을 의미한다고 긍정적으로 해석하였다. 한편, 이러한 사고방식은 자연과 이성, 필연성과 자유가 서로 대립적이라는 신념을 전제로 한다. 타락설화는 인간이 이성을 사용하여 자연 상태로부터 벗어나 자율적이고도 성숙한 단계로 접어들었다는 사실을 보여준다는 것이다. 이에 반해 -아래에서 드러나게 되겠지만- 셸링은 타락 혹은 자유의 잘못된 사용은 자연적, 감각적 유혹이나 제약 때문이 아니라, 자연적 개별의지와 결합되어 있는 이성의 오용에 의한 것으로 재해석한다. 이때 타락설화는 자신의 자유와 이성을 사용하여 스스로를 신적 의지로부터 분리시키는 -자기 자신의 행위를 통해 정립된- 인간의 근원적 본성을 의미하는 것으로 재해석되게 된다.

원한 삶 혹은 복된 삶 속에 놓여 있다. 이는 곧 순수하게 정신적이면서도 지적인 삶으로, 자기성의 왜곡이라는 잘못으로부터 풀려나 자유롭게 되는 것을 의미한다. 때문에 영혼불멸이란 개별적인 지속성으로 간주되어서는 안 된다. 이럴 때에는 영혼이 그 잘못으로 인해 징벌을 받고 있는 것처럼 잘못 이해될 수 있다. 그보다는 영혼의 해방이란, 자연과 세계 발전 자체에 내적으로 감추어져 있는 주제이다.

> 저 자연이란 도대체 무엇인가? 유한성의 모든 단계들을 관통하여 이념들이 산출되는 것이 아닌, 저 타락한 정신들의 뒤엉킨 허상이란 무엇인가? 거기 놓여있는 자기성이 모든 차이들을 떼어 버리고 무한자와의 동일성에로 스스로를 정화하기까지, 그리고 이와 더불어 모든 것들이 실재적인 것으로서 지고의 이념성 안으로 들어가기까지 자연이란 무엇인가?(VI 62)

영혼의 미래의 상태는 정화 및 현재의 삶에 대한 평가, 그리고 미처 정화되지 않은 욕망의 분량에 달려 있다. 셸링은 이를 윤회론과 연관 짓는다. 오직 완전한 정화만이 정신적 삶, 곧 신과의 깨어질 수 없는 통일성에로 이끈다.

《종교론》은 종교의 본질에 대한 진술과 더불어 종결된다. 종교는 무죄, 타락, 정화, 영혼의 영원성, 현재적 삶과 미래적 삶의 도덕적 관계 등을 그 내용으로 하며, 이것들은 모두 고대의 신화들 안에 담겨 있는 내용들과 동일하다. 종교는 비교秘敎라는 형식 안에서는 비의적으로 은밀하게esoterisch 남아있다. 이때 종교가 국가와 맺는 관계는 신

이 세계와 맺는 관계와 마찬가지로 간접적이며 직접적이지 않다. 종
교의 대중적인exoterisch 형태는 신화이다. 신화는 시문학이나 예술이
그런 것처럼 이념들에 대한 형상적-상징적 진술이다.

비의종교는 필연적으로 유일신론으로 나타나는데, 이때 유일신론
은 신적 통일성에 관한 이론이다. 반면 대중적 종교는 신화적이며 다
신론으로 나타난다. 철학과 종교, 이교와 그리스도교의 통일성은 이
러한 신의 인식 가운데 근거지워진 세계와 인간의 삶에 대한 직관이
다. 정화와 인간의 변화에 대한 교훈은 그리스도교를 통해서 마침내
세계종교가 되었다. "이교라는 개념을 공적 종교로부터 떨어뜨려 놓
지만 않았더라면 우리는 이미 오래 전에 이교와 그리스도교가 서로
얼마나 가까운지를 깨달았을 것이다. 그리스도교는 비의종교들을 공
적으로 만듦으로써 이교로부터 생성되었다."(VI 66) 종교는 후에 셸링
의 후기작품에서 중심적인 주제가 된다.

2. 인간 자유의 규정

철학의 이념적 부분에 대한 대략의 개요 이후 철학적으로 폭발력
을 지닌 질문이 제기된다. 그것은 다름 아닌 자유의 본질에 대한 질
문이다. 자유는 자기성과 죄의 문제, 전체로서의 우주의 역사를 위한
인격적 신의 의미를 탐구하게 한다. 이 문제들은《자유론》에서 더 상
세히, 하지만 부분적으로는 변화된 형태로 다루어진다.

《자유론》은 처음에는《철학적 작품들》(1809)이라는 선집 안에 "감

추인 채로"[7] 출판되었다. 이 책에서 셸링은 무엇보다도 슐레겔[8]에 의해 반복적으로 가해진 야코비류의 범신론 비판에 대적하고자 했다. 셸링은 슐레겔이 야코비를 따라 '순수이성의 체계는 범신론의 체계이며 숙명론을 피할 길이 없다'고 하자, 이를 자기에 대한 암묵적인 비난으로 받아들였다.

1809년 5월 9일 빈디쉬만Karl Josef Windischmann에게 보낸 편지에서 셸링은 슐레겔의 "은밀한 논쟁을 … 공개적인 것으로 만들고자"(BuD III 604) 했다고 적고 있다. 일상적인 토론에서 벌어졌던 비난과 논쟁에 대한 반작용으로 서둘러 작성되었기에 《자유론》은 확실히 많은 부분에서 성급하게 논지를 끌고 가는 게 사실이다. 하지만 여기에서 다루어지는 체계와 자유의 관계에 대한 근본적인 문제의식, 악의 문제에 대한 형이상학적 구상 등은 셸링의 작품에 별 관심이 없는 독자들에게까지도 매력적으로 비춰질 만하다. 피셔Range K. Fischer는 《자유론》을 "저 모든 어려운 문제들을 규정하고 다룸에 있어, 그 명료함과 깊이에 있어 대작"이라고 평가하기도 했다.[9]

서론은 매우 근본적인 방식으로 체계와 자유의 관계를 해명하면서 문제제기를 위한 일반적인 밑그림을 제공한다. 서론의 기능은 무엇보다도 "주요한 개념들을 수정"(VII 357)하는 데 있다. 우선 셸링은 인간자유의 본질에 대한 철학적 탐구의 가능성을 다루는데, 이는 한편으로는 자유에 관한 올바른 개념을 찾는 데 집중하게 한다. 왜냐하면, 자유의 사실성은 -비록 우리가 자유에 관한 직접적 감정unmittelbares Gefühl der Freiheit을 가지고 있음에도 불구하고- 표면적으로 잘 드러나지 않기 때문이다. 다른 한편으로는 자유의 개념이 학문적 세계상 전체(즉 세계에 대한 철학적인 전체관, 즉 체계)와 맺는 관계가 진술되어야 한다.

하지만 첫째, 어떤 개념도 개별적으로는 정의될 수 없고, 둘째, 하나의 개념을 위한 최종적인 학문적 완성은 그것이 전체와 맺는 관계에 대한 진술 속에서만 있을 수 있기 때문에 이 탐구의 두 측면은 하나로, 특히 자유라는 핵심 개념에로 집중된다. 자유라는 개념은 하위의 개념도 아니고 자연적으로 도출되는 개념도 아니다. 그것은 "체계의 주도적인 중심점"(VII 336)이다. 이 같은 기획에 대한 주된 반대의견은 이미 널리 퍼진 ―"오래되었지만 결코 사라지지 않고 회자되는"(VII 336)― 주장 가운데 나타난다. 자유라는 개념은 체계와 결코 양립할 수 없다는 주장이 그것이다. 이에 의하면 통일성과 총체성을 추구하는 철학은 자유를 부인할 수밖에 없다고 결론지어지곤 한다. 체계를 주장하는 자는 자유를 허용하지 못한다. 하지만 이와 관련해서는 다음과 같은 것들을 함께 고려해야 한다고 셸링은 주장한다.

1) *제한적인* 체계개념을 사용하고 있다면 이러한 주장은 사실일 수도 있다. 하지만 그런 것이라면 이는 별 특출할 것이 없는 주장일 뿐만 아니라, 셸링 자신도 여기에는 별 관심이 없었다. 중요한 것은, 체계와 자유가 조화될 수 있는가 하는 질문은 본질적으로 각각의 개념에 달려 있다는 사실이다.

2) 반면, 만일 자유의 개념이 체계의 개념에 전적으로 대립한다고 주장하는 것이라면 상황은 철학적으로 매우 흥미로워진다. 이 경우 주목해야 할 것은, 개인의 자유는 어떤 식으로든 세계 전체와 연관되어 있다는 사실이다.

하나의 체계라는 것이 실재하고, 이것이 자유와 관련하여 양립될 수 있어야 한다는 것이다. 이 체계는 인간의 지식 속에만 있는 것이 아니라 전체로서의 세계 가운데 있다. 이렇게 이해되는 체계는 신적인 오성 속에서 파악된다. 이런 생각의 전제들은 다음과 같다.

1. 세계연관은 하나의 체계여야만 한다. 그리고 이 세계연관은 절대자라는 근거를 가진다.

2. 따라서 이 체계는 적어도 신적 오성 가운데 있어야만 한다.

이에 반해 우리는 이 체계를 인식할 수 없다는 주장도 있을 수 있다. 그러나 이러한 주장은 인간의 인식의 원리를 알게 된 후에야 제대로 평가될 수 있을 것이다. 이를 위해서는 유사한 것은 유사한 것에 의해서만 인식될 수 있다는 옛 가르침이 유효하며, 따라서 철학자는 신에 대한 인식을 주장할 수 있다. 왜냐하면 오직 철학자만이 "그 안에 있는 신과 더불어 그 바깥에 있는 신을 파악하기"(Ⅶ 337) 때문이다. 인간지식의 가능성과 범위가 어떻게 평가되건 간에 관계없이 다음과 같은 사항은 확고하다.

1. 이성은 통일성을 추구한다.
2. 감정Gefühl은 자유와 인격성, 즉 인간적 자유에 토대한다.
3. 이 두 주장은 모두 임의로 철회될 수 없는 사항이다.

그렇기 때문에 초기 피히테는 저 통일성을 "도덕적 세계질서라는 옹색한 형태로 … 다룰"(Ⅶ 338) 수밖에 없었다. 하지만 이로부터 귀결되는 것은 단지 아래의 주장뿐이었다. 체계가 자유를 배제한다는 주장은, 지금까지 주장된 체계들에 비추어 본다면, 다시말해 역사적으로 보자면 지금까지는 그럴 듯해 보인다. 하지만 적어도 셸링이 탐구하는 바에 의하면, 그러한 주장은 이성의 본질에 근거하고 있는 것은 아니다.

따라서 자유의 개념과 세계상의 전체와의 관계에 대한 질문은 하나의 필연적인 과제이다. 이를 해결하지 않고서는 자유의 개념을 보장할 수도, 분명히 정의할 수도 없으며, 이럴 경우 최종적으로는 철학 역시도 무가치하게 되고 만다. 그 이유는: 첫째, 체계와 자유를 중재하는 것이야말로 모든 인식의 "무의식적이면서도 눈에 보이지 않는 원동력"이기 때문이며, 둘째, 필연성과 자유의 대립이 없이는 철학과 같은 "정신의 모든 고차원적 의욕"(VII 338) 역시 소멸하고 말기 때문이다.

따라서 다음과 같이 요약할 수 있다. 이성을 포기하는 일은 도피행각에 지나지 않으며 인식과 도덕의 영역 속에 혼돈을 끌어들일 뿐이다; 반면 자유를 포기하는 것은 맹목적인 필연성에 의한 전적인 지배, 즉 생명력을 상실한 질서에 불과하다.

셸링은 범신론 질문 안에 내포되어 있는 문제제기를 보다 구체화한다. 범신론은 필연적으로 숙명론인가? 이때 셸링은 동일성의 법칙, 명제에 있어서 계사Copula의 역할, 스피노자주의에 대한 차별화된 진술 등을 근거로 삼는다. 먼저 셸링은 동일성이란 이중적인 의미에서 이해되어야 한다고 주장한다.

이는 단순한 술어적 명제prädikatives Urteil에 있어서의 동일성과 차이에 대한 숙고를 통해, 그리고 이 책의 서론에 간략히 진술된 바 있듯

명제에서의 계사의 역할분석을 통해 이루어진다. A = B라는 명제에서 동일성의 의미는 A *그리고* B 모두를 연결하는 공동의 공통분모인 '= x' 가운데 놓여있다. 또한 셸링은 이 명제에서 "동일하다"ist를 의미하는 계사를 역동적이면서도 설명적인 계기라고 분석한다. 체계와 자유, 이성과 자유의 내적 대립이라는 문제는 이제 범신론 문제와 관련하여 보다 구체화 된다.[10] 셸링은 이를 통해 자유와 자유의 현상을 그 안에 내포하고 있는 하나의 포괄적인 체계의 구상이 사유 가능할 뿐만 아니라 수립 가능하다는 것을 보여주고자 한다.

범신론에 대한 상이한 이해들에 대한 셸링의 해명은 다음과 같다.

1. 범신론에 대한 몇몇 이해들은 논거가 빈약하다. 이때 염두에 두고 있는 것은 범신론에 대한 세 가지 오해들이다. 1) 신이 사물과 동일시되며, 여기에서는 모든 것이 신이다. 2) 모든 개별적 사물은 신이다. 3) 사물들은 존재하지 않는다.

2. 신 안의 사물의 내재라는 의미에서 올바로 이해된 범신론은 반드시 자유를 부인하는 것은 아니다. 셸링에 의하면 이러한 이해는 어떤 의미에서 자유를 요구하기까지 한다.

3. 비판적으로 세밀히 구분해서 제대로 이해하자면 스피노자의 숙명론은 범신론 때문에 초래된 것이 아니라 그의 결정론과 객관주의의 결과이다.

4. 형식적이면서도 일반적인 자유(스스로 부과하는 법칙, 즉 자율성의 의미에서)라는 -모든 것은 자아와 같다는- 관념론적 원리를 토대로 규정 되어지는 범신론은 선과 악의 능력(VII 352)으로서의 인간의 자

유를 제대로 다룰 수 없다.

제대로 이해한다면 범신론으로서의 관념론, 즉 비결정론적인 이성의 체계로서의 범신론은 사실상 선과 악을 향한 *생동적인* 자유의 문제와 관련해서, 혹은 "자유에 관한 이론에 있어서"(VII 351) 아무런 도움이 되지 못한다. 이 사실에 직면해서 셸링은 기존의 관념론에 대한 설명을 넘어서 지금까지의 모든 범신론적 체계들은 자유에 대한 실재적이면서도 생동적인 개념realen und lebendigen Begriff der Freiheit(특히 죄를 향한 자유)을 그 안에 포섭하지 못한다고 지적한다. 나아가서 셸링은 기존의 범신론적 체계들 안에서 악과 신의 관계에 대한 특징적인 요소들을 간단히 해명한다. 기존의 체계들은 1) 동일성과 내재성의 체계이거나, 2) 상호 연관성(신적 동반과 협응)의 체계이든지, 3) 이원론의 체계, 4) 마지막으로 유출 혹은 신으로부터의 이탈의 체계였다

셸링은 이 체계들을 특히 악과 결부시켜 비판한다. 이것들은 진정한 문제가 무엇인지 파악하지 못하고 있다. "자유에 대한 모든 이론에 있어서 가장 심오한 난제"(VII 352)는 기존에 알려진 모든 체계들에게 해당되므로 이제 남은 과제는 체계의 새로운 개념을 발견하는 것이다. 이 새로운 체계개념은 형식적인 자유만을 고려하는 ("자아는 모든 것이다."라거나 "모든 것은 자아이다.") 관념론적 범신론을 넘어서는 것이어야 한다.

셸링은 이와 같은 새로운 체계구상을 이미 언급한 빈디쉬만에게 보내는 편지에서 슐레겔을 거론하면서 밝히고 있다. 그의 "가장 터무니없고 두루뭉술한 범신론 개념 때문에 당연히 슐레겔은 … 신 안의

사물들의 내재와 더불어 자유, 생명, 개별성, 선과 악 같은 것들이 내 포되어 있는 체계의 가능성에 대해 감도 잡지 못한다. 그는 기껏해 야 자기의 인도에 대한 책에 나오는 세 체계들만(범신론, 유출설, 이원 론)[11]을 알고 있을 뿐이다. *하지만 참된 체계는 이 세 체계들의 한 가운데 놓여 있으면서 그 안에 엉클어진 각각의 부분들을 유기적으로 조직한다.* 여기에는 유출설이 적용될 만한 (하나의) 지점과 이원론이 적용될 만한 (하나의) 지점, 범신론의 무차별이 적용될만한 하나의 지점이 있다. 나는 지금까지 결코 도달한 적이 없는 명료함으로 이 지점들을 드러냈다고 믿는다."(BuD Ⅲ 604; 이탤릭체는 저자에 의함)

이 새로운 체계구상은 그 안에 관념론과 실재론을 통합시킬 뿐만 아니라, 상이한 철학적 체계주장들과 이 체계주장들의 기본원리들을 새로운 체계구상 가운데에 각각 고유한 자리를 차지하고 있는 일련의 *계기들로서* 통합시키고 있다. 그렇기 때문에 범신론의 상이한 유형들 각각은 모두가 하나의 포괄적인 체계구상의 틀 안에 놓여 있는 하부 계기들로 간주될 수 있다. 여기에서 언급해야 할 것은, 후기 철학의 '세계시대의 체계', '긍정철학의 체계' 등에서 사용되는 체계라는 표현은 이러한 여러 계기들(개념들, 표상들, 이론들 등)의 유기체적 통일성을 지시한다는 것이다. 이 계기들은 특정한 위치를 점유하고 있으며 오직 이런 관점에서만 참되고 이해가능하다. 이와 관련하여 셸링은 하나의 '절충철학eklektische Philosophie'에 대해서도 논하고 있다.

《자유론》의 본론으로 넘어가면서 셸링은 새로운 과제를 설정하고 또 이를 해결하기 위해 필수적인 체계적 전제들을 결정짓는다. (철학의 영혼인) 관념론은 (그 육체인) 생동적인 실재론을 토대로 해야 한다.

관념론과 실재론의 통합은 신이 관념론적인 방식으로 순전한 자기-의지Sich-Wollen라는 의미에서의 자유가 아니라 ("의지는 근원존재이다; VII 350") 생동적인 사랑으로 즉 생동적인 자유의 근거로 사유되어야 한다는 결론에 도달한다. 하지만 이것은 악을 향한 자유로서의 자유가 신 안에 뿌리를 두고 있어야만 한다는 것, 신 안에 놓여 있는 이 근거는 신 자신과는 동일하지 않다는 것을 의미한다.

3. 체계와의 연관 안에 있는 자유와 악

셸링으로 하여금 인간의 자유를 보다 자세히 정의하도록 촉발시킨 주제는 전술한 바 있는 신으로부터의 타락이었다. 신으로부터의 타락은 신의 모형인 인간의 자유에 기초하고 있다. 이제 셸링은 실재적인 자유reale Freiheit를 철학적 세계관 안으로 편입시키기 위해서는 "참된 자연철학의 근본명제들로부터" 출발해야 한다고 강조한다.

이를 위해 셸링은 《나의 철학체계의 서술》에서 이루어진 "실존하는 것과 실존의 근거 간의 … 구별"(VII 357)을 끌어 들인다. 사실 이 주제는 동일철학의 시기까지만 하더라도 절대자아에 의해 근거지워진 것으로 그저 간단히 언급되기만 했을 뿐이었다.[12] '근거'는 (뵈메Böhme에게서 유래하는 생각인) 실존자로서의 신 자신은 아니면서 신 안에 있는 자연을 가리키는 것으로, 실존자로서의 신과 신의 근거 사이의 이 구별은 이제 특별한 의미를 얻게 된다.

신 안의 자연은 신 안에 있는 무의식적인 것이자 어두운 근거이다.

신은 이로부터 스스로를 고양하고, 그의 자기계시 혹은 현실성을 산출한다. 어두운 근거 가운데에서는 계시를 향한 동경Sehnsucht이 꿈틀거린다. 그것은 아직은 오성에 의해 비추어지지 않은 어두운 의지이다. 이 충동의 목표는 조명 또는 오성, 즉 신의 형상 가운데에서 일어나는 자기계시이다.

셸링은 이 계시과정을 -《자유론》 전체는 하나의 형상적-은유적 언어로 가득 차 있는데, 이것들은 동시에 그 의미상으로는 매우 체계적으로 엄밀하게 작동한다- 빛으로의 "돌파", 감추어짐과 어둠으로부터의 발출Hervorgang 등으로 부른다. 이러한 의지, 신적 현존재의 최초의 꿈틀거림, 저 동경에 일치하는 가운데 "신 자신 안에서는 하나의 내적인 반성적 표상이 산출된다. 이 표상을 통해서 … 신은 스스로를 하나의 형상 속에서 바라본다. 이 표상은 절대적인 면에서 신이 그 안에서 현실화되어진 최초의 것이다. 비록 이때 이 표상이 오직 신 자신 안에 있다고 하더라도, 그것은 태초에 신과 함께 있었고 신 안에 출생된 신 자신이다."(Ⅶ 360f.)

그러므로 신 안의 자연은 신의 자기 형상을 향한 욕구이다. 어두운 의지 속에서 예견되고, 어두운 근거 가운데로 비추이는 이 형상을 셸링은 뵈메를 따라 "이상"Idea이라고 부른다. 그것은 조명되고 직관되어진 신적 전일성이다. 신적 전일성은 신의 자연 안에서는 아직 혼돈의 상태 속에 갇혀 감추어져 있었다. 이제 이념 안에서 신적 전일성은 조화에 도달하게 된다. 따라서 신의 자기계시의 근거와 목표는 본질적으로는 하나이다. 근거(근원 통일성Ureinheit)는 목표(근원형상Urbild) 속에서는 구분되고, 질서 잡히며, 발전되어 있는 바로 그것을 구분되지 않고, 질서 잡히지 않으며, 미처 발전되지 않은 채로 내포하고 있다. 근원 통일성 속에 함축되어 있는 필연적 통일성은 힘들의 분리를 통해 전개된다.

셸링은 이를 인간의 경험을 예로 들어 설명한다. "그것은 인간에게 있어서 무언가를 창조하고자 하는 어두운 동경 속으로 빛이 들어오는 것과 마찬가지이다. 서로 관련되어 있는 생각들이 온통 뒤죽박죽 엉켜 있어서, 그 중 어느 하나도 명료하게 나타나기 어려운 혼돈스러운 사고의 덩어리 안에서 사고들이 서로서로 구분 짓기 시작하는 것과도 같다. 이제 모든 것을 포괄하는 통일성은 근거 가운데에 감춰진 채로 놓여 있던 데서 풀려나 스스로를 고양시키게 된다."(VII 361)

신의 근원 통일성의 전개는, 분리되지 않은 채로 있던 것을 밝히 드러내게 되기까지 점차 고차적으로 진행되어지는 분리를 통해 필연적으로 이루어진다. "힘들의 가장 내적인 끈은 단계적으로 일어나는 전개를 통해〔풀려나고〕… 모든 분리의 단계를 통해 자연으로부터 새로운 존재가〔생성된다〕… 지금까지의 다른 것들 안에서는 아직 분리되지 않았던 것을 새로운 존재가 분리된 상태로 담고 있다면, 그 영혼은 더욱 완성적임에 틀림없다. 어떻게 저 계속적인 과정이 자연의 본질에 더 가까이 다가가게 되는지, 그리고 이를 통해 가장 고도의 수준에서 일어나는 힘들의 분리 속에서 가장 내적인 중심이 상승해 나타나는지를 드러내는 것이야말로 완전한 자연철학의 과제이다."(VII 362)

이와 같은 일련의 단계들 속에서 신의 계시의 과정은 "태초의 어두운 원리가 빛으로 변화하는 내적인 변화 혹은 변용"(VII 362)으로 드러난다. 그것은 대립하는 어두운 의지의 극복의 과정이자 신 안의 자연의 복종이 이루어지는 과정이다. 모든 자연적 존재는 이러한 기원을 토대로 그 안에 하나의 이중적 원리 (셸링이 이미《브루노》의 부제와 본문에서 암시한 바와 같이)*, 즉 신적 원리와 자연적 원리를 가진다. 두 원리들은 불완전한 통일성을 단계적으로 함께 형성해 나간다.

통일성의 가장 최고의 단계, 완전한 변용, "모든 것을 관통하는 빛"은 신의 보편의지이다. 이 보편의지 안에서는 가장 내적인 통일성이 절대적인 지배력을 행사한다. 보편의지에 대립해 있는 것이 어두우면서도 맹목적인 의지이다. 어두우면서도 맹목적인 의지는 신과는 구분되는 근거 안에 뿌리를 두고 있다. 그것은 보편의지에 대립하는 피조물의 고유의지 혹은 개별의지라고도 불린다(VII 363). 신의 계시의 시작은 맹목의지만이 다스리고, 보편의지는 아직 출현하지 않고 있는 (자연) 계기들의 분리할 수 없는 통일성에 있다. 그 목표는 보편의지가 다스리고 어떤 개별의지도 거기에 대립하지 않는 것에 (완전한 신의 계시) 놓여 있다.

악*das Böse*이란 맹목적인 필연성 안에도, 신적 계시의 빛 안에도 있을 수 없다. 셸링은 악을 보편의지에 대한 개별의지의 지배로 정의한다. 이와 같은 필연적인 관계의 왜곡은 오직 신의 내적 통일성이 분열되고, 이 통일성을 매개하는 끈이 떨어져 나갈 때에야 비로소 가능하다. 인간은 자연의 일련의 단계들로부터 형성되었는데, 인간 안에는 어둠의 원리가 드러날 뿐만 아니라 근원의지 혹은 보편의지도 함

---

* 역자 주:《브루노 혹은 사물들의 신적 그리고 자연적 원리에 관하여. 하나의 대화편》.

께 나타난다.

자연적인 개별자인 인간 안에서는 의식이 출현했고, 이와 더불어 어두움의 의지를 보편의지의 지배 아래에 묶어두는 끈이 풀려 있다. 지금까지의 자연의 발전에 있어서는 근거로부터 나오는 의지와 그 목표를 향해 정위된 근원의지가 서로 분리되지 않은 채 떼어낼 수 없는 통일성 가운데 있었다고 한다면, 이제 인간 안에서 이 통일성은 떼어져 있을 뿐 아니라 제거되어 있다. *자유*는 바로 이 제거 가운데 자리 잡고 있다. 인간 안에는 "어둠의 원리의 모든 능력과 빛의 모든 힘이 내재한다. … 그 안에는 가장 깊은 나락과 가장 높은 천상, 혹은 양자 모두의 중심이 자리하고 있다."(VII 363)

신의 근거로부터 유래하는 한, 인간은 (실존자로서의) 신에 대하여 상대적으로 독립적인 원리를 그 안에 지닌다. 하지만 인간에게는 빛의 힘을 통해 더 고귀한 것 즉 정신이 발현된다. "모든 다른 사물들 속에서는 아직 보류되어 있던 불완전한 말씀이〔인간 안에서는〕완전히 선언되었다." 이로써 인간은 자연으로부터 유래함에도 불구하고 스스로를 자연을 넘어서까지 고양하게 된다. 자연적 개별자로서 인간은 자기중심적이다.

반면 자기의식적 존재로서 인간은 정신적이며, 이 정신적인 자기성은 곧 인격성Persönlichkeit이다. -이는 셸링에게 있어서 매우 중심적인 인간학적 정의이다- 자연적인 개별성과 의식의 통일성이 정신의 본질을 형성하고, 정신성으로 고양된 자기성은 인격성의 본질을 구성한다. 인간은 인격성으로 인해 자유로우며 자기 자신을 위하여 존재하고, 그런 한 신으로부터 구분되는 존재이다. 그는 스스로를 보편의지로부터 떼어놓을 수 있다. 인간은 "선과 악을 향한 자기운동의 근원"(VII 374)으로서 분기점에 서 있다.

악은 관계의 전도이다. 악은 근거를 원인보다, 개별의지를 근원의지보다 상위에 둘 때, 다른 말로 하자면 중심을 잘못 정립할 때 나타난다. "자기성, 개별성은 모든 피조된 생명의 토대이거나 기초 혹은 자연적 중심점이다. 하지만 이것이 [보편의지에] 봉사하는 중심이기를 멈추게 되면 [보편의지를] 지배하면서 주변부로 빠져 나간다. 그것은 탄탈로스와 같은 자기 동경과 (정화되어진 자기성이라는) 이기심의 원한 가운데 불타게 된다."(VII 366f.) 이로써 자연의 구성에 있어서 필연적인 악의 가능성이 설명된다. 하지만 이는 아직 악의 현실성을 의미하지는 않는다. 악의 가능성은 감각성이나 유한성 혹은 불완전성 등에서 비롯된 것으로 생각되어서도 안 된다. 자기성 혹은 개별성은 그 자체로는 악이 아니며 단지 모든 자연적 현존재들의 자연적 토대일 뿐이다.

하지만 악이란 보편적인 현실이다. 그렇기 때문에 이와 같은 사실을 설명하기 위해서는 인간이 비록 악을 행하도록 유혹을 받긴 했지만 그것을 행해야만 했던 것은 아니라는 것을 드러내야만 한다. 신의 완전한 계시는 -이런 식의 생각이 문제가 없다고 할 수는 없는 게 분명한데- 하나의 부정적인 조건과 결합되어 있다. 다시말해 이제 신과의 통일성이 실질적으로는 분리되어 버리고 말았고, 이로써 신에 대한 저항이 일어났으며, 신은 이를 극복함으로써 자기를 계시하게 된다는 것이다.

인간의 의지를 자극하는 이 원리는 단지 맹목적이면서도 어두운 원리, 즉 이미 자연 안에 내재하는 가운데 계시의 의지에 저항하는 개별의지이다: 따라서 혼돈에로 돌아가려는 저 "옛 자연"(VII 374)은 유혹이며 인간의 자연적 성향이다. 자연 안에는 이미 악의 "명백한 전조"가 있다.

> 불합리적인 것과 우연적인 것, 그것은 모든 존재들 특히 유기적 존재의 형성에 있어서 필연적인 것과 결합되어 나타난다. 이 사실은 자연에서는 단순한 기하학적인 필연성이 아니라 자유와 정신, 그리고 개별의지가 함께 작용하고 있다는 것을 드러낸다.(VII 376)

자기 스스로를 보존하려는 충동, 특히 그 특수한 존재의 형태 속에서 보존하고자 하는 충동과 욕구가 자연적인 것들 안에 있는 창조적인 것이다.

인간의 자기고양과 더불어 역사의 나라가 시작된다. 이 역사의 나라는 자연의 나라와 매우 유비적인 형태로 구조 지워져 있다. 둘은 서로에 대해 "비유이자 해명"(VII 378)이다. 자연은 어둠의 원리가 인간의 의식 속에서 변용되고 이와 더불어 인간의 지배가 시작하는 것을 목표로 하는 반면, 역사의 목표는 악의 세계가 신의 사랑을 통해 정복되고 변용되는 데 있다. 이를 통해 신의 나라와 그의 지배가 시작될 것이다. 하지만 이 일을 위해서는 분열과 악의 정신이 스스로를 완전하고도 철저하게 발전시켜야 한다. 그리고 나서야 비로소 *사랑의 정신*이 스스로를 계시할 것이고 모든 대립들을 화해시킬 것이다.

인류역사의 첫 번째 단계인 '황금시대'에는 죄도, 죄의식도 없었다. 이때에는 신적 자연이 분리되지 않은 채로 작용했고, 신 자신은 "오직 자기의 자연을 따라 활동했지 그의 마음 혹은 사랑을 따라"(Ⅶ 378) 활동하지 않았었다. 두 번째 단계인 "신들과 영웅들 또는 자연의 권능이 다스리던" 시대에는 인간이 지닌 신적 자연력들이 분리된 형태로 나타나서 그 능력을 보여 주었다. 실존의 근거로부터 유래하는 신적 힘들이 땅을 다스렸고, 이것들은 가시적으로 드러나는 신적 아름다움 가운데에서 숭배되었다. 인간들이 지니고 있던 신적인 자연력의 시기의 마지막에는 하나의 세계제국을 수립하는 세계정복의 행위가 일어났다(로마제국).

하지만 이 제국은 그 완전한 통일성을 자연의 근거로부터 도출해 내지 못했기 때문에 멸망하고 말았다. 고대 신들의 세계의 영광이 사라짐과 동시에 도덕적 혼란과 악이 나타났다. 이 악은 그 고유하면서도 인격적인 형태 속에서 신에게 반대하는 개별의지로 드러난다. 이제는 떠오르는 정신의 보다 높은 빛이 신의 형상의 성육신 안에 있는 완전한 계시를 촉발시킨다. 오직 인격적인 것만이 인격적인 것을 치유할 수 있다. 인간이 다시 신에게 오도록 하기 위해서 신은 인간이 되어야만 했다. "열방의 백성들"(Ⅶ 380) 가운데에서 일어나는 새로운 분리가 마침내 새로운 창조를 가능케 한다. 이제 신의 나라, 곧 "그 안에 살아있는 말씀이 확고하고도 지속적인 중심으로서 혼돈에 대해 투쟁하는 가운데 드러나는 새로운 나라 또한 현세의 마지막까지 지속될 선과 악의 투쟁이 시작된다. 그 속에서 정신으로서의 신, 참으로 현실적인 신이 스스로를 계시한다."(Ⅶ 380)

이제는 악의 보편적인 필연성에도 불구하고 악을 범하는 것은 개별자들의 고유하면서도 자유로운, 그리고 각자가 책임져야만 할 행위이자 죄라는 사실이 해명되어야만 한다. 이때에도 역시 중심적인 문제는 인간의 행위와 관련한 자유와 필연성의 동일성 문제이다. 셸링이 보기에는 의지의 무차별이나 전적인 임의를 인간행위의 원인으로 파악하는 비결정론도, 선행하는 내/외적, 기계적 혹은 심리적 요인을 인간행위의 원인으로 파악하는 결정론도 죄를 향한 자유의 문제를 제대로 해명하지 못한다.

행위자 자신의 본질로부터 나오는 내적 필연성으로서의 자유와 필연성의 동일성은 오직 지적인 존재 안에만 놓여있다. 그 무엇도 이것보다 선행할 수 없기 때문에 이 동일성은 절대적 선행자absolutes Prius이다. 그것은 모든 개별적인 지적인 속성 가운데 놓여 있다.[13] 그 이유는 자아의 본질이 자기 자신의 활동이자 "실재적인 자기정립"이기 때문이며, 이 자기정립은 "자기 스스로를 무엇인가로 형성하고자 하는 근원의지 혹은 근본의지이고 모든 본질의 근거이자 토대이기 때문이다."(Ⅶ 385)[14] 이 지적 속성은 개별자들의 자유로운 활동이다. 따라서 이에 의해 야기되는 모든 행위들은 자유롭다. 또한 이 행위들은 오직 그에 의해서만 초래된다는 점에서 필연적이다. 그렇기 때문에 지적 행위는 하나의 영원한 활동이다.

따라서 "여기에서 결정된 형태의 특정한 모습으로 나타나는 인간은 최초의 창조 시에 〔스스로에게〕… 특수한 형태를 부과하였다. 그러한 바로서 인간은 영원 전부터 출생되었으며, 그 고유한 활동을 통해 인간의 신체성의 양식과 상태까지도 결정되어 있다."(Ⅶ 387) 우리의 본질이 행하는 이 근본행위는 의식 안에 나타나지 않기 때문에 우리는 자신의 지적 활동에 대해 의식할 수는 없다. 단지 우리는 행위 가운데 있는 우리의 속성의 필연성과 자유를 감각하고 느낄 뿐이다("나는 나인 바대로 지금 존재한다."). 동시에 우리는 그 특성들은 우리 자신에게 전가될 수 있고, 우리 자신에 의해 야기되고 촉발된 것으로 이해한다.

셸링은 모든 시간 이전에 개별 의지에 의해 결정된 예정을 말한다. "여기에서 행위 하는 바 그대로 인간은 영원 전부터 태초의 창조 시에 이미 그렇게 행위 하였다. 인간 자신이 도덕적인 존재가 될 수는 없는 것처럼 그의 행위는 *되어 질 수*는 없고 그 본성상 영원하다."(VII 387f.)*

세계 안에 있는 보편적인 악의 현실은 인간이 악하다는 사실을 폭로한다. 인간은 자기 본질을 결정하는 지적 활동 가운데에서 자신의 고유한 특성을 결정하였고, 악으로의 자연적인 성향을 자기의 활동으로 형성하였다: 그는 "영원 전부터 자기중심성과 자기중독에 빠져 있다. 태어나는 모든 이들은 결코 제거되지 않을 악의 어두운 원리와 함께 태어난다."(VII 388) 이런 의미에서 우리는 태생적 악에 대해 말할 수 있다. 그것은 근원적이면서도 근본적이고, 우리의 도덕적 존재의 뿌리이며, 또한 지적인 것이다: "욕망 그 자체가 악인 것은 아니다. 또한 악은 오직 살과 피와만 관련되어 있는 것도 아니다. 우리는 우

---

* 역자 주: 이를 셸링이 인간의 도덕성 자체를 거부한다는 식으로 오해해서는 안 된다. 인간이 도덕적 존재가 '될 수는 없다'는 것은, 인간이란 언제나 자기 자신의 행위Handeln를 통해 스스로를 규정하는 존재라는 것을 의미한다. 이 말은 인간은 우연히 혹은 우발적으로 도덕적 존재가 '될' 수는 없고, 그 본성상 필연적으로 영원한 도덕적 존재'이다ist'는 의미로 이해해야 한다. 이해를 돕기 위해 독일어 본문을 첨부한다: "Sein Handeln wird nicht, wie er selbst als sittliches Wesen nicht wird, sondern der Natur nach ewig ist."

리 안팎에 있는 악과 투쟁해야만 하고, 이것이 정신이다."(VII 388) 지적 속성으로부터 뒤따르는 귀결은, 자기성이 스스로를 "전도된 신"으로 고양시켰다는 것이다. 이성 대신에 공상, 유혹과 속임수, 거짓의 정신이 현혹시키며, 이 정신은 삶을 그 근거에서부터 -신에게 거역하는 삶으로- 전도시킨다. 정신이란 곧 근원적 자유의 상실, 비자유를 의미한다. 비자유는 이제 필연적인 것으로 감각된다.

개선 및 선으로의 전환 가능성은 선의 능력 곧 선을 향한 감응성에 달려 있다. 그것은 진정한 '변용' 곧 전체 기본방향을 변화시킬 수 있는 능력을 의미한다. 이 선의 능력은 근원적인 자유의 활동을 통해서도 결코 제거되지 않았다. 이것이 도덕론을 위해 가지는 의미는 아래와 같다.

개별의지는 한편으로는 신의 의지로부터 단절되는 방식으로 행위하는 것이 사실이다. 그럼에도 불구하고 개별의지는 다른 한편으로는 여전히 신의 의지와 결합되어 그 도구인 채로 남아 있다. 이를 셸링은 종교성과 동일시한다. 인식의 신적 빛 아래에서 보자면 종교성이란 '나태하게 빈둥거리는' 것도 아니고, 신적인 것을 예견하거나 느끼기를 의욕 하는 것도 아니다. 오히려 종교성은 진리와 선의 통일성과의 일치라는 대단히 실천적인 특성을 지니고 있다. 선의 실천은 감정의 철학Gefühlsphilosophie*이나 도덕주의자 등의 부류들이 주장하는 것처럼 생각되어서는 안 된다. 이들은 -셸링이 논증하고 있듯이- 의무의 명령이라는 것이 무엇인지를 더 성찰해야 할 필요가 있다; 선을

---

*   역자 주: 감정의 철학은 제7장에서 신앙의 철학에 대한 설명과 더불어 함께 설명하려 한다. 이를 위해서는 이 책의 제7장을 참고하라.

행한다는 것은 하나의 필연적인 일이다. 그것은 -셸링이 마틴 루터를 따라 표현하듯이- 마음의 법칙을 따라 이루어지는 확신에 찬 행위이다.

마지막으로 "이 모든 연구에 있어서 가장 지고의 질문"(Ⅶ 394)은 신정론의 문제이다: '악에 직면하여 신을 어떻게 정당화할 것인가?' 만일 신의 자기계시가 자유로우면서도 자기의식적인 활동이라면 신 자신은 인격성이어야만 할 것이다. 신 안에 있는 근거와 실존, 자연과 정신의 구분은 바로 이를 위해 의도된 것이었다. 신은 "최고조의 인격성이고 … 탁월하고도 절대적인 오성 안의 정신"(Ⅶ 395)이다. 토대가 되는 자연과의 연대는 신에게 있어서도 인격성을 근거지우는 것인 동시에 자기계시의 유일한 내용이다.

이렇게 신 안에서는 처음과 마지막, 근거의 의지와 보편의지가 서로 구분된다. 신적 의지의 인격적인 필연성은 모든 강제를 배제한다. 신의 인격적 필연성은 신의 자유와 동일하다. 신의 자유는 그 가장 내적인 본질에 있어서 도덕적 필연성이다. "[자연] 안에는 단지 순수 이성만이 있는 것이 아니라 인격성과 정신이 있다."(Ⅶ 395) 이에 따르면 세계의 필연성을 정립한 것은 신의 인격성이다. "신적 오성 안에는 하나의 체계가 있다. 그러나 신 자신은 체계가 아니라 생명이다."(Ⅶ 399) 신은 자기의 자연을 '자기 아래에' 지니고 있으며, 신의 개별의지는 보편의지와 동일하다.

따라서 신 안에는 악의 가능성이 있을 수 없으며, 바로 이것이 신의 전능함이다. 창조에 있어서 어긋나고 빗나가는 것들은 단지 신의 자기계시를 "동반하는 방식으로"(Ⅶ 403) 일어날 뿐이다. 악이 발생하지 않게 하려 했다면 신은 자연이 인간이 되는 것을 방해해야만 했을 것이다. "따라서 악이 존재하지 않는다면, [인격적 존재로서의] 신 역시도 존재하지 않아야만 할 것이다."(VII 403) 자연 안에서는 자기성의 격동이 일어나고, 인간의 개별의지 안에서 자기성을 지배적인 원리로 왜곡시킴으로써 악이 발생한다.

악은 자연의 작용 때문도 아니고 신의 의지 때문도 아니며, 오직 인간의 소행이다. 계시의 목표는 선이다. 선은 지고의 의지력을 통해서만 도달할 수 있고, 이를 위해서는 모든 힘들의 자극을 필요로 한다. 자연으로부터 오는 악에로의 유혹은 선을 위한 필연적인 전제이고 악은 선의 오용으로 나타난다. 따라서 악은 단지 선의 결핍에 지나는 것이 아니라 선에 대한 가장 활동적인 대립이다. 하지만 그것은 다만 선을 위한 수단과 힘으로써만 존재한다.

이런 관점에서 보았을 때 악은 그 자체로 고유한 독자적 능력도 아니고 선에 대해 자립적으로 존재하는 반대 세력도 아니다. 가장 지고한 최종분리를 통해 선과 악은 마침내 서로 단절될 것이다. 선은 악으로부터 그 힘을 앗아갈 것이고, 이로써 악의 효력은 종결된다. 그럴 때 악은 복종당하는 것, 포텐츠의 상태로 되돌려진 것이 된다. 악이 "전적인 비실재성"(VII 405)으로 제거되고 그렇게 파괴된 것으로서 비본질Unwesen이 되는 거기에 종말이 있다. 마지막 심판 곧 개별의지가 보편의지에로 흡수되는 날 신과의 절대적 사귐이 일어난다. 그것은 영원한 존재이자 영원한 생명이다. 그렇기 때문에 인간은 죽음의 필연성이 뿌리박고 있는 자신의 자연적 특성들과 더불어 죽어야만 한다.

이런 신적이고도 개별적인 생명을 위해 셸링은 '사랑'을 도입한다. 사랑 안에는 "타자와의 관계없이 혼자 존재할 수도 있지만 혼자 있지는 않은, 그리고 타자가 없이는 존재할 수 없는"(VII 408) 것들, 즉 필연적으로 결합되어 있어야만 하지는 않는 것들의 결합이 현실화되어 있다. 정신은 사랑에로의 의지이고 "가장 지고한 것은 사랑이다." 따라서 최종적인 분리는 신의 현실화를 의미한다. 신이 "모든 것 안에서 모든 것으로 계시는"(VII 408) 것 즉 그가 전적으로 현실화되는 것, 그것이 시간의 목표이다.

셸링은 이처럼 그 어떤 대립도 가지지 않는 전일성을 신의 인격성과 결합시킴으로써 어떤 의미에서는 범신론과 유신론을 서로 결합시킨다. 이와 더불어 셸링은 완성적이고 완전한 전체를 형성하는 신의 삶의 상태들 혹은 계시의 단계들을 구분한다. 신의 근원상태와, 대립들이 현실화되어가는 계시의 상태, 그리고 신의 완성의 상태, 즉 신이 "모든 것 안에서 모든 것"이 되는 절대계시가 그것이다. 첫째 단계는 모든 대립들에 선행하는 통일성의 시기로, 이때에는 아직 대립들이 나타나지 않았다(절대적 무차별: 근원근거Urgrund 혹은 비근거Ungrund). 마지막 단계는 모든 대립들을 넘어서는 통일성의 시기로, 이때에는 모든 대립들이 제거되고 극복된다(신의 절대 인격성과 사랑). 되어가는 계시의 단계에는 계시들이 현실화되고 전개된다(동일성: 정신).

이때 근거와 실존자의 대립은 신의 인격성의 조건이며, 그런 한 필연적이라 할 수 있다. 이 대립의 기원이 무엇인가 하는 질문에 대해 셸링은 근원근거의 무차별에서 나오는 것으로 설명한다. 대립은 대립이 없는 통일성으로부터 '분출'되는데, 신은 서로 대립하는 양자 모두에게 동일한 전체로서 있다. 이러한 체계적 지점에서 제기되는 문제가 앞으로도 셸링이 지속적으로 씨름하게 될 *신의* 자유에 대한 질문이다. 신의 인격성과 계시를 이성을 통해 파악할 수 있다는 주장과 관련해서 셸링은 -야코비에 반대하면서- 최종적으로는 유보적으로 답변한다. 이성을 통한 인식은 가능하다. 왜냐하면 그 안에서 신 자신이 스스로를 조명하기 때문이다.

《자유론》은 이미 당대인들에게 셸링 사상의 발전에 있어 분기점으로 인식되었다. 또한 헤겔이 《정신현상학》(1807)에서 동일철학에 대해 제기한 형식주의라는 비판에 대해 시도된 첫 번째 응답으로 이해되기도 했다. 하지만 더 이상 셸링의 작품이 출판되지 않았기 때문에 《자유론》은 '고립된 채로' 남아있게 되고 말았고, 그 결과 셸링의 철학은 헤겔의 체계에 의해 극복된 것처럼 보였다. 헤겔 자신은 《철학사 강의들*Vorlesungen zur Geschichte der Philosophie*》에서 자연철학 및 동일철학을 비판적으로 상세히 다룬 후 《자유론》을 높이 평가했다. "셸링이 자유에 대해 발표한 단 하나의 논고는 매우 심오하고도 사변적인 성격이다. 하지만 그것은 그 자체로 고립된 채로 남아있다. 철학에 있어서 고립된 것은 더 이상 발전할 수 없다."[15] 셸링의 동시대인들에게 《자유론》은 그의 전집이 나오기까지는(1856~61) 셸링이 직접 쓴 마지막 철학적 체계기획이었다. 물론 야코비에 대한 반박(《야코비의 신적 사물들에 관하여를 위한 기념비》, 1812)이 출판되리라고 여러 번 예고되었기에(《세계시대》나 《신화의 철학》) 기대를 모았던 《빅토어 쿠쟁의 작품에 대한 서언*Vorrede zu einer Schrift von Victor Cousin*》(1835)이나, 그 외의 짤막한 단편들이나 강연들은 예외이다. 하지만 이것들을 제외하고는 셸링은 생전에 더 이상 출판하지 않았다.

《자유론》에 대한 주목할 만한 수용은 1830년대에 소위 '후기관념론'의 대변자들, 바이세Christian Hermann Weiße나 피히테에 의해 이루어졌다. 이들은 셸링이 자기들의 진영에 매우 근접해 있거나 혹은 아예 자신들에게 속한다고 이해했다.[16] 바이세와 피히테는 30년대 초엽, 한편으로는 논리학과 형이상학을 동일시하는 헤겔에 반하여 철학을 인식이론적으로 기초지우기 위해 칸트에게로 돌아가려 했고, 다른 한편으로는 이때 셸링의 《자유론》에서 헤겔을 넘어 신의 인격성을 보편적 본질을 넘어 고양시키는 유신론적 전망을 발견하였다.[17] 셸링은 《자유론》을 처음으로 단독으로 출판할 때 (1834) 이 논쟁에 반응하였다. 물론 바이세와의 서신 교환을 통해 셸링은 자기 자신만의 관점을 헤겔 철학에 대한 경멸적인 평가와 더불어 밝히기를 잊지 않는다.

3부

절대자와 세계사

7 세계시대-구상

1. 되어가는 신과 신적 사물들

《자유론》에서 전개된 사변적 신 개념은 신 안의 근거와 실존자로서의 신을 구별함으로써 이원론, 즉 서로 대결하는 두개의 원리들의 경직되고 고착화된 대립을 저지하고, 이와 더불어 사유와 존재, 통일성과 다양성, 주관과 객관, 실재와 이념, 초월과 내재의 동일성을 드러내고자 한다. 뵈메는 카발라의 무한En soph과 계시체Sephiroth 전통을 수용하는데, 이를 통해 창조 이전부터 존재하면서 신의 의지와 동일한 "신 안의 영원히 신적인 자연"과 물질세계 속에서 스스로를 드러내고 계시하려는 신의 의도를 구분하였다.

뵈메에 의하면 신은 그 안에서 추동되는 욕구로 인해 일곱 개의 근본형상을 영원히 산출한다. 이를 통해 신은 분리되지 않는 통일성에서부터 이탈해 나오고, 그 안에서 서로 구분되는 힘들로서 전개된다.

셸링은 신 안의 자연을 실존자로부터 구별한 바 있다. 신이 필연적으로 자기 자신 안에 가지고 있는 이 근거는 "신으로부터 떼어질 수는 없지만 그럼에도 불구하고 신과는 구별되는 본질"(VII 358)이다. 신 안의 자연은 하나의 가능성으로 있는 세계를 보여준다. 이 안에서 신은 자기 스스로를 중재하면서 자기의식에 도달하고, 이를 통해 생동적이면서도 인격적으로 된다.

하지만 셸링이 뵈메의 구상적인 언어를 단지 차용하기만 할 뿐이지 뵈메를 수용함으로써 전혀 새로운 철학적 입장에 도달한 것은 아니라는 것을 《자유론》은 명백히 드러내고 있다. 왜냐하면 여기에서는 전체 동일철학적 체계가 완결된 형태로 나타나고 있기 때문이다. 이때 결정적인 부분이 바로 인간자유의 문제를 드러내는 이념들의 세계로부터 유한성의 세계에로의 넘어감에 관한 것으로, 이는 본서 6장의 1.에서 언급된 바 있다.

《슈투트가르트 사설강의Stuttgarter Privatvorlesungen》는 자유에 관한 사변적 관점을 보다 명확히 동일체계와 연결시킨다. 여기에서 신 안의 원리들(근거와 실존, 실재와 이념)은 '존재'(또는 '비존재자'Nichtseiendes)와 '존재자'Seiendes로 정의된다. 두 원리들은 그 가치에 있어서 하위의 것(실재)과 상위의 것(이념)으로 구분되는데, 셸링은 이것들을 포텐츠Potenz라 부른다. 포텐츠들은 시간 안에서 진행되는 신의 자기전개를 지속적으로 동반하는데, 이 때문에 포텐츠들은 동시에 신의 자기계시의 단계들이라고 불린다.

상기한 구분으로부터 직접적으로 도출되는 체계이론적 결과는 아래와 같다. 이를 통해 셸링은 동일철학의 범신론을 하나의 유신론,

즉 종교라는 역사적 현상들 속에서 스스로를 완성하는 신에 대한 이론을 통해 포괄하고 고양시키며, 이로써 범신론을 유신론의 계기들 중 하나로 만드는 것이다. 즉 범신론과 유신론을 동시에 (근거와 실존의 모델을 따라) 그 안에 결합시키는 이성의 체계를 수립함으로써 동일철학의 범신론을 넘어서는 것을 의미한다. 신 안의 자연은 신 안에 있는 부정적 원리이다. 이 원리는 외적 창조를 위한 조건이자 감각세계 및 악의 가능성으로, 신으로부터 분리될 수 없이 존재한다. 이것은 신 안에 있으면서도 (인격으로서의) 신 자체는 아닌 신의 자연, 즉 신의 무의식과 비합리성으로부터 기원한다.

이러한 구상을 위해서는 신을 정적인 존재로서가 아니라 생명과 자기운동으로 정의하는 것이 중요하다. 생동적인 존재로서 신은 되어감과 수난에 예속되어 있다. 세계발전이 신의 자기전개로 생각된다면, 이를 따라서 신은 영원히 되어가는 자ewig Werdender라고 정의된다. 그는 자유로부터 인간적으로 고난당하는 가운데 세계와 뗄 수 없이 결합되어 있다(VII 403). 신에 대한 이와 같은 이해는 뒤이어 나타나는《슈투트가르트 사설강의》와《세계시대》에서도 중추적인 역할을 하게 된다.

이와 같은 신 개념과 그 사변적 함축성, 그리고 신의 발전이라는 생각 등은 모두 비평가들의 비난을 초래했다. 때문에 셸링은 이에 대응하기 위해서라도 자기의 입장을 더 구체화 해야만 했다. 에센마이어K.A. Eschenmayer는 우선 셸링의 방법론을 겨냥하면서 개인적으로 비판적 질문을 제기한 바 있는데, 이에 대해 셸링은 자기의 잡지《독일인의 독일인을 위한 일반지Von Deutschen für Deutsche》(VIII 145~160; 161~189)

에서 대답한다. 에센마이어가 보기에 생명을 가지고 신 개념을 해명하려는 셸링의 신인동형론적인 기술방식은, 신앙 가운데 현존하고 종교 속에서 숭배되는 지고존재로서의 신을 가리키기에는 전적으로 부적절한 것처럼 보였다. 이에 대해 우선 셸링은 1803년 에센마이어가 주장하여《종교론》을 쓰는 요인이 되었던 '자연철학에로의 전이'를 다시금 언급한다.

이에 따르면 에센마이어는 신의 인식불가능성과 자유, 도덕성, 아름다움 등의 비합리성이라는 생각에 지나치게 경도되어 있다. 그는 오직 신앙만이 '세계라는 수수께끼'를 풀 수 있다는 입장을 취한다. 두 사람 간의 대립의 주된 부분은 신인동형론, 즉 동경, 충동, 어두운 의지, 자연 필연성, 자기인식, 정서적 과정, 삶의 표현 등과 같은 인간적 개념들을 신에게 적용하는 것과 관련되어 있다. 에센마이어는 이런 개념들은 "순전히 인간적이고 신의 존엄에는 적합하지 않다."(VIII 148)고 본다. 에센마이어가 보기에 이런 식의 작업은 "윤리를 물리학으로 변형시키는 것이거나, 필연적인 것을 통해 자유로운 것을 억지로 꿰어 맞추는"(VIII 150) 일이다. 이를 통해 얻을 수 있는 것이라고는 단지 "개별적인 신"일 뿐이다. "지구라는 원구 위에 존재하는 자아에게나 해당하는 내적인 정신 과정의 역사가〔여기에서는〕신을 위한 창조과정이 되고 말았다."(VIII 146)

이에 대한 셸링의 대답은 신인동형론을 강화하는 것이었다. 왜냐하면 신의 인격성을 주장하면서 인간적 유비를 통해 드러나는 것을 모두 제거하려는 것은 모순이고 자기기만일 뿐이기 때문이다. 그러기 위해서는 인간적 개념들이 무엇인가에 관한 ―비록 부정적이라 할

지라도- 기준이 있어야 할 것이다. 신의 인격성이라는 표상을 진지
하게 받아들인다면, 신을 가리키기 위해 인간적인 것들 중에서 어떤
것은 자의적으로 수용하고 또 어떤 것은 거부하는 식으로 할 수는 없
는 일이다.

　신인동형론, 특히 소우주와 대우주 (인간과 자연) 간의 상호반영을
그 방법론적 핵심으로 삼는 철저한 신인동형론이 없이는 신의 인격
성을 표상할 수가 없다. "신인동형론을 제거한다면 인격적 신 곧 의
식과 의도를 가지고 행위 하는 신에 대한 표상도 (이는 사실 신을 전적
으로 인간적으로 만든다) 있을 수 없다. 반면 무제한적으로 신인동형론
을 이용한다면 신의 완전하고도 *전적인* (필연적인 존재라는 유일한 지점
만 예외로 하고) 인간화가 이루어진다."(VIII 167) 신은 그가 존재하고자
의지하는 바대로 존재한다. "그가 단지 인간적으로만 존재하고자 한
다면 … 거기에 대해 그 누가 반대할 수 있겠는가? 그 자신이 저 높
은 곳에서부터 내려와 스스로를 피조물과 *같게 만들었는데*, [철학자는]
무엇 때문에 그를 강제로 높은 곳에 그대로 있도록", 그래서 세상으
로부터 멀어져 있게 하려는 것인가? "그가 스스로를 겸비케 하는 한
인간적인 표상을 통해 신이 폄훼되지는 [않는다]"(VIII 168)

　신이 자기 자신으로부터 진화해 간다는 표상을 거부하는 이유는,
-셸링의 평가를 따르면- 단지 불완전한 것이 어떻게 완전한 것으로
부터 발생하는지, 비오성으로부터 어떻게 오성이 발생하는지를 파악
하지 못하기 때문일 뿐이다. 우리가 그 과정을 모든 대립들을 극복해
가는 과정으로 이해한다면, 신과 인간을 대립적으로 이해하는 저 죽
은 대립은 단지 절대적 이원론, 즉 신과 인간의 분리를 의미하는 데

지나지 않는다. "가장 부패한 계몽"과 "경건한 광신주의"(VIII 183) 안에는 단지 무지에 뿌리를 두고 있는 이원론이 나타날 뿐이다. 하지만 참된 경건과 참된 인식은 이원론에 저항하며, 신 안에 있는 사물들의 통일성을 요구한다.

《야코비의 신적 사물들에 관하여를 위한 기념비》(1812)에 나타나는 야코비와의 대결은 일종의 비동시성이라는 특징을 지니고 있다. 《자유론》에 대해 무지한 야코비는 동일성의 체계만을 염두에 둔 채 셸링을 철학적이고 도덕적인 측면에서 자연주의적 범신론이라고 비방한다. 셸링에 반해 야코비는 감정의 철학*과 신앙의 철학에 기초한 유신론을 주장한다. 종교적 신앙에서 그러하듯, 신은 자유롭고도 의식적이며 인격적인 존재이자 *참된 원인*으로 이해되어야 한다는 것이다. 우리의 정신 가운데에서 스스로를 계시하는 정신적 원인인 신은 "근원적이고 단순하며, 직접적으로 확실한, 전적으로 긍정적인 진리이다."[1]

야코비가 생각한 논쟁점은 사물의 원리로서의 절대자에 대한 다음의 규정들 중 무엇을 선택할 것인가 하는 문제였다: 불완전성인가 완전성인가, 혼돈인가 창조인가, 전체성인가 인격성인가, 근거Grund인가 아니면 원인Ursache인가. 자유, 도덕적 선과 악, 고유의 도덕성 등 신적 사물들에 관한 규정들은 모두 이 규정들에 의존한다. 독단적 철학(스

---

* 역자 주: 감정의 철학이란 야코비의 신앙의 철학의 다른 이름이다. 야코비는 셸링과 같이 신에 대한 지식을 포괄하는 체계이론에 반하여, 초실체적인 신에 대한 지식은 이성의 사유를 통해 얻어지는 실체론적 지식을 넘어선다고 본다. 따라서 야코비에게 있어서 철학이란, 비철학 Nichtphilosophie으로 혹은 무지의 철학Philosophie des Nichtwissens으로 전환되어야만 한다. 지고 자로서의 신에 대한 지식은 오직 신앙 속에서만 가능하고, 이는 특히 개별적인 감정이라는 영역과 연관되어야 한다는 것이다.

피노자)에서는 신에 대한 신앙은 당연히 부인될 수밖에 없고, 비판론 또는 관념론은 신앙을 주관적 표상으로 변형시킨다. 여기에서는 현실 대신에 몽상, 오성의 꿈 즉 무가 나타날 뿐이다. 스피노자의 자연주의가 일관되게 모든 계시들을 거부하였던 반면, 오늘날의 자연주의는 유신론적 표현들을 차용해서는 마치 종교적 사고방식인 양 보이려고 한다. 칸트 전통에 속하는 셸링의 철학은 신을 자연적 질서와 동일시하고, 자연을 아무 것도 그 바깥 혹은 위에 존재하지 않는 전일체das All-Eine로 설명한다.

야코비는 셸링의 철학을 "이념유물론Idealmaterialismus" 혹은 "뒤집히고 변형된 스피노자주의"라고 부른다.[2] 셸링은 신과 계시를 그럴싸하게 기만하고 있을 뿐이다. 실상은 "오직 인간 안의 가장 지고한 본질만이 … 그 바깥의 가장 지고한 존재를, 그 안에 있는 정신만이 신을" 증언할 수 있다. 반면 자연주의의 특징은 우리가 "비생명의 생명이고, 어둠으로부터 켜진 빛, 필연성이라는 무지의 밤으로부터 기어 나온 비존재, 우연의 산물이라고 가르친다는 데 있다. 자연주의는 생명이 죽음으로부터 유래하고 점차 죽음이 생명에게로 다가오듯, 비이성이 이성에게로, 무의미가 의도에게로, 비존재가 세계를 향해 다가온다고 함으로써 우리의 이해력을 시험하고 있다."[3]

이제 셸링은 《자유론》에서 전개된 바를 바탕으로 -야코비뿐만 아니라 당대의 어정쩡한 특성을 겨냥하면서- 반격을 시작한다. 그는 먼저 이성에 대한 자신의 입장이 스피노자처럼 범신론적이라는 것을 부인한다. "신 안의 *자연*을 주장하는" 체계를 자연주의라고 부르는 것은 어리석은 일이다. 왜냐하면 오직 이 기초 위에서만 "신 안의 의식, 지성, 자유의지"(VIII 69)가 사유될 수 있기 때문이다. 신 안의 자연은 "신 안에 있는 하나의 부정적 원리"이다. "그 안에 어떤 부정의 힘도 지니지 않기 때문에 아무 것에도 수렴되지 않는 의식적인 존재란 … 불가능하다."; "모든 의식은 집중이고 집합이다. 그것은 한 곳으로 자기 자신을 모으는 일이자 요약하는 것이다. 이처럼 한 존재가 자기 자신에게로 되돌아가게 되는 부정의 힘이야말로 그 안에 있는 인격성의 참된 힘이자 자기성, 자기중심성Egoität의 힘이다."

이에 반해 자연과 초자연, 창조와 피조, 자유와 필연의 이원론은 논거가 박약하다. 야코비는 한편으로는 나름대로 이원론을 주장하면서도 다른 한편으로는 모든 대립들을 그 안에서 포괄하는 절대적 통일성을 지향한다. 가장 중심적인 유신론적 규정, 즉 모든 자연을 넘어서는 신의 숭고함은 절대적 대립이 아니라 이 통일성에 토대해서만 사유될 수 있다.

야코비의 기본 주장은 이렇게 요약된다. 증명되어진 것 자체보다는 증명의 근거가 더 포괄적이어야 한다. 이를 전제로 야코비는, 신의 존재는 그것에 선행하는 것이 없기 때문에 더 이상 진술될 수 없다고 주장한다. 반면 셸링은 기초 지워진 것보다 기초를 우위에 두어야 한다는 생각은 잘못이라고 본다. 모든 발생은 고유한 근거를 가진다.

> 언제나 그리고 필연적으로 발생의 근거는 발생되어질 것보다 *아래*에 있다. 근거는 자기로부터 발생되어지는 것을 자기 *위*에 둔다. 근거는 자기로부터 발생한 것을 더 고차원적인 것으로 인식하고, 스스로는 이것을 위한 재료로, 기관으로, 조건으로 복종시킨다.(VIII 59)

이에 따르면 신은 생동적이고 *인격적인* 신으로서 자기의 존재의 근거를 자기 위가 아니라 아래에〔즉 자기 안의 자연에〕가진다. 완전한 것은 전적으로 불완전한 것으로부터 나오는 것이 아니라, 자기 자신의 불완전성으로부터 스스로를 고양시킨다. 이로써 양자는 서로에 대해 현실적 완전성과 잠재적 완전성이라는 관계를 형성한다.

이와 더불어 셸링은 모든 발전의 구조에 관한 법칙이라고 불러도 될 만한 정의를 내린다. "*사유와 연구*를 통해서 소위 명징한 개념들에 도달하는 것은 … 가능한 일이다. 하지만 이 개념들로부터 출발하는 것은 불가능하다. 왜냐하면 우리는 분명 거기에 머물러 있기만 할 것이기 때문이다." 여기에는 계속적인 전진을 위한 어떤 필연성도 없다. 마찬가지로 신 역시도 시작과 마지막 중 어느 하나에게만 귀속되는 것은 아니다. 오히려 신은 처음이자 마지막, 알파와 오메가이다. "하지만 알파로서의 신은 오메가로서의 신 그대로는 아니다. 그가 -현저한 의미sensu eminenti에서의- 오직 *이* 신인 한, 알파로서의 그는 이와 동일한 의미에서의 신일 수는 없다. 엄격히 말하자면 알파로서의 신은 신이라고 불릴 수 없다. 왜냐하면 분명히 말하자면 그는 아직 *전개되지 않은* 신Deus implicitus이고, 오메가로서는 전개된 신Deus explicitus이기 때문이다."(VIII 81) 범신론과 유신론은 분리할 수 없이 서로 속해 있다. 혹은 양자는 인위적으로만 '양분되어' 공허 속에 흔들리고, 내적으로 공허한 신에 대한 이론과, 신이 제거된 자연에 대한 이론으로 분리될 따름이다(cf. VIII 70).

셸링은 후일《야코비의 신적 사물들에 관하여를 위한 기념비》를 자기의 긍정철학에 대한 최초의 예고편으로 간주한다.

2. 대중철학적 구상으로서의 '세계시대'

과거는 알려지고, 현재는 인식되며, 미래는 예감된다. 알려진 것은 설명되고, 인식된 것은 서술되고, 예감된 것은 예언된다.(VIII 199)

출판을 계획했지만 끝내 단편으로만 남게 된 주목할 만한 철학, 즉 셸링의 《세계시대》는 이 문장과 더불어 시작한다. 셸링은 이 책을 출판하기로 했던 코타J.F. Cotta에게 이렇게 편지했다. "그것은 내가 썼던 것들 중에서 내용상으로는 가장 광범위하고, 그 방식에 있어서는 가장 일반적일 것이다."[4] 오늘의 눈으로 보기에 그 방식에 대한 언급은 상당히 완곡한 표현인 듯하다. 하지만 그 내용만큼은 분명 더 이상 광범위할 수 없는 게 사실이다.

《세계시대》는 '과거', '현재', '미래'라는 제목이 붙은 세 권의 책으로 구성되어 있다. 여기에서 셸링은 -단테의 《신곡》을 모방하는 가운데[5]- 하나의 대중철학으로 구상된 계획을 실행에 옮기려 한다. 이는 신의 자기계시의 여러 시기들이라는 생각을 따라 세계의 시작(이전)부터 종말(이후)에까지 이르는 역사 안에 있는 지고존재의 자기진술에 대한 이야기의 형태로 진행된다.

《세계시대》의 제1권(정확히 말하자면 첫 번째 절반)과 관련해서는 세 개의 판본이 전해지고 있다. 《셸링전집》에 실려 있는 것은 그 중 마지막 판본(1815)이다. 이보다 이른 시기에 작성된 두 개의 판본 중 일부분은 이미 교정판으로(1811/13) 존재한다. 만프레드 슈뢰터M. Schröter는 이 초기 판본들을 셸링의 뮌헨시절의 유고 중에서 찾은 제1권의

두 번째 절반 및 제2권의 단편과 메모들과 함께 출판하였다.[6)]

여기에서 셸링은 인간적 유비를 따라 신의 자기계시의 시대들의 체계를 서술하고자 하는데, 이 때문에 세계시대들은 신의 세계시간들 혹은 에온들 이라고도 불린다. 과거, 현재, 미래는 서로 유기적으로 연관되어 있는데, 좁은 의미에서 보자면 세계시간은 현재의 시간을 의미한다. 현재적 시간에는 세계 이전의 과거가 *선행*하고, *현재적 시간 후에는* 세계를 넘어서는 미래가 있다. 이 같은 이론의 근저에는 신의 자유와 인격성에 대한 이론이 그 바탕으로 놓여 있고, 이 신의 자유와 인격성은 "자기 스스로에 의해, 자기의 활동 없이"(VIII 216) 놓여진 신의 '자연'에 기초한다. 신의 본질에 있어 영원 전부터 함께 포섭되어 있던 것(원리들)은 지속적인 진보를 통한 자기계시의 과정 속에서(포텐츠들 속에서) 점차적으로 스스로를 전개해 나간다.

슈뢰터는 '과거'에 관한 제1권의 세 가지 판본 모두에 대해 대체로 동일한 목차를 제공하였는데, 이에 따르면 제1권은 다음과 같이 분류된다.[7)] 지식, 학문, 역사, 변증법의 관계 및 신지학과 철학의 관계를 다루는 서론에 이어 네 부분으로 구분된 본론이 뒤따른다: 1. 우선은 세계시대 철학의 출발점이 되는 지고자至高者das Höchste의 본질과 모순으로 가득한 그의 본질의 구조가 탐구된다. 2. 지고자의 본질의 구조는 지고자가 발전해 나아가도록 해 주는 가능성이다. 여기에서는 이 본질의 구조가 미치는 영향력과 결과들, 활동성 가운데 나타나는 본질의 구조와 결합되어 있는 자유와 필연성의 문제가 논의된다. 3. 세 번째 단락에서는 작용의 가능성의 문제, 즉 보다 구체적으로는 자연이 어떻게 전개되어 나가는지의 문제가 다루어진다. 4. 마지막 단락에서는 본질이 현실적으로 전개되는 과정, 즉 현존재의 진정한 생성의 문제가 법칙성을 통해 논증된다. 이에 의하면 존재의 원리들은 점차적인 되어감의 포텐츠 안에 있는 동시성Simultaneität으로부터 나온다. 이를 통해 셸링은 원리이론적인 틀을 설정한다. 이때 셸링은 대수학의 형식들을 차용하여 원리들을 -A, +A, ±A 혹은 A, B, A+B로 표시하고, -상승의 과정 속에 있는- 포텐츠들은 A^1, A^2, A^3 등으로 표기한다.

인쇄본 I(1811)에만 수록되어 있는 제1권의 두 번째 부분의 첫 번째 단락은 어떻게 영원으로부터 과거의 상태가 산출될 수 있는지를 다룬다. 셸링은 이를 아버지를 통한 아들의 출산이라는 모델을 따라 사유하면서 원리들의 통일성으로서의 정신이라는 개념을 전개한다. 그러고 나면 여러 인격체들 안에서 신성이 전개되는 것에 관한 보론이 뒤따른다.[8] 두 번째 단락에서는 시간의 계통학Geneaologie을 전개하면서, 절대정신을 시간들의 유기적 원리로서 풀어낸다. 지고존재가 세계 안으로 들어오는 길에 대한 진술은 공간의 생성의 문제를 다루면서 끝난다. 뒤이은 보론은 세 개의 '고대의 체계들' 즉 유출설, 범신론, 이원론에 대한 비판적 조망을 담고 있다.[9] 마지막 단락은 필연성과 자유의 관계를 간략히 정리하며, 마지막 보론은 절대정신의 체계를 재론하면서 정당화를 시도한다.

여기에서 셸링은 자기의 절대정신이라는 개념은, 신 개념이 그 안에 내포하고 있는 모든 규정들을 그의 각각의 계기들로 포괄하고 있다고 강조한다. 신 개념이 내포하는 규정들이란 칸트가 체계화했던 다양한 신의 존재증명들의 토대가 되는 것들로, 완전한 존재(존재론적 증명), 필연적 존재(우주론적 증명), 창조자(물리신학적 증명)가 그것이다.

우선적으로 논의되는 필연적 존재(신의 자연)에게는 "존재하지 않는다는 것이 있을 수 없고 오직 존재해야만"(VIII 218) 하며, 필연적 존재는 그 안에 세 개의 원리들을 담고 있다. 첫째는 자기성의 힘(자기중심성Egoität)이고, 둘째는 확장과 배분의 힘이다. 이 두 힘들은 -서로 대립하는 가운데- 폐쇄하면서도 분출하는 힘들이다. 셸링은 이 힘들의 관계를 부정과 긍정, 엄중함과 온화함, 진노와 사랑 등으로 설명한다.

이 힘들은 모두가 그 본성상 신이다; 신은 (양자 모두에서 반복되면서; cf. VIII 217)[10] 이 두 근원존재 가운데에서 동일한 방식으로 있는 하나의 동일한 존재이다. 두 근원존재는 지속적인 대립 가운데 있고, 마침내는 세 번째 원리, 즉 첫 번째 자연 가운데 있는 원리들의 통일성 속에 존재한다. 이 자연은 스스로를 장래의 모든 생명의 조건이자 기원으로 드러낸다. 근원 원리들의 대립을 재구성하는 것이야말로 "학문의 최고 과제"(VIII 321)라고 셸링은 간주한다. 이 대립은 "생명의 가장 내면적인 것이자 추동력"이다. 모든 행위들 가운데 있는 곤궁과 노고, 모든 살아있는 피조물들의 근원감각으로서의 공포, 세계 가운데 내재해 있는 모든 고난조차 이로부터 생성된다.

고난은 보편적이다. 그것은 인간에게만 해당하는 것이 아니라 창조자 자신과도 관련되어 있다. 고난은 영광을 향한 길이다.(VIII 335)

또한 "모든 생명과 현존재의 근본 재료는 처참함이다."(VIII 339) 근본적인 모순의 본질은 존재에로의 충동, 생명에로의 의지 혹은 "존재를 향한 근원갈망Urdrang", 즉 자기 자신에 대한 의욕Sich-selbst-Wollen의 형식 가운데에서 모든 확장을 부정하려는 집중(또는 수축)이다. 이 가운데 지향되는 목표지점은 영원한 존재이다. 따라서 여기에는 충족되어지지 않은 "영원을 향한 지속적인 동경"이 주도적인 역할을 하게 된다. 하지만 이 동경은 어떤 특정한 것을 향한 의지가 아니며, 따라서 그것은 욕망을 따르는 "의지가 아니다. 오히려 그것은 동경과 욕망이 배제된 순수 의지"이다. 그것은 "실제로는 의욕 하지 않는 것"이고, 그러한 한 "무제약적인 영원에 대한 긍정적인 개념이다. 이 무제약적인 영원을 우리는 오직 모든 시간의 바깥에 있는 것으로, 오직 영원한 부동성不動性으로만 표상할 수 있다."(VIII 235)

신 안에 있는 저 자연, 즉 존재를 향한 맹목적인 근원갈망으로부터 모든 자연 *위에* 있는 신, 곧 절대자유와 의지의 순수함 속에 있는 신에게로 인도하는 길이 시작된다. 이 길을 통해 신 안의 자연은 우주에게로 도달한다. 우주 안에서 신은 자연의 단계들을 넘어서 인간에 의해 전개되는 정신세계를 고양시킨다. 이 과정은 진리와 선, 아름다움의 이념들을 생성해 냄으로써 인식과 행위의 순수함을 산출하는 것을 목표로 한다.

이것들을 생성해내는 것이야말로 세계의 목표이다. 이 생성은 신 안에 있는 영원한 자연의 현실화 혹은 계시이다. 그것은 동시에 신이 스스로를 자유 속에서 고양시키고, 이를 통해 자신을 절대적으로 자유로운 의지로서, 참된 인격적 신으로 드러낼 수 있는 토대이다. 왜냐하면 이렇게 신이 자기 스스로를 계시하는 것은 그가 그래야만 하기 때문이 아니라, 그가 그렇게 의지하기 때문이다. 신이 스스로를 계시하는 일은 자유로운 결정을 통해서 일어난다.

하지만 신이 스스로를 계시하기로 결정했을 때, 그는 자신의 자연이 스스로 전개되도록 허락하는 것 외에는 다른 방도가 없었다. 저 근원자연의 대립적인 힘들이 풀려나게 되는 것은 바로 이 때문이고, 이와 더불어 신은 스스로 필연성의 영역, 즉 사건의 시간적 순서들 가운데로 들어온다. 신이 스스로를 계시할 것인지 아닌지의 문제는 그의 자유로운 의지에 달려 있다. 하지만 그가 스스로를 계시하는 방법의 문제는 자신의 필연적인 의지, 즉 존재를 향한 근원갈망과 그 귀결들에 의존한다. 이런 방식으로 계시의 사건 역시도 내적으로 구분된다.

신은 우선적으로 자기의 자연 속에서, 그 후에는 자기의 자유 속에서 스스로를 계시한다. 하지만 신의 자유는 자신의 자연을 극복하는 것 가운데 놓여 있고, 반면 자연은 존재 혹은 자기성을 향한 근원갈망에 토대하고 있기 때문에, 이 자연을 극복하기 위해서는 내어줌 Hingebung과 *사랑*이 필수적이다.

이러한 계시의 시작을 셸링은 신의 수축으로 사유한다. "모든 발전 Entwicklung은 안으로의 위축Einwickeln을 전제로 한다. 인력 속에 시작이 있고, 끌어당기는 힘은 모든 생명의 진정한 기원이자 근원의 힘이다. 모든 생명은 수축과 더불어 시작된다. 모든 생명이 작은 것으로부터 큰 것으로, 협소한 곳으로부터 넓은 곳으로 확장되고 전개되는 것은 그 때문이다."(VIII 311)

좁은 의미에서의 계시는 창조와 더불어 시작되는 시간들 속에서 발생한다. 계시에 선행하는 시간은 (그 다음 시대의 생성과 더불어 즉시 종료되어 버린) 과거의 시대이다.[11] "가장 지고한 자신으로서의 신은 계시되지 않는다. 하지만 그는 자기 자신을 계시한다; 그는 아직 현실적wirklich이지 않지만 현실적으로 될 것이다wird wirklich. 바로 그와 더불어 신은 가장 자유로운 존재로 나타난다."(VIII 308)

세계창조 이전의 신의 삶을 가리켜 셸링은 신의 지혜Weisheit라고 일컫는데, 이 단계에서 신은 아직 감추어져 있고, 자기 자신 속에서 존재하는 가운데 자신의 영원한 자연과 그 힘들을 '직시하거나' 또는 이념들 가운데에서 인식한다. 하지만 그는 아직 그것들이 작용하도록 실행하지는 않는다.

일단 자연의 원리들이 작동하게 되면 그와 더불어 포텐츠들의 질서잡힌 결과들이 드러나게 되고, 이 포텐츠들은 모든 사물들의 형태에 대하여 함께 작용한다. 첫 번째 힘인 부정하는 힘을 구체화하는 포텐츠의 본질은 결핍이다. 두 번째 힘으로서의 긍정하는 힘을 구현하는 포텐츠의 본질은 확장성이자 초과이다. 이 처음 두 가지를 결합시키는 세 번째 힘을 가리켜 셸링은 '세계영혼'이라고 칭한다. 세계영혼은 "자연과 정신세계뿐만 아니라, 세계와 신 사이의 영원한 띠Band이다. 이 띠는 오직 신만이 이것을 가지고 자연과 정신세계 안에서 작용하는 직접적인 도구이다." 자연과 정신세계 위에서 부유하는 이 보편적인 영혼은 "모든 것 가운데 내주하는 예술가적인 지혜로 간주될 수 있다."(VIII 276)

출판되지 않은《세계시대》의 '부록'으로 셸링은 1815년, 바이에른 왕의 명명축일에 행해진 강연인《사모트라케의 신성에 관하여Über die Gottheiten von Samothrake》를 출판한다. 여기에서 셸링은《세계시대》의 제1

권에서 제시된 세계시대의 구성은 신화 가운데에서 역사적으로 입증될 수 있을 뿐만 아니라, 신화라는 것 자체를 이해함에 있어서도 큰 도움이 된다고 진술한다.

계시를 좁은 의미에서 이해한다면, 계시란 신을 표상하고 인식하며 아는 존재의 의식 속에서, 더 구체적으로는 인간의 신 의식 혹은 종교 가운데에서 일어난다. 신은 우선적으로는 자기의 자연을 계시하며, 그 후에야 비로소 자기의 절대적 인격성과 자유를 계시한다. 그렇기 때문에 신은 우선적으로는 자연종교 혹은 신화 속에서 스스로를 계시한다. 반면 신의 인격성의 계시는 계시된 종교 속에서 이루어지는데, 이 종교 속에서 신은 그가 진리와 영원 가운데 있는 그대로 나타난다.

사모트라케의 신화들은 셸링이 구상하는 신적 (원리들의) 삶의 타당성을 보여주는 징표가 된다. 이를 위해서 이 신화에 등장하는 신성들Kabiren이 대단히 유비적으로 해석되고 있다. 이에 의하면 신화들은 신성들(악시에로스, 악시케라, 악시오케르소스)의 순서를 제시해 주고 있는데, 이 신들의 각각의 속성은 포텐츠들, 곧 신 안에 있는 원리들에 전적으로 상응한다. 신성들Kabiren의 네 번째 신(카드밀로스)은 셸링에 의하면 자연과 정신세계의 중재자인 동시에, 세계와 이에 대해 자유로운 초세상적인 신 사이의 중재자이기도 하다.

이 책에 나타나는 철학 방식이 부분적으로는 대단히 의심스러운 것이 사실이지만, 여기에서 얻어진 포텐츠들의 구조를 토대로 하여 셸링은 신화의 세계를 지금까지보다 훨씬 심오하게 이해할 수 있게 하는 도구를 얻게 된다. 철학적으로 매우 의미 깊은 이 새로운 이해를 셸링은《신화의 철학*Philosophie der Mythologie*》에서 보다 확장하여 전개하게 된다.

3. 후기 저작들의 기초와 구성

적어도 1827년 이후 셸링의 후기철학의 특징은 긍정철학negative Philosophie과 부정철학positive Philosophie을 구분한다는 사실이다. 하지만 《셸링전집*Sämtliche Werke*》의 작품목록은《신화의 철학》과《계시의 철학》이라는 제목을 달고 있다. 그렇지만 셸링은 이 텍스트들 모두를 전체적으로 강의하지는 못하였다.《신화의 철학》안에 '철학적 서론'으로 삽입된 본문인 '순수이성철학의 서술*Darstellung der rein rationalen Philosophie*'은 셸링이 죽기 전까지 작업했던, 미완으로 남겨지고 만 마지막 원고이다.

셸링이 이 원고를 삽입시켰다는 사실은《신화의 철학》은 부정철학과, 긍정철학은《계시의 철학》과 동일시될 수 있다는 것을 보여준다.* 하지만 이 두 본문들은 모두 그다지 개관하기가 쉽지는 않은 상태이

---

* 역자 주: 셸링의 후기철학은 그가 부정철학과 긍정철학을 구분한다는 특징을 가진다. 기존의 셸링의 후기철학에 대한 연구에서 주된 논쟁점 가운데 하나는, 긍정철학은 부정철학에 대한 대립적인 철학으로 등장한 것인가, 아니면 이에 대한 보충 혹은 완성으로 이해되어야 하는가에 관한 것이다. 이때 푸어만스Furmans는 부정철학과 긍정철학을 대립적으로 이해하고자 하는 반면, 페츠Peetz는 긍정철학은 부정철학의 보충이라고 평가한다. 또 다른 논쟁점 가운데 하나로, 슐츠Schulz는 셸링의 아들이 편집한《셸링전집》에 포함되어 있는 '신화의 철학'과 '계시의 철학'만을 후기철학으로 간주하면서, 전자를 부정철학으로, 후자를 긍정철학으로 간주한다는 것이다. 이에 반해 최근의 연구들은 셸링의 강의록들이 새로이 발견됨에 따라, 부정철학과 긍정철학의 구분, 즉 셸링의 후기철학의 출현 시기를 1827/28년까지 앞당기게 한다. 아래에서의 논의는 이러한 셸링의 후기철학에 대한 연구사를 배경으로 하고 있다.

다: 이는 후기철학의 가장 중심적인 방법론적 '핵심'이라 할 수 있는 포텐츠 이론Potenzenlehre이 아직 체계적으로 정립되지 못했고 여전히 발전 과정 속에 있기 때문이라는 이유만은 아니다. 《셸링전집》에 수록된 텍스트들은 거의 대부분이 초기 원고들로부터 인용해 온 짧은 본문들의 삽입, 혹은 각주들이 첨가된 강의원고들의 최종판들이다. 그 뿐만이 아니라 후기철학에 대한 일반적인 서론으로 작성된 텍스트들 자체가 긍정철학과 부정철학의 구분에 대해 명확한 이해를 제공해주지 않고 있다. 이미 언급된 《순수이성철학의 서술》(XI 253~572)과, 셸링이 베를린에서 강의했던 《계시의 철학 서론 혹은 긍정철학의 근거Einleitung in die Philosophie der Offenbarung oder Begründung der positiven Philosophie》(XIII 1~174) 등이 그 예가 된다.

이미 《신화의 철학》의 첫 번째 두 권(제 XI, XII권)이 《셸링전집》으로 출판되자마자 곧바로 이에 대한 비판적인 반응이 일었었고, 이에 대한 셸링의 아들의K.F.A. Schelling 반응은 제 XIII권의 서문에 기록되어 있다. 당시 제기된 비판적 반응의 주된 핵심은, 어떻게 순수 이성적인 철학에로부터 긍정철학에로 넘어가게 되는가에 관한 것이었다. 이는 특히 《순수이성철학의 서술》의 종결부로부터 어떻게 이에 이어서 《영원한 진리들의 원천에 대한 논술Abhandlung Über die Quelle der ewigen Wahrheiten》(XI 573~590)로 전이되게 되는지에 관한 것이었다. 뿐만 아니라, 여기에서부터 시작하여 -긍정철학 속에서- 어떻게 더 발전하게 되는지에 관한 질문들도 함께 촉발되었다. 여기에서 직접적으로 그 내용을 다루지는 않겠지만, 셸링이 분명히 자기의 마지막 작업들 속에서 긍정철학과 부정철학의 관계를 보다 긴밀하게 근거지우고,

또 그 중심적인 관점들을 방법론적으로 보다 명확히 하고자 시도했
으리라고 우리는 추측해 볼 수 있다.

하지만 그럼에도 불구하고 셸링의 아들은 이전에 기록된 텍스트들
을 보다 적절한 방식으로 재구성하지는 못했던 것으로 보인다. 셸링
이 '향후 내 자필 유고들에 대한 개관*Übersicht meines künftigen handschriftlichen
Nachlasses*'에서[12] 어느 정도 분명하게 자기의 입장을 개진해 놓은 것은
사실이다. 반면, 셸링의 아들이 《셸링전집》을 편집, 출판하면서 자의
적인 해석의 관점을 따라 편집했다고 비난하기는 힘든 것도 사실이
다. 왜냐하면 오늘날의 역사적-비평적 편집에서 일상적으로 통용되
는 역사적-문헌학적 표준 따위는 19세기에는 아직 있지도 않았기 때
문이다.

앞에서 진술한 '향후 내 자필 유고들에 대한 개관'에서 셸링은 자신
의 텍스트들의 상이한 부분들과 층위들은 "기껏해야 개별적인 부분
들을 *역사적인* 의미에서만 이용"하도록 언급하고 있다.[13] 《신화의 철
학》 제2권 '유일신론' 부분과 관련해서도 셸링은 전체 텍스트 자체와
관련해서는 방법론적인 단절이 있다는 것과 이를 편집 작업 시 어떻
게 다루어야 할 것인지에 대해 방향을 제시해 준다. 이때 셸링은 사
상적인 관점에서만 아니라 역사적인 관점에서도 이러한 단절을 결코
무시해 버리려 하지 않는다. 왜냐하면 이 단절은 주요한 신학적 개념
들과 이것들이 지니는 철학적 의미들을 특히 기독교 교의학 및 여타
경쟁적인 이론들과의 관련 속에서 대립시키고 해명하는 데 있어서
매우 중요한 역할을 하기 때문이다.

최근 들어 셸링의 유고들이 다수 출판되었다. 이것들은 셸링의 후

기 강의들의 발전과정에 대한 훌륭한 개관을 제공해 준다. 푸어만스 H. Fuhrmans는 1832~33년에 행해진 소위 '거대한 서론'인《긍정철학의 기초Grundlegung der positiven Philosophie》를 편집·출판하면서,[14] 뮌헨시기에 기록된《새로운 철학의 역사에 대하여Zur Geschichte der neueren Philosophie》(X 1~200)와《철학적 경험주의 서술Darstellung des philosophischen Empiristmus》(X 225~286)이 서로 밀접히 연결되어 있으며, 어떻게 이 강연들로부터 긍정철학의 기초가 형성되었는지를 제시하고자 했다.

셸링은 새로운 철학의 역사를 개관함으로써 특히 철학 입문자들에게 당시 철학의 문제 상황에 대한 이해를 고양시키고, 여기에 내재해 있는 합리주의와 경험주의의 대립을 드러내고자 했다는 것이다. 그 후에 이어서 이제 체계적인 서론이 시작된다. "세계라는 사태 Tatsache der Welt"를 해명하려는 셸링의 시도에 직면하여 경험주의는 이제 "더 고도의 경험주의höherer Empirismus"로 고양되어야 한다는 것이 다루어진다. 그리고 나면 셸링이 '긍정철학의 체계'[15]라고 일컬었던 부분이 시작된다.《셸링전집》에서는 이 두 강의들의 사이에《V. Cousin의 철학 작품에 대한 서언Vorrede zu einer philosophischen Schrift von V. Cousin》(X 201~224)이 삽입되어 있다. 이 단편은 그 안에 헤겔에 대한 비판이 나타난다는 사실 때문에 이 자리에 놓여 진 것으로 보인다.[16]

이 '거대한 서론'을 셸링은 처음에는 1827~28년에, 마지막으로는 1836~37년에 강의했다.[17] 1827/28년 판본은 에른스트 라자울크스 Ernst von Lasaulx가 편집한 유고집《세계시대의 체계》에 수록되어 있다. 지그베르트 페츠Siegbert Peets는 이로부터《세계시대》의 초안들과 엄격한 의미에서의 후기철학 사이에는 단절이 있다고 결론지었다.[14]《세계시대》에 대한 구상들과 후기철학 간의 관련성은 특히 이 강의들의 종결부에 기술된 시간 문제에 대한 반성, 즉 세계시간들의 유기적 관계에 대한 성찰 속에서 명확히 드러난다.

이는 여기에서 유기적으로 결합되어 있는 세계시간들이 '유일신론' 이라는 개념과 긴밀히 결합되어 있기 때문이다. 초실체적인 범신론 Der übersubstantielle Pantheismus은 전일성의 사고를 포괄하고 있으며, 동시에 자기 자신에 의해 정립된 삼위일체적 위격들의 다수성Mehrheit 가운데 있는 신성의 단일성Einzigkeit을 포괄하기조차 한다. 이와 더불어 기독교의 창조론이 주요한 개념으로 결합되어 나온다. "그러니까 여기에서는 세 주권자들이 서로 다른 시기들 속에서 다스리는 것으로 나타난다. 이와 같은 연속은 신이라는 개념 속에서 고양되어 있으며, 이제 신은 스스로를 그 숭고한 개념 가운데에서 과거에 존재했고, 현재 존재하며, 미래에 동일한 신으로 존재하게 될 이로als der, der war, der ist, und der sein wird derselbe Gott 스스로를 나타낸다."[18]

세계시대와 관련한 철학적 구상은 이제 후기 철학에서는 지양된다. 오히려 후자 속에서는 세계시대의 구상 속에 담겨있던 주제와 재료들이 확장되며, 그 문제의식 역시 보다 심화되어 나타나게 된다. 이 때문에 《세계시대》와 후기철학 사이의 단절, 혹은 《세계시대》의 실패가 종종 거론되곤 한다. 실제로도 《세계시대》 안에서(혹은 이미 《자유론》에서부터) 의도되었던 내용들은 철학의 형식에 대한 반성, 즉 부

---

14   역자 주: 본문에도 기록되어 있다시피 이 강의들을 셸링은 1827/28년 뮌헨에서 처음으로 《세계시대의 체계》라는 제목으로 강의하였다. 이 원고들을 라자울크스가 편집한 판본이 뮌헨의 보니파츠 수도원에서 발견되었는데, 이를 수도원의 허락을 받아 편집, 출판한 사람이 바로 페츠이다

정철학과 긍정철학의 구분에 적합한 반성을 필요로 한다.

셸링은 이야기 형태의 대중 철학 강연을 실시하였다. 이 새로운 형태의 강의들은 결코 우연적인 것도 아니고, 하나의 철학적 체계를 형성하기 위한 능력이 부족했다는 것의 징표도 아니다. 그보다는 셸링이 보기에 이는 그 안에서 모든 것이 "생생한 방식으로" 전개되어져야 할 긍정철학에게 적당한 형식이었다고 해야 할 것이다.

발터 에어하르트Walter E. Ehrhardt는 한 학기 동안 이루어진 강의의 '요약'인 《철학에로의 입문Einleitung in die Philosophie》(1830)과, 마찬가지로 한 학기 동안 이루어진 《계시의 철학》(1830/31) 강의록을 편집하면서 후자에 '최초본'이라는 명칭을 달았다.* 이 두 텍스트들은 셸링이 직접 교정을 보았을 지도 모르는 유고들 혹은 유고들의 필사본들이다. 어쩌면 이 원고들은 때때로 강의 중 거론되었던 첨가들과 즉흥적인 언급들을 확인해 보도록 셸링 자신이 직접 건네주었던 것일 수도 있다. 또한 《철학에로의 입문》은 바이에른 황태자의 수업 내용을 들여다 볼 수 있는 귀중한 기초 자료가 되기도 한다. 셸링의 제자였던 이 황태자는 후에 바이에른의 왕 막시밀리안 2세가 되는데, 이 책의 텍스트는 막시밀리안 2세의 소유품 속에서 발견된 것이었다.[19]

위에서 언급한 유고들은 셸링이 뮌헨에서 무엇을 강의하였는지를

---

* 역자 주: 발터 에어하르트는 아이히스테트의 카톨릭 대학 도서관에서 발견된 요셉 막시밀리안 바흐틀Joseph Maximilian Wachtl이 필사한 《계시의 철학》강의 원고를 편집하여 《계시의 철학 최초본》 *Urfassung der Philosophie der Offenbarung* (Hamburg: Meiner, 1992)이라는 제목으로 출판하였다. 이 강의는 1830/31년 학기에 뮌헨에서 이루어진 것으로 추정되고 있고, 따라서 《계시의 철학》이라는 제목 아래에서 실시된 첫 번째 강의라 할 수 있다. 이 강의록은 셸링의 후기철학을 그 이전 단계로부터의 급격한 단절이 아니라, 연속적인 발전 가운데에서 통일적으로 이해하게 하는 자료라고 에어하르트는 평가하고 있다.

개관할 수 있도록 해 준다. 반면 뮌헨에서의 마지막 학기에 관해서는 여전히 불분명한 부분이 남아 있는데,[20] 이는 1836~37 학기에 셸링이 《새로운 철학의 역사에 대하여》와 《철학적 경험주의 서술》을 더 이상 강의하지 않았기 때문이다. 베를린에서의 강의에 대해서는 아래 제9 장에서 다루어질 것이다.

유고들이 편집됨과 함께 독특한 상황이 초래되고 말았다. 독자들로부터, 심지어는 셸링의 철학을 처음 접해보는 독자들에게서조차도, 도대체 어떤 텍스트가 지금 중요한 것인지, 그리고 가장 중점적으로 집중해야 할 것은 어떤 것인지 하는 질문이 제기되곤 하는 것이다. 어떤 텍스트가 가장 권위 있는 것인지에 관한 질문은 일단 배제하고 -이는 최근 들어 출판된 강의 유고들은 전체적으로 대부분 매우 훌륭한 텍스트들을 제공해 주고 있기 때문이다- 다음과 같이 이야기할 수 있다. 모든 텍스트들이 중요하다. 하지만 그 중요도는 무질서하게 혹은 임의적으로 평가될 수 있는 종류의 것은 아니다.

최근 들어 접근 가능해진 새로운 문헌들을 가능한 한 많이 인용하고자 하려는 최근의 셸링 연구의 특징적인 경향은 이해할 만 하지만, 그럼에도 불구하고 부분적으로는 매우 의심스러운 현상이다. 만일 여러 시기에 걸쳐 기록된 유고들이 그것이 형성되던 개별적인 연관성으로부터 제거되어 버린다면, 세부적인 사항들이 지나치게 과대평가되거나 혹은 텍스트에 대한 그릇된 평가를 초래할 수 있다. 무엇보다도 이 강의들이 셸링철학의 모든 시대들에 대해 지니는 통일적인 의미가 처음부터 확정되어야 한다. 물론 이것이 언제나 아무런 제약 없이 가능한 것으로 보이지는 않고, 또한 여기에는 언제나 오류들이 나타날 수 있다. 이는 무엇보다도 그것을 바탕으로 원리론 혹은 포텐츠론을 발전시키게 하는 용어들이 (그 구조상의 기능에 있어서는 변하지 않음에도 불구하고) 끊임없이 변화해 가고 있기 때문이다.

셸링은 1827/28년에 긍정철학의 의미를 규정하였고 이는 당대인들에게 널리 알려지게 되었는데, 이 의미 규정으로부터 초래되는 오해들 역시 적지 않다: "나의 철학에 대한 고유하면서도 결정적인 명칭은 *기독교 철학christliche Philosophie*이다. 이렇게 결정적인 사실을 나는 대단히 신중하게 포착하였다. 기독교는 철학을 위한 기초이다. 왜냐하면 기독교는 영원 전부터 존재해 왔기 때문이다. 이것은 기독교의 가르침을 따라 말하는 것이 아니라 사태 자체를 따라 말하는 것이다. -다시말해 세계가 있기 전부터 기독교는 존재해 왔다. 이때 나는 기독교가 이성과 동일하다는 것 따위를 말하려는 것이 아니다. 나의 철학은 시초부터 마지막까지 지속할 하나의 체계를 기독교에게 제공해 준다."[21]

상기한 셸링의 진술은 모두가 유효한 채로 남아 있다. 다만 '기독교 철학'이라는 명칭만은 이후 출판된 다른 작품 어디에서도 등장하지 않는다.

후기 철학과 관련하여 가장 눈에 띄는 현상은, 부정철학과 긍정철학 간의 근본적인 구분에 있어서 그 특징과 규정들에 대한 이해가 변경된다는 사실이다. 먼저 긍정철학에 대한 소개는 -《새로운 철학의 역사》를 중심으로 살펴보면- 논리적 철학과 역사적 철학 간의 구별을 통해 이루어진다. 그리고 난 후 양자 간의 차이를 설명해 가는 과정에서 셸링은 이 둘을 합리주의와 고도의 경험주의höherer Empirismus*

사이의 차이로 설명한다. 여기서 말하는 고도의 경험주의란 경험 가운데 주어져 있는 감각적인 것과 관련된 것을 의미하는 게 아니라, 모든 존재의 원리인 절대자와의 관련 속에서 이야기된다.

한편 베를린 시대에 셸링은 경험적인 것의 아프리오리Apriorismus des Empirischen와 아프리오리의 경험주의Empirismus des Apriori를 구분한 후 - 아리스토텔레스를 따라- (보편적인) 제일학문과 제이의 (개별적인) 철학적 학문으로 구분한다. 이러한 상이한 구별들의 의미가 무엇인지는 대체로 자명한 것처럼 보인다. 하지만 이와 같은 의미가 언제나 통일적으로 주장될 수 있는 것일까?

하나의 사례가 이에 대한 대답을 제공해 줄 수 있을 것이다: 1830년대에 셸링은 신에 의한 창조의 가능성에 대해 설명하면서, "자연철학이 고도의 긍정적인 체계 안으로 다시 수용되는" 자리에 관해 간략히 소개한 바 있다.[22] 반면, 마지막 시기의 텍스트들에서 셸링은 자연철학(곧 동일철학)을 재구성하면서 이것들을 순수한 이성적 철학으로 분류하는데,《자연과정의 서술Darstellung des Naturprozesses》(1843~44; X 301~390) 역시도 이러한 작업에 속한다. 그러나 이 경우에는 한 가지 문제가 생겨날 수밖에 없다. 도대체 무엇이 엄격한 의미에서 구체적으로 수행된 '긍정적' 자연철학positive Naturphilosophie -즉 긍정철학의 테

---

* 역자 주: 여기에서 합리주의는 셸링 자신의 부정철학과, 고도의 경험주의는 긍정철학과 각각 일치한다. 합리주의가 개념의 필연성으로부터 신에 대해 사유하는 반면, 고도의 경험주의는 신이 자유로운 창조자라는 사실을 경험에 드러내는 그의 역사적 흔적들과 특성들과 더불어 드러냄으로써, 합리주의가 지양하고 있는 신과 세계 사이의 자유로운 관계를 드러내는 특성을 가진다. 한편, 셸링은 베를린 시대에 이르러서는 부정철학을 "아프리오리적 경험주의aprioirischer Empirismus" 혹은 "경험적인 것의 아프리오리즘Apriorismus des Empirischen"이라고 부르는 반면, 긍정철학을 "경험적인 아프리오리즘empirischer Apriorismus" 혹은 "아프리오리적인 것의 경험주의Empirismus des Apriorischen"이라고 부르기도 한다.(XIII 130)

두리 안에서 수행되는 자연철학- 이라는 것인지가 명확하지 않다는 사실이다. 베를린 시기에는 본질(부정)과 실존(긍정)이 대단히 체계적으로 구별되고 있다. 그런데 이 시기에도 역시 자연철학의 의미가 이중적으로 진술되고 있다는 사실을 보면, 이러한 구분 역시도 긍정적 자연철학이 정확히 무엇을 의미하는지를 제대로 보여주지는 못하는 것 같다.[23]

여기에서는 우선 자연철학이 셸링의 후기 철학에 있어서 차지하는 위치만을 간단히 언급하면서 다음 단계로 넘어갈 수밖에 없다. 긍정철학과 관련해서는, 뮌헨에서 셸링이 긍정철학에 대한 포괄적인 개념을 구상하고 있었다는 것을 보여주는 징표들이 많이 발견된다. 그것은 역사철학의 체계에 대한 구상으로, 그 안으로 모든 철학적 내용들과 주제들, 분과들을 포섭하고 통합시키려는 것이다. 이는 후에 하나의 좁은 의미에서의 철학적 종교론으로 축소된다.

이제 베를린 시대에 이르러서는 더는 부정철학을 하나의 역사적 사실로만 언급하고, 이로부터 긍정철학이 스스로를 분리시키는 것이야말로 시대의 요구라는 식으로는 이야기되지 않는다. 오히려 부정철학은 자립적이면서도 그 안에서 완성적으로 종결된 철학의 한 부분으로 간주되고 해명된다. 이와 더불어 두 개의 학문들로 구별되어 있는 철학의 통일성에 대한 질문은 1840년대에 이르러서 종료된다.[24]

이런 식의 생각은 뮌헨 시기의 텍스트들에서는 아직 전혀 나타나지 않던 종류의 것이다. 이렇게 협의로 파악된 긍정철학 속에서는 자연의 본질적인 규정에 대한 질문은 다루어지지 않는다. 왜냐하면 그것은 순수하게 이성적인 철학 속에서 다루어져야 할 것이기 때문이다. 오히려 긍정철학에서는 *창조*의 개념과 그것의 *의미*만이 배타적으로 다루어진다. 더 이상 세계의 작용인Wirkursache이 아니라 목적인 Endursache, 그것만이 중심적인 주제이며 중요한 것이다.

마지막으로 놓치지 말아야 할 것은, 셸링이 자기의 철학 체계 전체의 출판을 준비하고 있었고 또한 이를 여러 번 반복해서 공표했다는 사실이다. 출판업자인 코타와의 서신 교환에서 셸링은 자기 작품들을 다음과 같은 순서로 배열해 주도록 요구한다: 긍정철학 (= 세계시대의 체계), 신화의 철학, 계시의 철학.[25] 《신화의 철학》은 곧 출판될 것이라고 반복적으로 공지했다. 사실 이 책의 역사적 서론은 이미 그 교정쇄까지 마련되어 있었기 때문에 사람들은 곧 이 책을 접하게 될 것이라고 생각했다.[26] 하지만 《신화의 철학》은 끝내 인쇄되어 나오지 않았다. 이 시기에 셸링은 전체 텍스트를 아직 완전히 만족스러워 하지 않았기 때문에 출판하기로 결정할 수 없었던 것으로 보인다.

지금까지 셸링의 후기철학을 발전사적으로 간단히 검토해 보았는데, 이러한 발전사적 관점은 여러 가지 보충적인 간접증거들을 통해 지지되고 있다. 한편, 이러한 발전사적 평가는 동시에 이제 아래에서 제시될 내용상의 해석과 긴밀히 결합되어 있다. 이를 설득력 있게 제시하기 위해서 아래에서는 제8장과 제9장으로 구분하여 후기철학을 다루게 될 것인데, 이와 같은 분류는 셸링의 후기철학을 잘 알고 있는 이들에게는 낯설거나 또는 불필요한 것으로 보일 것이다. 그렇지만 이렇게 함으로써 우리는 후기철학의 발전사적인 측면을 보다 잘 제시할 수 있다고 믿는다.

우선 제8장에서는 뮌헨에서의 강의들 가운데 나타나는 긍정철학의 개념이 다루어진다. 이어서 (가장 중요한 것들에 집중하면서)《신화의 철학》과《계시의 철학》, 즉 종교철학의 내용적인 부분들을 각각 다루고자 한다. 이와 같은 기술방식은 타당한 것으로 보이는데, 왜냐하면 이 텍스트들에서는 일반적인 방법론에 대한 셸링의 탐구나 규칙제시 등을 찾아볼 수 없기 때문이다(이 텍스트들에 나타나는 내용들은 이러한 방법론적 모색 없이 단지 직접적으로 절대자로부터 '선언적으로' 도출되고 있다). 그렇다고 하더라도 이 방법들이 어떻게 이 텍스트들 가운데에서 점차 드러나고 있는지, 그것들이 지니는 의미는 무엇인지, 그리고 어떤 방법론이 사실상 셸링에 의해 시도되었는지 하는 문제들 역시도 드러내고자 한다.

《셸링전집》이 대체로 후기철학 중 베를린에서 작성된 가장 최종적인 텍스트들을 담고 있다는 것은 이미 분명해졌다. 후기철학을 소개하는 우리의 방식은 내적인 모순을 가지고 있다는 의심을 제거하기 위해서 아래의 사실을 밝혀 두어야 할 것 같다. 셸링 자신은《계시의 철학》과 관련해서 -타당한 이유를 바탕으로- 자기의 강의들을 편집할 때에는 뮌헨 시절의 텍스트들을 주로 그 기초로 사용할 것을 분명히 지시한 적이 있다는 것이다.[27] 바로 이 이유 때문에《계시의 철학 최초본》을 계시의 철학을 이해하고 편집함에 있어서 중심적인 도구이자 평가본으로 사용할 수 있다.[28]

반면《신화의 철학》과 관련해서는 이와 유사한 종류의 자료들이 (아직은) 존재하지 않는다. 그럼에도 불구하고《신화의 철학》에서는 그 서술방식에 있어서 세부사항에서의 변화나 개정들이 일어났다 할지라도, 이것들이 큰 틀에서 개념상의 변화나 전체 체계상 중요한 부분들의 변경을 초래하지는 않았으리라고 추측할 만한 타당한 이유들이 있다. 오히려 정반대로 셸링은 종교철학적인 자료들을 토대로 하여 자기의 순수이성적 철학에 대한 입장과 긍정철학에 대한 견해를 발전시켰을 것으로 보인다.

제9장에서는 공개적으로 큰 반향을 일으켰던 베를린 강의들을 다룰 것이다. 여기에서는 '계시의 철학의 토대'와 '순수이성철학의 서술'이 다루어진다. 이 마지막 장의 '3. 순수 이성철학과 긍정철학'에서는 후기철학을 정리하고, 후기철학을 평가함에 있어서 근간이 되는 해석상의 관점을 다시 한 번 언급하고자 한다.

8 긍정철학

1. 긍정철학의 토대: 절대정신과 창조론

세계시대의 철학과 더불어 셸링은 자기계시의 상이한 시대들의 형태 가운데 나타나는 절대자의 역사성을 주제로 다루기 시작한다. '신 안의 근거'라는 도식을 매개로 하여 셸링은 자신의 자연철학을 신의 본질에 대한 철학을 수행하기 위한 기초로 사용할 수 있게 되었다. 이제는 범신론을 넘어서 유신론이 중점적으로 다루어진다. 이렇게 자연철학과 유신론을 통합시킴에 있어서 중심적인 역할을 하는 기본 입장은 선과 악으로의 가능성이자 타락의 가능성이며, 동시에 신의 완전한 계시를 위한 *조건*으로서 진술되는 인간의 자유이다.

이때 문제가 되는 것이 있는데, 이럴 경우 절대자는 자기 자신의 온전한 실현과 계시를 위해 유한자의 조건 아래에 종속되어 버리고 만다는 것이다. 이러한 문제는 더 깊이 숙고되어야 하고, 기독교의 계시와 관련하여 -우선적으로는, 언제나 중심적인 주제였던 신의 자유라는 문제와 관련해서가 아니라-[1] 더 심화된 견해로 이어져야만 한다. 무엇보다도 "고난당하는 신"으로부터의 전환과 더불어 거론되는 그리스도의 인격은 (종교)철학적인 문제로서, 철학이라는 개념 자체와 결부되어 있다. 자연과 초자연(신), 이성과 계시, 형이상학과 사변신학 간의 연관성은 이제 새롭게 고찰되어야 했다.

1821년 에어랑엔에서 행했던 첫 번째 강의인《전체 철학의 시작: 학문으로서의 철학의 본성에 관하여*Initia Philosophiae Universae: Über die Natur der Philosophie als Wissenschaft*》(IX 209~246)에서 이미 셸링은 관념론적 입장들을 포텐츠론의 방법과 관련하여 재구성함으로써 하나의 비판적인 결론에 도달한다. 자연과정의 결과와 그 최종점으로서 생성된 인간의 자의식은 세계의 목표나 목적으로 간주될 수 없다. (세계의 두 가지 원리들이 통일성에 도달하게 되는) 자아는 자연과정의 고유한 목표인 모든 것들(모든 계기들)을 관통하고 있는 '초존재자*das Überseiende*'와 관련하여 볼 때, 자기 자신을 상실한 존재라는 것이 드러날 뿐이다. 자아는 자기 바깥에 정립된 자이며, 따라서 자기 스스로에 대한 지배자가 아니다.

만일 절대자의 계시를 단지 일반적인 의미에서처럼 단지 드러남으로서만 이해하지 않고 셸링처럼 엄격한 의미에서 이해한다면, 계시는 하나의 필연적인 사건으로서가 아니라 철저히 자유의 행위로 이해될 수 있을 것이다. 그것은 "신성의 가장 자유롭고도 인격적인 의지의 현시"(XIV 12)로 이해되어야 한다. 창조와 인류의 역사를 포괄하는 기독교의 계시 가운데 주어져 있는 내용이 철학적으로 이해될 수 있다면, 그 내용이 한 편으로는 파악될 수 없는 것으로 간주되어 단순히 수용되어 버리는 데 그치고 만다든지, 혹은 그 반대로 이성적 진리 속에서 용해되어 버리지만 않는다면, 또는 철학이 지나치게 간단히 계시와의 연관 속에서 서술되지만 않는다면, 그렇다면 (역사적으로 나타났던) 철학은 그 자신의 한계를 넘어서서 철학이라는 개념 자체를 확장시킬 수밖에 없다.

사실상 계시의 내용은 -이성 너머에 놓여있는- 기독교의 역사적인 것이다. 이 *역사적인 것*das Geschichtliche과 더불어 역사라는 것 자체가 비로소 세계 가운데 나타나기 때문에, 이 역사적인 것은 오직 이성의 철학을 넘어서는 긍정철학 가운데에서만 세계의 진정한 근원 즉 초세계적인 존재의 세계계획 가운데 기초 놓여진 "객관적으로 참된 것"(XIII 196)으로 파악될 수 있다. "그리스도의 현현은 … 이 계획의 첫 번째 드러남이다. … 그리스도의 현현은 그의 나타남과 더불어 계시되는 세계계획을 해명하기 위한 열쇠이기 때문에"[2] 신의 자기계시 전체는 '보다 고차원적인 역사höhere Geschichte'라는 의미로 철학적으로 이해될 수 있다. 그렇기 때문에 "나의 철학에 대한 고유하면서도 결정적인 명칭은 *기독교 철학*christliche Philosophie이다."라는 셸링의 진술은 단지 단기간만 유효한 것이었다.

오해를 피하기 위해 셸링은 이 명칭을 얼마 지나지 않아 즉시 거두어 버렸다. 대신 《긍정철학의 체계System der positiven Philosophie》라는 제목으로 행해진 강연에서 셸링은 자기의 철학을 다음과 같이 보다 자세히 정의한다. "나의 철학은 시초부터 마지막까지 지속할 하나의 체계를 기독교에게 제공해 준다."[3] 하지만 "그와 같은 철학의 대상들에게로 도달하기 위해서는 칸트 이후의 철학이 보여주는 것보다는 훨씬 많은 노력이 필요"(XIV 104)한 것처럼 보이는 것도 사실이다. 특히 칸트의《종교론》은 기독교의 역사적인 것이 어떻게 부정될 수 있는지, 기독교의 교의들이 -그와는 별 상관이 없는- 이성철학의 도덕론 속으로 어떻게 완전히 녹아 없어져 버릴 수 있는 지를 특징적으로 보여주고 있다. 이럴 경우에는 도대체 무엇 때문에 계시가 필요한 것인지가 더 이상 이해될 수 없다.

긍정철학에 대한 상이한 '서론'* 혹은 '기초'**들은 두 가지를 그 중점적인 내용으로 하는데,《새로운 철학의 역사》를 개관하고 동시에 《철학적 경험주의》를 기술하는 것이다. 1827/28년 이루어진 철학사적 고찰의 중점은 철학에 입문하는 이들로 하여금 철학의 역사를 특별히 경험하도록 도우려는 데 있었다. 이때 특징적인 것은, 철학의 원리들을 설명함에 있어서 주체성을 향한 점증하는 경향을 드러내보이는 것이다. 이는 데카르트의 '나는 생각한다'(물론 데카르트의 ego cogito는 하나의 체계론으로 고양되기 위해서는 존재론적 신의 존재증명을 필요로 하고 있다)로부터 피히테의 자아 개념, 그리고 셸링 자신의 초기 철학에 이르는 길에 대한 묘사 속에 드러난다. 철학의 역사 속에서 일어나고 있는 이와 같은 주체화의 과정은 (물질로부터 인간의 의식에 이르기까지) 세계라는 사태의 고유한 내면을 구성하고 있는 하나의 보편적인 과정으로 학문적으로 (철학적 경험주의라는 의미에서) 해명되어

---

* 역자 주:《계시의 철학 서론 혹은 긍정철학의 근거Einleitung in die Philosophie der Offenbarung oder Begründung der positiven Philosophie》를 의미.

** 역자 주:《긍정철학의 기초Grundlegung der positiven Philosophie》를 의미.

야만 한다. 이 철학적 경험주의는 그 마지막 단계에서는 '더 고도의 경험주의höherer Emprismus'로 고양되어야 한다. 고도의 경험주의는 더 이상 감각적인 경험이 아니라 초경험적인 것, 즉 종교적 의식 가운데 일어나는 신 경험과 관련되어 있다.

철학사에 대한 후대의 이해 속에서는 이제 데카르트, 스피노자, 라이프니츠, 칸트, 피히테로부터 헤겔에 이르기까지의 철학에 있어서 신이라는 개념이 가지는 의미가 강조된다. 이 과정에서 근대철학 전체는 적절한 신 개념을 구축해야 한다는 "가장 지고한 목표를 단계적으로 점차 벗어나고 말았다."(X 3)[4)] 칸트 이전의 강단 형이상학, 특히 볼프의 형이상학은 "단지 합리주의적인 주체-이성적 철학"(X 71f.)으로서, 철학교육을 위해서는 유용하지만 고유한 의미에서의 학문은 아니다.

이런 형이상학에서는 영혼, 세계, 신과 같은 중요한 개념들과 가장 지고한 대상들이 단지 전제되어질 뿐이었고, 이들을 증명하는 형태 역시 단지 피상적인 진술에 그치고 만다. "여기에서의 증명이란 결코 그 대상의 자기증명이 아니었다."(X 61) "전체 철학 속에서 하나의 단일한 개념이 관통해 있지 않고" 있기 때문에, 이 형이상학에서 철학의 대상들은 일련의 순서 가운데 외적으로 병렬하여 서 있고, "따라서 여기에서는 모든 대상들을 관통하는 체계가 존재하지 않는다. 이 형이상학은 그 개별 대상들 마다 처음부터 다시 시작해야 했다."(X 61). 존재론이 "단지 개념정의들을 모아 놓은 것에 불과"(X 61)했던 반면, "모든 것의 왕좌"(X 64)로서의 이성주의 신학에게는 존재론적 논증을 통해 신의 존재를 증명해야 할 과제가 주어졌다. 이로써 "신은 형이상학의 *최종점*이 되고 만다." 신이란 "실제로는 사물의 *이후가* 아니라 사물 *이전에* 존재함에도 불구하고"(X 71).

이제 이를 따르는 모든 체계들은 아래와 같은 의미에서 부정석이라는 사실이 드러난다.

1. 모든 철학체계들은 그 원리에 있어서 부정적이다. 왜냐하면 절대자는 그것이 유한자의 근원이자 원인으로 이해되고 있음에도 불구하고 강단 형이상학 이후 철학에서 절대자는 비로소 마지막에 가서야 다루어지고 있기 때문이다.

2. 여기에서는 절대자와 유한자의 관계가 순전히 논리적으로만 사유되고 있으며, 결코 역사적인 관계로 사유되지 못하고 있다. 그래서 절대자와 더불어 자기의 철학을 시작했던 스피노자는 (절대 실체의 속성으로서의) 유한자를 기하학적 필연성의 방식을 따라 신으로부터 산출된 영원한 결과로서만 사유할 수 있다.

3. 심지어 "자연 속에서부터 그 첫 번째 발걸음을 내디뎠던"(X 146) 동일철학조차도 부정철학이라는 사실을 고백할 수밖에 없다. 하나의 과정 가운데 있는 절대 주체의 자기실현과 더불어 시작했던 동일철학에서는 자연 현상들이 일련의 연속 속에서 도출되고 연역되었다.

그럼에도 불구하고 "이 과정에 대한 표상은… 자기 기만적인 것이었다." 왜냐하면 이때의 일련의 연속은 "순전히 사고 안에서만 이루어졌기" 때문이며, 이로써 그 사유상의 순서를 "하나의 실재적인 [객관적인] 과정으로 표상하고 있었기 때문이다."(X 124f.) 자연철학에서는 이런 식으로 아프리오리한, 즉 논리적으로 연역가능한 자연이 도출되었지, 실재로서 존재하는 자연이 도출되어 나오지 못했다.

셸링에 의하면 절대자는 -널리 퍼진 종교적 신앙과 일치하여- 오직 절대적으로 자유로운 인격적 창조신으로 파악되어야 한다. 이와 같은 창조자로서의 신에 대한 개념은 경험주의만 아니라 신지학(뵈메), 유신론적 신앙철학(야코비), 신비주의와 같은 사조들의 근저에 놓여 있는데, 이런 사조들은 데카르트, 스피노자, 라이프니츠, 칸트, 피히테와 같은 합리주의적 계열에 대립한다. 하지만 이런 합리주의 계열의 철학은 그 내적인 약점으로 인해 학문적 체계를 형성하지 못하고, 이를 위해서는 다시금 하나의 긍정철학을 필요로 한다.

부정철학과 긍정철학의 구분은 완전한 체계로 등장했던 헤겔 철학과의 비판적인 대결로부터 비롯된 것으로 보인다. 그것은 셸링 철학의 발전에 있어서 대단히 중요한 위치를 차지하고 있는데,[5] 헤겔에 대한 비판 속에서 셸링은 이미 헤겔에 대한 탈관념론적 비판, 즉 루드비히 포이에르바흐와 마르크스의 유물론적인 비판의 가장 본질적인 부분들을 이미 선취하고 있다.

헤겔에 대한 비판은 한편으로는 자기 자신에 대한 암묵적인 비판이기도 하다. 왜냐하면 헤겔은 "전체에 있어서 그리고 가장 중요한 부분에 있어서 [동일철학과] 사실상 동일한 것을 제시하고자 했기 때문이다."(X 131). 다른 한편, 부정철학과 긍정철학의 구분을 전제로 하고 있는 헤겔 비판은 구체적으로는 특히 헤겔의 《논리학》에 나타나는 시작의 문제, (진보라는) 방법론, 절대정신 안에 있는 유한자에 대한 규정 등과, 《엔치클로패디》에서 수행된 실재철학에로의 전이 및 전체 체계의 지위 등이다. 《정신현상학》에서 헤겔은 철학의 시작점에 대한 문제와 관련하여 셸링의 동일철학에 대해 비판적으로 진술한 바 있다. 이와 관련하여 셸링은, 자신은 1801년 동일철학의 주체-객체Subjekt-Objekt와 더불어 그로부터 아무런 전제 없이 이론이 시작될 수 있는 시작을 선택한 것이었다고 강조한다.[*] "그 완전한 객관성 속에서"(X 129) 우선적으로 규정된 절대주체는, 참된 주체로 존재하기 위해서 "자기 스스로인 바로서의 자기 자신을" 객체로 가지려는 의지를 지닌다. 때문에 절대주체는 주체로서의 자신에 대하여 적합한 규정에 도달하기까지 이를 결정하는 과정 안으로 들어가야 할 필요와 필연성을 가진다.

반면 헤겔의 《논리학》에 등장하는 객관적 시작에서의 순수존재, 즉 "그 안에 주체와 같은 것 따위는 전혀 찾아볼 수 없는"(X 131) 순수존재로부터는 하나의 과정을 시작해야 할 아무런 필요도, 아무런 운동도 발견할 수 없다. 제 아무리 헤겔이 운동에 대해 이야기한다고 하더라도 운동이 가능한 것은 "순수존재와 더불어 시작하는 *사유*가 이처럼 전적으로 추상적이고 공허한 것에 머물러 있을 수 없음을 지각하기 때문이다."(X 131) 이에 따르면 운동의 근원은 순수존재로서의 주체가 아니라 사유 속에서 운동하는, 혹은 그의 사유가 운동하고 있는 철학하는 주체에게 놓여 있다. 이는, 사유는 "이미 구체적이고도 내용상 충만한 존재에 대하여 익숙해 있으며, 따라서 순수존재의 저 빈약한 양식에 만족할 수 없다는" 데 기인한다.

운동은 "학문이 마침내 도달해야 할 현실적인 세계"라는 목표를 향해 나아간다. 왜냐하면 현실 세계는 "철학하는 주체들의 보다 협소하거나 또는 보다 포괄적인 *개별적인 세계상*"(X 132)에 의해 규정되기 때문이고, 또한 이 현실 세계에 대하여 실제로 파악한 것들은 이 운동에게 아무런 필연성도 보증해 줄 수 없기 때문이다. 따라서 그 결과는 언제나 우연적이다. 셸링의 관점에서 보자면 《논리학》에 나타나는 시작은 *순전히* 개념들을 다룰 뿐인 사유가 주체이자 사태 자체로 제시되는 사유의 위격화에 지나지 않으며, 그 자체로 정당화 될 수 없는 생각이다(X 212f.).

헤겔은 이러한 시작에 운동을 부여함으로써 마치 순수존재가 이미 주체로 존재하는 것처럼 보이도록 했다. 헤겔이 제시하는 소위 운동의 필연성은 진보하는 것처럼 보이는 허상을 지시할 뿐이다. 헤겔의 진보는 실제로는 존재하지도 않는 원리에 의존해 있으며, 그 원리라는 것 역시도 그 (운동을 통해 우연적으로 나타나는) 결과에 의해서만 겨우 획득된다. 목적론을 비판하면서 헤겔은 시작과 더불어 시작하지 못하고, 대신 그것이 나아가고자 하는 바를 이미 *알고 있는* 사유에만 매몰되어 있다.

뿐만 아니라 순전한 주체로 사유되는 순수존재는 직접적으로 존재하는 종류의 것이 아니다. "그것은 최초의 사유의 존재로서, 존재 자체가 아니라 규정되어진〔중재된〕 존재"(X 133)이며, 이로 인해 시작의 무전제성이 헤겔에게서는 약화되어 있다. 순수존재를 본질상의 존재나 대상적인 존재가 아닌 '존재라는 것 그자체로Sein überhaupt', 그 철저한 비규정성("하나의 차가운 은유": X 138) 안에 있는 것으로 이해하려는 것을 셸링은 불가능한 것이라고 일축한다. 왜냐하면 그 때에는 "참으로 아무것도 *사유되지 않기*"(X 133) 때문이다. 순수존재는 "이미 하나의 규정적인 존재이다."라는 해석이 타당하다 할지라도, '아무 것도 사유하지 않는 사유'라는 터무니 없는 생각으로 인해 결국에는 시작의 문제에 대해 아무런 해결책도 제시하지 못하는 헤겔의 생각을 셸링은 거부한다.

《논리학》의 방법론은 변증법이다. 이에 대하여 셸링은 "지금 《논리학》에는 이전의 철학의 방법이 전이되어"(X 137) 있다고 비평하면서 거부한다. 여기에서는 자연과 관련하여 힘이나 실재적 포텐츠, 혹은 과정에 대해 이야기할 수 있다. 그리고 객관을 통해 규정된 주체 안에는 "진정한 대립과 진정한 부조화"가 놓여 있으며, 그러므로 "극복해야 할 것들이 존재하기 때문에"(X 137) 하나의 상승이 가능한 것이 사실이다.

하지만 개념으로 하여금 자기 자신의 규정들을 뚫고 전진해 나가도록 하는 것이 과연 무엇인지는 결정되지 않고 있다. "개념이 자기 자신 안에 내재해 있는 ―그것이 순전히 개념의 힘이기 때문에 변증법적이라고 불리우는"(X 136)― 운동의 힘을 통해 전진해 나간다면, 변증법적 진보 안에는 "아무런 투쟁도 없고 단지 지루하고 졸리기까지 하는 전진"(X 137)만이 존재할 것이다. 이렇게 개념들 속에만 있는 진보라는 것에 대하여 '과정'이라는 단어를 적용하는 것은 셸링이 보기에는 "용어를 오용하는 것에 불과하다. 비록 이 용어가 헤겔에게는 참된 생명이 결핍되어 있음을 은폐하기 위해 매우 중요한 수단이라고 할지라도 말이다."(X 137) 과정이란 자연이 (그리고 자연을 동반하는 직관이) 다루어질 때에야 비로소 존재할 수 있다. 헤겔은 자연철학의 방법을 부당한 방식으로 사용하고 있다(X 212). "이로 인해 시작점은 그 이후 뒤따르는 것들에 대하여 단지 결여나 결핍, 공허로〔나타나고), 이 공허가 충족되고 난 후에 그것은 결국 지양되어야 한다. 하지만 이때에 정작 극복되어야 할 것이란 거의 없다. 빈 통을 채울 때 무엇이 극복되어야 하는 것은 아니다."(X 137)

셸링의 이해에 의하면 변증법이란 단지 하나의 부수적인 수단이며 주관적인 사유의 도구에 지나지 않는다. 그것은 과정 가운데 있는 사태 그 자체가 아니라 단지 서술방식이고, 공허한 외양이자 그림자일 뿐이다(cf. VIII 201). 개념은 운동하고 전개하는 것처럼 보이기만 할 뿐이다. 이 운동하는 것처럼 보이는 개념이 그 운동의 근거를 철학하는 주체의 사유 가운데 가지고 있다는 사실, 그리고 이 개념의 운동이 도달하고자 하는 몇 가지 규정들은 사실상 개념을 넘어서 직관과 연관되어 있다는 사실을 셸링은 "순수존재는 무*이다*das reine Sein ist Nichts" (X 133)라는 문장을 통해 해명한다. 여기에서 '이다'를 계사Kopula로 규정한다면, 이 문장은 주어인 순수존재에 대하여 하나의 판단을 제공하고 있다는 의미를 가진다. 이때 주어로서의 순수존재에 대척해서는 무가 그 진술로 부과되어 있는데, 이로 인해 "순수존재와 무 양자는 적어도 무언가의 잠재성potentia인 듯 보이며, 따라서 이제 이 문장으로부터 출발해서 더 나아갈 수 있는 것 같다."(X 134)[7)]

하지만 헤겔은 이 문장을 그로부터 아무 것도 나아올 수 없는 "단지 동어반복Tautologie으로 간주"(X 134)했다. 이러한 동어반복을 통해서는 그 무엇도 뒤따를 수 없다. 존재와 무를 결합시킴으로써는 생성Werden에로 넘어갈 수가 없다. "헤겔이 *생성*에게로 넘어갈 수 있었던 것은, 그가 미래에 나타나게 될 것이지만 아직은 존재하지 않는 것을 염두에 두고"(X 135) 있었기 때문이다. 규정들이 확장되어 나아가고,

이를 통해 하나의 진전이 가능하기 위해서는 또 다른 단어가 "*다시금 추가되어야*"(X 134f.) 한다. 그것은 바로 직관이다. 이렇게 헤겔이 직접 주제화하지는 않은 직관을 통해서 본다면, 개념이 필연적으로 자기운동을 하고 스스로를 전개해 나간다는 것은 허상이고 허구라는 것을 인정할 수밖에 없다.

헤겔에 대해 셸링이 제기하는 더 포괄적인 논쟁점은 -지금까지는 단지 암묵적으로 논의되었지만-《논리학》혹은 철학 체계의 최종점을 어떻게 규정해야 하는가의 문제이다. 헤겔에 의하면 "*전진은 근거에로의 귀환*, 곧 시작되어진 모든 것들이 의존하며, 그곳으로부터 모든 것들이 실제로 산출되어 나온 *근원적인 것과 참된 것*에로의 귀환"[8]을 의미한다. 이에 반해 셸링에게 있어서 참된 산출의 근원으로서의 절대자는 결코 결과물이 될 수 없다.

왜냐하면 절대자는 시작을 만들어 내야만 하기 때문이다: "절대자는 … 결코 헤겔이 말하듯 모든 것들이 그 근원인 최종적인 것 안으로 되돌아가는 그런 종류의 것일 수가 없다. … 그 보다는 차라리 진전해 나아가는 모든 것들은 스스로를 그 뒤를 이어 나타나는 것들의 근거로 만들어 버린다는 사실을 통해 근거지워진다고 말해야 할 것이다. 선행하는 모든 것들은 스스로 더 이상 존재하는 것이 아니도록, 즉 다른 것들을 위한 존재의 근거로 격하시킨다."(X 157f.) 이와 같은 근거로 격하됨Zu-Grunde-Gehen의 과정 속에서, 선행하는 것들은 스스로 뒤이어 나타나는 것들의 근거가 되는 것이지, 결코 자기 자신을 고양시켜 그 뒤따르는 것들로 변화하는 것이 아니다.

헤겔에게 있어서 근거란 목적론적 근거를 의미한다면, 셸링은 이를 최종인Finalursache이라고 부르는데, 이렇게 근거에 대한 양자의 엇갈리는 이해로 인해 체계에 대한 총체적인 평가 역시 달라진다. 이는 특히 논리학으로부터 실재철학에로의 이양과 관련되어 있다. 부정철학과 긍정철학을 구분하면서 셸링은 논리학의 위치와 과제에 대한 체계이론적인 고찰을 통해 다음과 같이 결론 내린다.

즉 자연철학을 매개로 논리학으로부터 벗어나게 된다는 헤겔의 주장은, 체계란 자기 안에 하나의 반립Entgegensetzung을 내포하고 있다는 것을 의미한다. 우선 논리학은 실재철학에 대한 반립 가운데 자기 자신에 대한 순수 사유의 주관적 학문으로 정의된다. 주관적 학문으로서의 논리학은 그 논리적 귀결로 사유 가운데 포괄되어 있는 완성적 이념으로서의 절대자가 획득된다(X 136). 하지만 자연철학을 매개로 논리학으로부터 벗어나게 된다고 주장한다면, "모든 것이 … 오직 사유 속에서만" 진행되는 순수한 논리의 과정은 이제는 "결정적인 방식으로 객관적이면서도 실재적인 과정인 것으로 간주된다."

하지만, 셸링이 보기에 이렇게 여러 "요구사항"(X 128)을 추가하는 것은 하나의 순수 이성의 학문에게 적절하지 않은 일이다. 아무튼 이와 더불어 헤겔에게는 실제세계에 대한 철학적 인식이 실증성을 지니고 있는 것처럼 보이게 된다. 이에 반하여 셸링은 논리적인 것을 그 토대로 하고 있는 《엔치클로패디》는 객관적이고 실재적인 세계를 결코 그 객관적인 세계 자체로 수용할 수 없다고 본다. 자연이 "논리가 중지되는 곳"에서 비로소 시작한다면 이러한 자연은 "더 이상 선험적인 것일 수 없으며"(X 152), 단지 현실적으로 존재하는 자연, 즉 순수 이성이 결코 그곳에 도달할 수 없는 자연에 불과할 것이다. 따라서 논리에 대한 학으로서의《논리학》은《엔치클로패디》전체를 포괄하던지, 또는 역으로《엔치클로패디》전체는 논리적으로 구성되었어야만(즉 어떤 경우든지 간에 자연철학이 그 안에 포함되어 있어야) 한다. 헤겔은 "이 철학 *전체의* 순전히 논리적인 속성"을 제대로 파악하지 못한 채 실증적인 것들을 인식했다고 주장할 뿐이다. "헤겔이 묘사하는 철학은 … 실증적인 것을 배제하지는 않는다. 오히려 그의 철학은 자기 안에서 그것을 굴복시켰다고 주장한다."(XIII 80)

하지만 바로 이로 인해 헤겔은 순수한 이성학문의 대변자가 결코 *아니다*. 헤겔은 "저 철학〔동일철학〕의 순전히 논리적인 성격을 잘 깨달았다."는 데 의의가 있지만, 그는 "실재적인 것 가운데 감추어져 있는 초기 철학의 논리적 특성을 *그러한 바로서* 강조했을"(X 128) 뿐이다. "순수 사유에로의 복귀는 부정철학의 참된 본질에 대한 적절한 표현이다."(X 141) 하지만 헤겔의 철학은 절대철학의 '한 측면'에만 집중해 있고 긍정철학과 부정철학의 분리를 제대로 이해하지 못했기 때문에, 거기에 부정철학의 완성적인 형태라는 "영예를 부여할 수가 없다."(XIII 80) 헤겔의 철학은 부정철학과 긍정철학이라는 역사적으로 필연적인 구분에 아무 것도 기여한 바가 없다. 따라서 헤겔의 철학은 새로운 철학의 역사 안에서 단지 하나의 일시적인 현상이자 에피소드(X 125, 128, 213)에 그칠 뿐이다.

논리학에서 자연철학에로의 전이에 대한 진술과 관련하여 헤겔의 신 개념에 대한 신랄한 비판이 나타난다. 헤겔에 의하면《논리학》의 과제는 최종적으로 "완결된 이념"으로서의 "순수한 신적 이념"(X 136)

을 서술하는 것이었다. 그렇지만 부정적인 신 개념에 대한 순전히 *"논리적인 귀결"*로 얻어지는 절대자에 대하여 헤겔이 제시하는 개념 상의 규정은, 절대자의 본질에 대해서는was das Absolute ist 인식할 수 있도록 하지만 그의 실존Existenz에 대해서는 아무 것도 말하지 못한다. 이 신은 기독교가 말하는 현실적인 신이 아니라 단지 "최종인" 혹은 "실체적 정신substantieller Geist일 뿐이며, 경건성과 일반적인 언어용법이 이 단어를 사용하는 의미에서의 정신은 아니다."(X 155) 헤겔은 이념으로부터 자연에로의 전이를 주장한다.《논리학》에 의하면 "최종적 귀결"로서의 절대이념은 "*또 다른 영역과 학문의 시작*이기도 하다."[9]

이와 유사한 방식으로 헤겔은《엔치클로패디》의 §242에서 이념은 절대자유 속에서 스스로를 자연으로서 자기 자신으로부터 떠나가기로 "스스로 결단" 혹은 "충동"하였다고 말한다.[10] 헤겔은 "절대정신"을 신과 동일시되고 있는 "절대이념"이라는 용어와 관련하여 사용하는데, 이러한 용어상의 모순들 때문에 헤겔이 여기에서 소개하고자 하는 창조론은 단지 기만적인 것에 지나지 않는다.

셸링이 보기에 논리학으로부터 자연철학에로의 전이 속에는 하나의 "단절"(XIII 88)이 놓여 있다: 왜냐하면 논리학 속에서 이념이 스스로를 완성한다면, 하나의 "새로운 영역"에로 넘어가야 할 필연성이란 존재하지 않기 때문이다: "이념 속에는 어떤 운동을 향한 필연성이라는 것이 *도무지*" 놓여 있지 않다(X 152).[11] 이제 "단지 *이념*에 대해서만 거론하는 일 따위는 더 이상 하지 않는" 또 다른 철학이 나타나서 전혀 새로운 시작을 제시해 주지 않는다면, 사람들은 "이제 철학은 *종결되었다.*"고 믿을 뻔 했다(X 146). 여기에서 한 가지 잊지 말아야 할 것은, 《논리학》은 "실존의 전적인 부정성das bloß Negative der Existenz"(X 143)만을 서술하려고 한 것이 아니라, "신이라는 이념에 대한 구성" 으로서 동시에 절대자의 실존을 증명하고자 했다는 것도 확실히 염 두에 두어야 한다. 물론 이것은 셸링의 논리적 철학 즉 부정철학과는 조화되지 못한다.

헤겔은 절대 이념을 단지 논리적 귀결로서만이 아니라, "동시에 (절대 이념이 자연과 정신세계를 관통하여 지나간) 이후에 다시금 *실재적인 귀 결로reales* Resultat 재포착"하려 했다. 이로 인해 신은 "이중적인 생성"(X 146), 즉 한 번은 논리적 생성에, 또 한 번은 실재적 생성에 던져 진 다: 두 번째 생성, 즉 세계 안에서의 신의 현실화 속에서 신은 그 실 재적인 과정을 통해 자신이 참 신이라는 것을 증명하는데, 이때 "신 은 자기 자신이 결코 벗어날 수 없는 과정 안으로 스스로를 내어준 다."(X 159). 이와 더불어 신은 시간과 공간이라는 외양 속에 있는 "과 정 자체"(X 160)가 된다. 이념 속에서 신은 실재적 생성에 대한 자유를 전혀 가지지 못한다. 신은 "자기의 자유를 *희생시킨다.* … 이러한 자유 로운 외화Entäußerung의 행위는 동시에 신의 자유의 무덤이다."(X 160)

하지만 셸링에 의하면 창조란 자유로운 활동이며, 단 한번 일어나 는 실질적인 사건faktisches Geschehen이다. 실질적인 사건은 단지 논리 적이기만 한 철학 안에서는 재구성될 수가 없다. 자유를 박탈당한 신 은 자신의 실존에 대해 결정할 수 있는 절대적으로 자유로운 창조신 이 결코 아니다. "오히려 그는 영원히 지속되는 활동과, 결코 안식을 찾지 못하는 불안의 신이다. 그는 그가 이미 행한 것만을 반복적으로 행하는 신이며, 따라서 결코 새로운 것을 창조할 수 없다."(X 160) 헤겔은 "모든 것을 결정하는 자"로서의 "절대정신"이라는 개념 안에서 마침내 삼위일체 사변 및 계시론을 포함하는 기독교 종교가 통합되었다고 오만한 태도를 취한다.[12] 하지만 셸링에 의하면 이 "절대정신"은 본질상, 즉 그 개념상에 있어서만 정신이지, 결코 "*참된* 정신*wirklicher* Geist"(X 155)은 아니다. 참된 정신은 긍정철학 속에서만 발견될 수 있다.

기독교를 해명하고자 하는 철학은 창조를 "순전히 논리적인 귀결을 절대적으로 중지시키는 행위"(X 159)로서 사유해야만 한다. 창조의 행위는 그 행위 이후에야 비로소 인식되는 것이지 논리적으로 구성할 수 있는 것이 아니다: "창조라는 개념은 긍정철학의 고유한 목표이다."[13] 창조론의 가장 중요한 과제는, 세계의 존재와 비존재라는 양자택일에 대하여 대척해 있는 신의 절대적 자유를 드러내는 데 있다.

이러한 구성을 위한 출발점은 절대선행자das absolute Prius가 대상적인 존재를 생성하기 '이전'에 가지고 있는 계기들을 가설적으로 정립하는 것이다.(cf. XIII 204ff.) 존재 이전을 사유해 보면 그로부터 절대선행자가 지니는 세 가지 양태들이 산출된다. 즉 그것은 (앞으로 정립될 존재와의 연관 속에 있는) 직접적인 '존재가능자Seinkönnendes', '순수존재자rein Seiendes', 마지막으로 이 양자의 동일성인 '그러한 바로서 존재하는 존재가능성als solches seiende Seinkönnen' 이다. 존재와의 관계로부터 도출되는 이 세 개의 규정들은 절대선행자에게 적용된다. 따라서 이 규정들은 절대선행자, 즉 절대정신의 근원존재Ursein를 구성한다.

절대정신은 동시적으로 있으면서 함께 근원을 이루는 이 세 가지 형태들의 통일성이다. 절대 선행자는 존재로부터 만이 아니라 존재에로 넘어가야 할 필요로부터도 전적으로 자유롭다. 그는 모든 규정적인 존재 이전에 이미 있는 가장 순수한 활동actus purissimus이며, 순수하면서도 미리 사유될 수 없는 존재reines, unvordenkliches Sein이나.

저 세 가지 형태들은 절대정신 자신에게는 그의 포텐츠들로 나타난다. 그것들은 이 세 가지 형태들의 통일성인 절대자 자신과는 구별되는 존재(세계)의 가능성들이다. 그런데 이 형태들의 동시성은 지양될 수 있고, 개별 포텐츠는 일련의 연속성 가운데에서 개별적으로 존재하는 것으로 정립될 수 있다. 포텐츠들의 복수성 속에서 생성되어가는 세계Weltall는 '단일한 총체unum versum', 곧 하나의 '우주'이며, 신 안에 일어나는 원리들의 연속적인 변용이자 변화이다. 이 가운데에서 신은 아직 전일자der All-Eine로서 나타나지 않는다. 신은 세계 속에서는 그가 진리 가운데 있는 것과는 다른 방식으로, 즉 자기의 참된 존재를 향해 나아가는 형태들과 변용들 가운데 있다.

이때 셸링은 신의 역설Ironie에 대해 말한다. "신과는 구별되는 (상호 간의 긴장 속에 있는 포텐츠들은 더 이상 신이 아니기 때문에) 세계의 존재는 신의 위장술에 토대하고 있다. 외양으로는 긍정하지만 그 의도는 부정하는 것이다. 거꾸로, 겉보기에는 부정하는 듯 보이지만 그 의도는 참으로 긍정하는 일이다."(XII 91) 동시적인 형태들이 일련의 연속적인 포텐츠들로 변화되어야 할 것인지, 혹은 그로 인해 이 포텐츠들이 각각 존재 가능자(혹은 비필연적 존재자Nicht-Seinsollendes), 존재 필연자Seinmüssendes, 존재 의무자Seinsollendes가 되어 과정 속에 작용할 것인지, 혹은 이것들이 정립되어질 것인지 아닌지의 여부는 전적으로 절대정신의 자유로운 의지에 달려있다. 즉 이것들을 정립해야 할 하등의 필연성이 절대정신에게는 없다. 절대정신과는 구별되는 존재의 첫 번째 가능성의 단계, 즉 존재 가능자의 형태 속에서 이미 절대정신은 자신의 자유의지의 능력을 의식하고 있으며, 이와 더불어 절대정신은 필연성에 대립하는 자기 자신의 고유한, 미리 사유될 수 없는 존재의 자유 속에 정립되어 있다.

셸링은 '존재의 주'라는 표현만이 성서의 진술에 적합한 유일한 신 개념이라고 판단한다(X 261, 281/286). 셸링에 의하면 이 표현은 절대 선행자인 신의 절대적인 자유와 세계에 대한 우선성을 가장 잘 드러내 준다. 신은 결코 존재 자체das Sein schlechthin가 아니다. 마찬가지로 세계의 존재는 직접적이면서도 필연적인 방식으로 그의 본질과 결합되어 있지도 않다. 그와는 반대로 신은 존재의 주인이고, 따라서 그에게는 존재를 정립할 또는 정립하지 않을 자유가 있다. '주 되심Herr-sein'이라는 말은 신이 거기에 대해 주인이 되는 대상과 관련하여 상호 관계적임을 가리키는데, 따라서 신은 자기 안에 자기와는 다른 존재를 정립하거나 하지 않을 가능성을 가지는 그 때에도 이미 -포텐츠들의 주인으로서- 참된 신이어야만 한다.

세계를 정립하는 행위는 자기 자신에 대해 의식하고 있는 정신에게 아무 것도 첨가하지 못한다. 세계란 잠정적으로 중단되어진 신의 활동 외에 아무 것도 아니다. "신의 존재는 저 포텐츠들 간의 긴장 속에서 지양되지 않으며, 단지 잠정적으로 *중지될* 뿐이다. 하지만 이 일시적 중지는 신의 존재를 *참*으로 활동적으로 정립하려는 것 외에는 다른 의도를 가지지 않는다. 이것은 다른 방식으로는 가능하지 않다."

(XII 91) 절대 선행자의 양태들은 그 세 번째 형태, 즉 '그러한 바로서 존재하는 존재 가능성'에 이르러 정점에 도달한다. 여기에서 절대 선행자는 스스로를 신으로 계시할 것인지 또는 계시하지 않을 것인지를 결정하는 "존재와 비존재 사이의 참된 자유자"(XIII 270)로서 절대 자유를 가진다. 오직 이와 같은 절대 자유로 인해 절대 선행자는 신이라 불릴 수 있다.

한편 최초의 주체, 즉 신의 순수 존재자rein Seiendes는 단지 절대 선행자의 절대적으로 비규정적인 존재를 의미하며, 이에 대해서는 단지 그가 순수 활동actus purus이라는 것만이 이야기될 수 있다. 순수 존재자는 그 첫 번째 계기로서의 시작 속에서 미리 사유될 수 없는 절대 선행자이기 때문에, 그의 신성은 추후적으로만 -시작과 더불어 뒤따르는 귀결들로부터만- 입증될 수 있다.

인간의 신 의식의 표현인 다양한 종교들은 신의 계시의 역사가 나타나는 양식들 혹은 계기들이다. 신이 인간의 의식 속에서 스스로를 절대 자유와 인격성으로 계시하기까지 신의 계시는 이러한 특정한 단계들을 거쳐 이루어진다. 종교에 대한 이와 같은 개념의 물질적인 실체는 인간의 의식이 신에 대해 가지는 *실재적인reales* 관계이다(XIII 191; XIV 28; XI 245, 250). 긍정철학의 종교개념은 바로 여기에서 이성 종교와 분명히 구분된다. 학문적인 성찰을 통해 산출되는 이성종교는 오직 지식 속에만 자리하고 있으며, 신에 대해서도 단지 이념적인 관계만을 가지고 있다.

셸링은 이를 통해 이성에 의해 자행되는 합리주의적 포섭으로부터 실증 종교를 해방시키고자 한다. 이성은 자신이 가지고 있는 종교에 대한 개념을 기준으로 삼아 실증종교의 진리성을 평가한다. 이때 이성은 "*교의적인 것Doktrinelle*과 역사적인 것을 구분하고는 오직 *전자*만을 종교의 *고유한* 본질과 내용으로, 역사적인 것은 단지 형식이나 외피 정도로만 평가절하 한다." 그에 반하여 종교에 대한 실재적인 개념은 "역사적인 것을 … 이론에게 있어서 단지 부수적인 것으로 간주하지 않고, 역사적인 것을 이론 그 자체로"(XⅢ 195) 확정시킨다. 종교에 주어져 있는 현실 변혁적인 의미는 오직 역사를 그 내용 안으로 수용할 때에만 제대로 드러날 수 있다. 이성종교 아래로 실증종교를 복속시키는 일을 중단한다면, 그 기원에서부터 양자가 큰 차이를 지니고 있다는 것이 드러난다.

> 종교의 진정한 구분은 아래와 같다: 가장 지고한 탄생은 종교 자체이다. 종교의 탄생에 연이어 1) 학문적 종교와, 2) 비학문적 종교라는 두 개의 탄생이 일어난다. 비학문적 종교는 다시금 1) 자연적 종교 = 신화, 2) 초자연적 종교 혹은 계시를 통해 생성되는 종교, 두 가지로 구분된다.(XⅢ 193)

종교에 대한 실재적 개념에 의하면, 서로 연관되어 있는 종교적 이념들의 근저에는 역사적 시대가 그 근저에 놓여 있다. "자연종교는 시작이자 인간의 시대 가운데 나타나는 최초의 *보편적인* 종교이다. 순전히 자연적인 종교는 동시에 필연적인 것이며, 맹목적이고 *자유롭지 못한* 종교이다. … 계시는 그것을 통해 인류가 맹목적이고 부자유한 종교로부터 풀려나게 되고, -자유로운 통찰과 인식의 〔철학적〕 종

교로서 - 자유롭고도 정신적인 종교가 처음으로 중재되고 가능해지게 되는 과정이다."(XIII 194)

셸링은 종교와 관련하여 일어나는 이러한 운동을 해명해 주는 논리적 틀로서 삼중적인 원리의 도식을 적용한다. 먼저 신의 활동과 관련해서는 *창조*를, 인간의 활동과 관련해서는 (타락) *신화*를, 그리고 신인Gottmensch 혹은 인자Menschensohn의 활동과 관련해서는 (구원과 화해의) 계시를 언급한다. 이것들은 모두가 우발적인 사건들이다. 각각의 사건들은 실행적 혹은 활동적 특성을 가진다. 따라서 이 개별원리들은 그것들이 일단 실행에 옮겨지게 되면, 선행하는 원리의 기존의 작용에 변경을 가져오는 일종의 전환점으로서 작용하는 것이 사실이다. 그렇지만 이러한 사건들은 결코 이 원리들 자체로부터 도출될 수 있는 그런 종류의 것은 아니다. 신인의 활동은 신의 근원적인 활동에 저항하는 인간의 활동을 지양하고 상호 대립적인 요소들을 화해시키며, 이로써 인간의 자유가 현실화되는 가운데 관철되는 신의 자유를 재구성하는 '보다 고도한 역사höhere Geschichte'를 만들어 간다.

《신화의 철학》은 신화적 과정을 다룬다. 이 과정은 개별적인 신화들 속에서 자연종교의 필연적인 발전단계로서 나타난다.《계시의 철학》은 좁은 의미에서 보자면 그리스도론이다. 종교의 신화적 단계는 현실적이고도 역사적인 이유로 인해 계시의 단계에 선행한다. 그리스도교는 스스로를 신에 대한 지식에 있어서 '어두움'의 상태를 극복한 것으로 선언한다. 따라서 계시는 초자연적이면서도 잠정적인 상태로서, 선행하는 단계를 자신의 토대로 한다.《신화의 철학》은 종국에는 신화적 과정의 본질이 무엇인지를 파악하지만, 그 과정이 어떻게 존재하게 되었는지에 대해서는 계시의 철학으로 하여금 대답하도록 넘겨준다.

2. 신화의 철학

《신화의 철학》은 신화에 대한 역사적 연구나 언어학을 수행하려는 것이 아니라 "신화에 대한 참된 학문, 즉 신화에 대한 '이론' 혹은 철학을 제시"(XI 4)하고자 한다. 《신화의 철학》이 첫 번째로 강조하는 것은, 신화는 진리를 담고 있다는 사실이다. 《신화의 철학》 제1권의 '역사-비평적 서설'(XI 1~252)에서 셸링은 신화에 대한 상이한 입장들을 아래와 같이 기술하고 있다.

> 신화에 대한 역사적 관점과 철학적 관점은, 양자 모두 신화가 진리를 담고 있지만 종교적 진리를 담고 있는 것은 아니라고 본다는 점에서는 일치한다. 하지만 양자는 신들의 형태들을 해석하는 것과 관련해서는 의견을 달리한다. 종교를 역사적 진리로 간주한다면, 신들은 인격들로서, 즉 신격화된 인간들, 영웅들, 법칙의 수여자와 왕들로 해석된다(유에메로스적 관점*) 반면에 철학적 진리로 신화를 이해한다면, 신화의 진리는 신론의 도덕적-윤리적 내용 속에 또는 사물의 본질에 대한 교훈 가운데 놓여 있는 것으로 해석된다. 이때 후자는 다시금 형이상

---

* 역자 주: 유에메로스Euemeros는 기원전 4세기 경 그리스의 철학자이자 저술가이다. 크로노스나 제우스와 같은 그리스의 신들은 본래 신이 아니라 초기 그리스 국가의 영웅들이거나 설립자들이며, 이들 중 일부는 그들이 생존 당시부터 이미 신격화되어 숭배되었다고 주장한 인물이다.

학적 해명방식(신플라톤주의)과 자연철학적 혹은 물리적(우주기원론적 철학, 하이네) 해명방식으로 나누어진다.

　신화에 하나의 비종교적 진리를 부과하는 일은, 자연사물들에 대한 종교적 혹은 잘못된 표상들을 올바로 이해된 '개념들'로 대체하기 위해 신들의 이름이나 전설Sage이 고안된 것이라고 간주하는 관점이 특징적으로 지니는 사고방식이다.[14) 이에 의하면 신화는 사물의 기원과 상호 관계에 대한 형식적인 이론, 곧 하나의 학문적 체계로 간주될 수 있으며, 이는 신에 관한 모든 종교적 표상들에 종언을 고하는 것이다. 한편 셸링은 신화가 진리를 담고 있다는 것을 부인해서도 안 되고, 동시에 신화에 종교적 진리를 부과하고자 해서도 안 된다고 말한다. 이때 셸링은 프리드리히 크로이처Friedrich Creuzer의 저작인《신화와 고대 민족들의 상징Die Mythologie und Symbolik der alten Völker》(1810~12, 1820~24)에 대부분 의존하고 있다.

　신화의 표상들에 단지 우연적인 가치만을 허용하려는 관점에 반하여 셸링은 신화라는 현상들에 대해서 객관적인 설명을 제공하려 하는데, 이를 위해 셸링은 신화를 신들의 역사로 해명한다. 신화란 "참으로 경험되고 체험되어진 무엇이다. 그것은 결코 창작품이나 몽상이 아니다."(XI 124) 신화적 표상들의 참된 자리와 그것을 형성해 내는 원리는 결코 창작가로서의 시인도 아니고 우주 기원론을 고안해 내는 철학자도 아니다. 신화적 표상들의 참된 자리와 원리는 인간의 의식 자체이다. 신화는 주관적인 것(의식) 가운데 자리하고 있는 것이 사실이다. 하지만 신화는 결코 철학적 반성으로부터 생성된 주관적 창작품이 아니며 순수히 객관적인 것이다. 신화의 "모든 단계들 속에는 인류의 의식이 차례대로", 그리고 "참으로 거주하고 있으며, 뒤이어 나타나는 신들은 그 순서대로 의식을 점유하고 있다."(XI 89, 226f.)는 것을 받아들인다면, 신화적 표상들은 인간의식의 실질적인 발전의 단계들로 파악될 수 있다.

신적 현현의 힘 또는 신적 능력들은 인간의 의식을 창조해 내었으며 인간의 의식을 실제로 지배하고 있다. 그것들은 결코 단지 주관적으로 표상되어진 힘들이 아니다. 오히려 그것들이 스스로를 '신화적 과정'의 내용으로 만들어 낸 것이다. 신화적 과정은 인간의 의식 속에 있는 근원적이고도 영원한 신적 현현의 반복이다; 이 과정은 민족들의 의식 속에 있는 표상들의 일련의 연속 가운데 실재한다. 이 표상들과 표상들의 귀결은 세계의 신적인 힘들에 의해 포착되고 지배당하고 있다. 그렇기 때문에 신화의 내용은 우의적allegorisch으로가 아니라 자체지시적tautegorisch인 것으로 이해되어야 한다.* 신화에 등장하는 신들은 신들 자신의 본질을 의미하며(XI 193~98), 따라서 그들은 하나의 객관적인 의미와 객관적인 본질을 가지고 있다.

신화의 과정을 재구성함에 있어서 철학자는 자연과 인간의 발전과정, 그러니까 '자기의식의 역사' 속에서 그에 상응하는 구조상의 원칙과 발전노정을 발견한다. 자연종교의 단계들에서는 자연의 영역 안에서 기능하는 것과 동일한 종류의 필연성이 작용 한다: 신화의 과정

---

* 역자 주: 어원상 살펴보자면, 신화를 알레고리Allegorie로 이해한다는 것은, 신화는 신화의 내용 자체가 아닌 다른 무엇allos을 지시한다는 것을 의미한다. 반면, Tautelogie의 tautos는 '자신outos'이라는 지시대명사의 격변화형태이다. 이 용어는 신화는 그 안에 등장하는 신들 자신에 대한 진술이라는 의미를 갖는다.

은 본래 자연으로 하여금 여러 단계들을 거치도록 했던 바로 그 법칙과 단계들을 따라 발전한다(XI 216). 신화의 여러 단계들은 각각의 특정한 자리가 있으며, 그 안에서 자신의 나름대로의 진리를 가진다. 여기에서 진리란 전체 가운데 있는 과정을 의미한다. 고정되어 있고 이미 극복되어진 계기들은 거짓 종교와 미신이 된다. 이러한 신앙은 자신의 연관관계로부터 떨어져 나오고, 따라서 그 과정을 더 이상 이해하지 못하는 종류의 것이다.

신화의 자료들을 해석하는 셸링의 방법론을 우리는 구성적 해석학konstruktive Hermeneutik이라고 부를 수 있다. 셸링은 자기 자신의 주요 원리를 따라 상이한 종교들, 특히 각각의 제의들 속에서 표현되는 다양한 신들의 형태들, 그 본질적 규정 및 속성들을 전승을 따라 규정하고 분류하며, 자신이 구분해 놓은 신화의 체계 안으로 결합시킨다. 이러한 방법과 결합되어 있는 것이 바로 신화는 그 안에 나타나는 *대상의 자기전개*라는 셸링의 독특한 주장이다.

참된 신화의 철학은 자기 스스로를 해명해내는 신화이다.(XIV 137)

신에 대한 신앙이란 그 본질상 유일신론인 것으로 파악된다. 셸링은 -크로이처와 마찬가지로- 다신론적인 신화는 유일신론이 지니고 있는 신적 통일성의 해체와 세분화를 통해 등장하게 된 것으로 평가한다. 이와 동시에 인류는 여러 민족들로 분열하게 되고, 더불어 상이한 언어들이 생성되었다. 언어의 혼돈과 종교의 분열은 성서에 등장하는 바벨탑 신화를 따라 해명되는데, 이때 셸링은 바벨Babel이라는 명칭을 어원상 허튼소리babbeln와 야만barbaros과 결합시킨다. 이러한 언어의 혼돈, 곧 이야기가 서로 전혀 이해될 수 없는 상태에 반하여, 후에 일어나게 되는 계시는 언어의 통일성을 재구축한다. 신화적인 의미에서 일어난 종교사의 전환점은 바벨탑이며, 기독교적인 의미에서 발생한 종교사적 전환점은 제2의 예루살렘과 오순절의 기적이다.

셸링은 다신론을 동시적 다신론simultaner Polytheismus(신의 복수성)과 연속적 다신론sukzessiver Polytheismus(복수의 신들)이라는 두 가지 종류로 다신론을 분류한다. 신화에 대한 이러한 분류는 사실 셸링이 이미《세계시대》에서 밝힌 원리들 및 포텐츠의 구조와 일치한다. 신의 복수성이란 다수의 신들이 그 가운데 하나의 신에게 복속하고 있는 신화적 표상을 가리키는 말로써, 이와 같은 신의 복수성은 '상대적' 유신론으로서의 특성을 지닌다.

반면 복수의 신들은 다신론의 고착화된 형태인데, 이러한 종류의 다신론은 신들의 역사 혹은 신통기를 그 내용으로 한다. 분열되지 않았던 최초의 인류의 유일신론으로부터 고착화된 다신론으로의 이행은 성서에 등장하는 세 개의 단계를 거쳐 이루어진다.

1. 죄로 인한 타락과 낙원으로부터의 추방
2. 대홍수(죄의 홍수) 및 노아를 통한 구원, 그리고 이를 통한 민족들의 생성
3. 바벨탑과 언어의 혼란

이 중 태고의 시기는 향후 나타나게 될 일련의 연속적인 시기들의

첫 번째 단계로서, 이때에는 상대적 유일신론이 지배적이었다. (추락 혹은 타락이라고도 불리는) 죄로 인한 타락의 시기에는 태초의 인간을 신과 연결시켰던 끈이 끊어지고 소외와 타자화가 나타나게 된다. 이로 인해 의식은 자신에 대하여 타자가 되고, 신 역시도 의식에 대하여 타자가 된다. 이와 더불어 다신론적 격변이 시작되는데, 이 격변의 시대는 '죄'의 홍수에도 불구하고 바벨탑과 더불어 종언을 맺는다.

유일신론과 다신론의 대립은 노아의 자식들 속에서 시작되었다. 셈의 후손들 중 아브라함의 자손들에게서 마침내 저 상대적 일자, 혹은 근원 신이 참된 일자로부터 구별되게 된다. 이 참된 일자는 여호와로서 만물의 신인 엘 올람El Olam, 즉 하늘과 땅의 신으로 강하고 능력 있는 신 엘 샤다이El Schaddai이며, 약속의 신이다(Cf. XI 161~169). 그러니까 신화적 과정이란 저 최초의 '상대적' 유일신론으로부터 다신론을 거쳐 참된 유일신론에 도달하기까지 인류가 걸어가야만 했던 필연적 노정을 가리킨다: "자유롭게 인식되어질 이 참된 유일신론을 향해 그리스도교는 그 문을 열어 주었다."(XII 108)

《신화의 철학》제2권 '유일신론Monotheismus'은 유일신론이라는 개념을 하나의 소여된 개념으로 분석하면서 그 의미를 다른 개념들(유신론Theismus 및 범신론Pantheismus)에 대하여 차별적으로 구분해 낸다. 유일신론은《계시의 철학 최초본》에서는 "일반적인 철학으로부터〔긍정〕철학에로의 전환점"이라고도 불린다.[15] 후기 철학 전체의 의미를 대변해 주는 이와 같은 진술은 보다 후대에 써졌기 때문에 어느 정도 변경이 불가피했던 텍스트들 속에서도 그대로 보존되고 있다.

셸링에 의하면 유신론은 가장 빈약한 개념이다. 여기에서는 단지 신Gott이 다루어질 뿐이지, *유일한 신der* Gott이 다루어지지 않는다. 반면 범신론과 유일신론은 보다 포괄적인 의미를 가지며, 이미 이 개념들이 범 -혹은 유일- 이라는 단어와 함께 결합되어 있는 것을 통해 드러나듯 유신론보다는 훨씬 많은 것들을 표현해 내고 있다. 좁은 의미에서 보자면 범신론과 유일신론은 동일한 것을 의미한다. 왜냐하면 두 개념은 모두 전일성Alleinheit과 관련되어 있기 때문이다. 범신론에 있어서 신은 전일적인 *본질das All-Einige Wesen*을 지닌 *유일한* 전일자 *der* All-Einige이다. 일상적인 유일신론은 신을 그 안에 아무런 구별이 없는 존재로 오해하는 반면, 범신론은 신의 본질과 사유, 속성들에 대한 스피노자의 가르침이 드러내 주는 것처럼 신 안에 차이들이 존재함을 안다.

반면 참된 범신론은 스피노자의 범신론과는 달리 이러한 차이들이 서로 동등한 가치를 가지는 것은 아니라고 말한다. "범신론의 참된 개념은 신 안에 내재하는 상승과 생동적인 과정에 대한 이념을 통해 특징 지워진다."(XII 69) 유일신론이란 은밀한 방식으로 내면화됨으로써 극복되어진 범신론에 지나지 않는다. 셸링은 "범신론 자체는 온전한 가능성 속에 존재한다. 그것은 신성과 모든 참된 종교의 근거이다. 종교 안에는 범신론이 부려 놓은 무수한 마법이 깔려 있어서, 이 심오한 근원적인 개념 안에까지 들어가 보지 못한 이들은 아무리 지껄여댄다고 해도 그것을 제거하지 못한다."(XII 74) 고 강조한다. 참된 유일신론에서 신은 단지 유일자로만 파악되지 않고, 오히려 신은 신으로서 바로 그 유일자der Einzige이며, "자신이 신적인 복수성을 부여해 주는 그 상대들과의 차이 속에서 유일한 신이다." 하지만 이 신적 복수성이란 여러 신들이 있다는 것을 의미하는 것이 아니라, 마치 여호와와 엘로힘의 관계처럼 유일한 신이 복수성과 상호 관계를 맺는 다는 것을 뜻한다. "신의 통일성에 대한 가장 근원적인 진술은 바로 이스라엘에게 주어졌던 결정적이면서도 고전적인 가르침이다: '이스라엘아 들으라, 우리 하나님 여호와는 오직 유일한 여호와시니'… '그는 유일한 *여호와시라*' 즉 신은 여호와로서 유일하다. 한편 유일한 *참된* 신으로서, 또는 자기의 신성을 따라서 신은 자기의 여호와임을 제외하고는 복수로 존재할 수 있다(XII 47f.)." 신 안에 있는 복수성은 세 개의 형태를 가지는데, 이것들은 존재의 원리들 혹은 참된 근원 개념들과 근원 포텐츠들Urpotenzen이라고 불린다. 이것들은 신 자신의 본질에 속하므로, 신은 전일자이다: 이 존재의 원리들을 그 자체로 상대적으로 독립적인 것으로 간주한다면, 신은 이것들의 제거될 수 없는 정신적-인격적 통일성이자 상호 연결이다. 따라서 신은 배타적인 유일자가 아니라, *그 유일한* 전일자der All-Einige이다. 유일신론의 이러한 요소들은 "신적 존재의 운동 및 과정의 지점들"(XII 50)에 대한 범신론의 원리들이기도 하다. 스피노자의 범신론은 순수 포텐츠potentia pura, 저 단순한 존재das blinde Sein를 신격화 하였다.

상기한 신의 전일성은 이제 신의 삼중성의 통일성, 즉 삼위일체를 통해 보다 자세히 해명된다. 셸링은 삼위일체론은 그리스도교와 그리스도교적 유일신론만이 배타적으로 지니는 고유한 특징인 것은 아니라고 말한다. 이러한 주장의 출발점은, 삼위일체론의 이념은 그리스도교 종교론에게 그 토대로 주어진 것이지, 그리스도교 자체로부터 산출된 것이 아니라는 데 있다. "그리스도교가 이 이념을 만들어

낸 것이 아니라, 이 이념이 그리스도교를 만들어 낸 것이다. 삼위일체의 이념은 그 자체로 이미 씨앗 속에 배태된 그리스도교이다. 따라서 이 이념은 역사 속에 현상하는 그리스도교보다 더 오래된 것이다. 내 생각은 이렇다: *그리스도교의 삼위일체론의 최종 뿌리는 전일성의 이론 가운데 놓여 있다.*"(XII 78; 이탤릭은 저자) 이를 토대로 셸링은 다음과 같이 선언한다: "모든 종교들의 뿌리가 되는 전일성의 사고는 유일신론으로부터 기원하여 유일신론의 가장 지고한 현상인 그리스도교에게로 필연적으로 넘어가게 된다."(XII 79)

　포텐츠들간의 공동의 작용 및 반작용으로 이루어진 창조의 과정을 통해 (신 앞에 선praeter deum 이념적 창조로서의) 세계가 생성되는데, 이 포텐츠들의 힘은 신의 의지를 통해 결속되고 묶이며, 신은 이를 통해 스스로를 포텐츠들의 주인으로 드러낸다. 창조의 최종적인 지향점은 인간이다. 인간은 포텐츠들을 단지 포텐츠로서가 아니라 신적 인격성으로 인식하고 영화롭게 한다. 이와 같은 의식에 힘입어 인간은 창조자 및 창조자로서의 신의 본질인 자유와 직접적인 관계 가운데 있게 된다. 신의 형상으로서의 인간의 모습은 특히 자유와 연관되면서 아래와 같이 보다 구체적으로 진술된다.

　　인간은 생성되어진 존재라는 차이만을 빼고는 그 전체에 있어서 신과 같다. 하지만 바로 이러한 차이를 인간은 지각하지 못한다. 인간 역시 세 가지 원리들로부터 자유롭기 때문에, 인간은 그것들이 자기 존재의 조건이자 전제라는 것을 지각하지 못하는 것이다.(XIII 349)

자유 자체인 신과 직접적으로 교통할 수 있기 때문에 인간 역시도 신과 마찬가지로 자유롭다. 당연한 일이지만, 이 인간의 자유는 절대적 자유에 비하면 단지 상대적일 뿐이다. 왜냐하면 인간은 포텐츠들의 주인이 아니라 이것들의 산물이기 때문이다. 하지만 인간은 자신의 자유로 인해 스스로를 제약된 존재로서가 아니라 무제약적인 존재로 간주한다. 이로 인해 그는 포텐츠들의 힘을 창조의 통일성에로 묶어주는 신과 같이 스스로 포텐츠들의 주인이 될 수 있다고 믿는다. 심지어 인간은 신이 행한 바를 직접 구현해내고자 한다. 말하자면 그는 포텐츠들을 분할시키고 확장시켜서 창조자이자 신으로서 작용하고자 한다. 이 같은 인간의 의지와 자기 고양을 통해 신 바깥의 세계(extra deum)가 생성된다.

하지만 이를 통해 본래 근원적으로 자유로운 인간 자신은 자기 스스로가 상정한 전제들의 처분에 맡겨지고 만다. "포텐츠들이 그 본래적인 통일성 속에 있을 때에는 인간은 그것들 간의 대립과 모순을 자각하지 못한다. 이처럼 통일적인 포텐츠들에 사로잡히는 대신에, 이제는 거꾸로 이 포텐츠들이 인간과 그의 의식을 사로잡고, 이제야 비로소 그것들은 인간에게 느껴지게 된다."(XIII 350)*

신의 의지 아래에 붙잡힌 채 전체적인 우주의 범위에서 작용하던 창조의 포텐츠들은, "이제는 인간의 의식이라는 제약된 영역 안에서 쟁투"(XIII 353)하면서 서로에 대한 주도권 다툼을 벌인다. 그와 더불

---

* 역자 주: 신이 창조의 과정 가운데 조화롭게 정립해 놓은 상태에서는 포텐츠들이 인간에게 자각되지 못하지만, 인간이 일단 이 통일성을 자신의 자유를 통해 일그러뜨려 놓은 후에는 그것들은 상호 대립적이고 인간에게 적대적인 것으로 지각되기 시작한다.

어 인간의 의식은 포텐츠들 간의 연속적인 작용의 지배 아래에 처하고 만다. 포텐츠들의 단절로 말미암아 의식은 포텐츠들을 더 이상 통일성 속에 있는 신적 인격성으로서가 아니라, 단지 분리 가운데에서만 작용하는 것으로 간주한다: "인간은 여전히 포텐츠들과의 관계를 유지하고 있지만, 그것은 이제 분열되어진 신 즉 분열되어진 전일자와의 관계에 지나지 않는다. 그 이전에, 즉 아직 운동이 일어나지 않았던 순수 본질의 의식 속에서 유일신론이 그랬던 것처럼, 이제 인간에게는 다신론이 당연한 것이 된다."(XIII 367)

이와 더불어 전개되는 신화적 과정은 타락한 의식을 다시금 신을 정립하는 근원의식으로서 회복시켜야 하는데, 이는 의식 속에서 신을 산출하는 과정을 통해 이루어진다(Cf. XIII 369). 이 과정은 모든 것을 회복시키는 제2의 포텐츠를 통해 조절되는데, 그 최종적인 목표는 인간의 자유로운 의식을 중재하는 것이다. 의식 가운데서 신을 중재하는 과정은 그 구조상 포텐츠의 기계론과 역동성의 필연적 규칙을 따라 이루어진다. 하지만 이 과정이 나타난다는 *사실*daß은, 그것이 절대자의 역사 안에 있는 선험적으로 구성 가능한 계기임을 의미하는 것이 결코 아니다. 신화의 과정을 촉발시킨 타락은 선한 악 이론fe-lix-culpa-Lehre이 가르치듯 필연적인 것이 아니라, 그 사태가 출현한 이후에야post-festum 비로소 하나의 사실Faktum로 드러나게 되는 것이다.

《신화의 철학》은 그 세부사항에 있어서 대단히 복잡하게 기술되어 있는데, 이를 일목요연하게 기술하게 해 주는 기본구조는 아래와 같다: 신화적 종교, 즉 그리스 신화의 마지막에 이르러 이 종교는 스스로 반성적으로 변화한다. 이로 인해 신화적 종교는 자신 안에 놓여 있는 신화적 표상의 원리들 및 그 결과의 원리들을 하나의 신들의 역사로 즉 신통기로 묘사한다. 바로 여기에서 모든 신화의 본질과 토대가 드러난다. 개별적인 포텐츠들이 연속적으로 출현하듯(A, B, A+B), 신화의 과정은 단일 신의 단계(우라노스의 시대)로부터 두 신들이 나타나는 과정(크로노스의 시대)을 지나, 다수의 신들(제우스의 시대)로 이양해 가는 과정을 보인다. 즉 신화의 과정은 상대적 유일신론으로부터 이신론Dytheismus, 그리고 마지막으로 다신론의 단계로 이행해 간다.

우라노스의 시대는 점성술 종교, 즉 성신숭배Zabismus/Sabäismus의 시대와 일치하는데, 여기에서는 신성이 천체와 별들로 현현한다. 여성적인 신성(우라니아)의 도움을 받아서 크로노스의 시대가 시작되는데, 이 시대에는 이원론적인 입장이 특히 바벨론과 페니키아, 그리고 페르시아의 종교(아리만과 오르무즈드) 안에서 특징적으로 나타난다. 이 후에는 다시 한 번 여성신(키벨레)의 도움을 받아 연속적인 다신론으로서의 제우스의 시대에로 이양하는데, 이 시대에는 전술한 세 계기들 즉 원리들이 모두 포함되어 있다: 마지막에 출현한 전체 포텐츠들 가운데 어떤 포텐츠가 중심적인 역할을 하는지에 따라서 이 마지막 단계는 다시금 세 개의 형태로 구분된다: 이집트(티폰, 오시리스, 호로스), 인도(브라흐마, 시바, 비슈누), 그리고 그리스 신화(우라노스, 크로노스, 제우스)가 그것이다. 이 신화들 모두에게서는 지나간 단계들이 모두 다시 반복된다.

그리스 신비주의는 다른 개방적 신화exoterische Mythologie와는 달리 비의적인 것으로 간주된다. 이때 그리스 신비주의는 미래에 발생할 종교에서 이루어질 세계의 악으로부터의 해방과 구원을 암시하는 것으로 해석된다. 세 가지 모습으로 나타나는 디오니소스(자그레우스, 바쿠스, 자초스) 안에서는 '오고 있는 신' 및 그리스도의 현현과 더불어 이루어질 다양한 신들의 세계의 최후가 미리 선포되고 있다. 신비주의 안에서는 신화의 주관적 기원에 대한 깨달음이 진술되고 있는 동시에, 이제 그리스도교와 더불어 세계 안으로 들어오게 될 세계에 대한 역사적이면서도 객관적인 통찰에로의 전이가 이루어지고 있다.

앞으로 《계시의 철학》이 진술하게 될 것처럼, 신화 안에서 로고스는 자연적으로 작용하는 빛으로 나타나면서 자신이 진리임을 암시적으로 보여주고 있다. 신화가 지니고 있는 종교적 의미는 이것이다. 지금도 그러하듯, 과거에 신화는 진리를 의미하였다. 신화에 진리가 담겨 있는 이유는, 그것이 선재하는 로고스의 작용을 투영하고 있기 때문이다. 구약성서의 신의 백성들의 역사 속에서도 이와 마찬가지의 일이 일어났다. 구약성서는 신화와 계시 사이의 중간적인 위치를 차지한다. 왜냐하면 구약성서에 나타나는 의식의 실체는 한편으로는 이교적인 것이기 때문이고, 다른 한편으로는 여기에서 로고스는 더이상 자연적인 현상으로서가 아니라 이미 인격적으로, 즉 계시에 적합한 방식으로 작용하고 있기 때문이다. 물론 이 로고스는 아직 스스로를 그리스도로 명시적으로 드러내지는 않았고, 단지 이제 중단되어질 이교신앙 혹은 아직 감추어져 있는 그리스도교를 다스리고 있을 뿐이다.

구약성서적인 의식 속에서 반작용하고 있는 것으로 나타나는 포텐츠들을 셸링은 창 22:1~19에 등장하는 아브라함의 희생제의 기사를 예로 들면서 설명한다. 첫 번째 포텐츠와의 화해는 아직 단지 표면적으로만 이루어졌으며, 따라서 이를 위한 희생제의는 아직은 반복적으로 이루어져야만 한다. 하지만 이러한 희생제의는 의식을 사로잡고 있는 첫 번째 포텐츠를 원칙상 극복하게 될 하나의 최종적인 희생, 즉 그리스도를 목표로 하고 있다(XIV 146). 선재하는 그리스도는 이미 자신의 성육신 이전에 이방민족들의 신화들과 구약성서의 계약 백성들 안에서 작용하고 있다: 그리스도는 이미 작용하고 있지만 아직 그리스도로서als Christus는 아니고, 다만 자연적으로 작용하는 제2의 포텐츠로서 일하고 있는 것이다.

3. 계시의 철학

계시의 내용은 사물의 태초까지 거슬러 올라가며 그 종말에 이르기까지 펼쳐지게 될 보다 고도의 역사höhere Geschichte 외에 다름 아니다. 계시의 철학은 이미 다른 곳에서 주어지고 인식되어진 원리들에게로 거슬러 올라감으로써 이 고도의 역사를 해설하는 것에 지나지 않는다.(XIV 30)

고도의 역사를 푸는 열쇠는 그리스도 안에 있는 신의 계시이며, 그리스도의 인격을 파악하는 것은 《계시의 철학》의 목표이다. 이때 셸링은 그리스도의 인격을 파악하는 것과 그리스도에 대한 이론을 강조해서 구분하고 있다. 그리스도에 대한 이론 역시 -도덕적인 범주에만 제한해서 보더라도- 그리스도론을 다루는 출발점이 될 수는 있

다: "그리스도는 사람들이 종종 말하는 것처럼 교사인 것은 아니다. 그는 그리스도교의 내용이다."(XIV 35) 그리스도론에 있어서 중심적인 내용은 그의 인격이며, 그의 인격이 배제된 채로는 -특히나 신화의 과정을 따르자면- 신과 세계는 결코 이성적으로 사유될 수 없다. 동시에 그리스도 자신은 타락 이후에는 더 이상 자기 자신 안에 존재하지 못하고 오직 자기 바깥에 존재할 뿐인 의식이며, 그는 이 의식을 자기 자신과 결속시키며 분열로부터 보존한다.

계시에 대한 증언을 해석함에 있어서 셸링은 특히 스콜라주의적 해석, 피상적-역사주의적 관점, 신비주의적 관점의 세 가지 오해 혹은 제한점을 가지는 주석적 관점과 차이를 두고 있다. 스콜라주의는 계시의 본질적인 내용을 계시 자체 안에서가 아니라 그 바깥에, 즉 "당대의 철학" 속에 두고 있다는 데 문제가 있다. 이럴 경우에는 우선성을 주장하는 철학적 개념 안으로 계시의 내용을 용해시켜 버리고 만다.[16] 이처럼 "계시된 종교의 이념을 필연적인 순수 이성진리로 서술하거나 혹은 그것으로 환원시키는"(XIV 4) 시도는 계시라는 개념 자체가 지니는 의미를 파괴해 버린다.

한편 피상적-역사주의의 방법은 문자적 권위와 성서저자들의 신뢰도에 집중한다. 이러한 성서주의적이고도 근본주의적인 관점은 "신약성서의 이러저러한 단락들이 가지는 갖가지 교리들을 언어적-문법적으로 보여주는 것으로 만족한다. 여기에 이렇게 적혀 있다고 말하는 것으로 끝이다. 하지만 이런 입장에서는 그것들이 어떻게 이해될 수 있는지, 혹은 어떻게 이해 가능하도록 해명할 것인지 하는 문제는 관심 밖이다."(XIV 34)

셸링은 계시의 내용에 대한 이토록 '빈약한' 이해를 거부하지만, 동시에 언어적-문법적 질문이 주석의 첫 번째 단계라는 것은 인정한다. 여기에서는 계시를 이해함에 있어서 직면하는 어려움으로 인해 계시의 *비밀*을 거론하는데, 이는 한편으로는 계시의 내용은 선험적, 개념적 파악에 대하여 벗어나 있음을 가리키는 것이기도 하다. 하지만 "계시된 종교의 비밀에 대해 이야기하면서 그것의 진리 또는 그 사실성을 사유함에 있어서도 그것이 비밀이기 때문에 여전히 인식할 수 없고, 적어도 파악될 수 없다고 주장하는 것은 분명 잘못된 생각이다. 일단 계시된 후에는 그것은 이미 계시되어진 것이다."

이에 반해 셸링의 《계시의 철학》이 추구하는 것은 아래와 같다: "우리는 하나의 철학을 사유하고자 한다. 이 철학은 계시 속에서 실행되는 저 신의 의지를 선험적으로, 그리고 이런 의미에서 순수이성으로부터 인식할 수 있다고는 감히 말하지 않는다. 다만 이 철학은 바로 이 신의 의지는 그것이 일단 해명되고 계시되어진 한, 부분적으로는 파악 가능하고, 또 부분적으로는 그 자체가 실행되는 것을 통해서 그 본질적인 부분들이 이해되는 것이 가능하다고 간주한다. 신의 뜻이 그 자체로는 인간적인 파악을 넘어선다고 하더라도 그렇다." (XIV 12) 당연히 이때 외적인 권위와 성서 저자들의 신빙성에 대한 질문은 별로 중요한 것이 아니다: "중요한 것은 성서본문의 의미, 뜻, *내용*이다. 그 저자에 관한 질문은 전적으로 부차적인 것이다."[17]

마지막으로 신비주의적 이해는 앞서 언급한 두 가지 관점과 비교해 보자면 계시의 사태 자체에 주목한다. 하지만 이 입장에게는 언어와 인식에 대한 관심이 부족하기 때문에 학문적 인식의 명료성이 결핍되어 있다. "이 입장에서는 경건심에 의해 촉발되었지만 아직 자기 스스로를 지배하지 못하는 감정의 영향 아래 이루어지는 우연적인 깨달음의 결과만이 존속한다."(XIV 33)

계시의 내용을 더 자연스러우면서도 파악 가능한 것으로 기술하려는 참된 계시의 철학의 시도는, "그 안에서 그리스도교가 가장 지고하면서도 탁월한 현상으로, 또한 동시에 모든 단계들을 종결짓는 최종적인" 것으로 파악되는 보다 커다란 연관 속에서만 제대로 실현될 수 있다. 역사적인 연관들을 '보다 고도의' 관점에서 관조할 때에만 그리스도교는 객관적으로 해명될 수 있다. 이러한 설명의 중심 논지는 요한복음 서문이다. 빌립보서 2:5~11의 그리스도 송영은 요한복음 서문과 더불어 신약성서에서 가장 중요한 고전적인 본문이다. 이 두 본문들에 대해 셸링은 '사변적 주석'(에른스트 벤츠Ernst Benz)을 시도한다. 이러한 주석에 적용되는 것이 바로 절대 선행자를 추후적으로per posterius, 즉 경험을 통해서 신으로 제시하고자 하는 긍정철학의 프로그램이다. 다른 관념론자들과 마찬가지로[18] -물론 이들과 명확히 거리를 두고 있지만(Cf. XIV 101~104)- 셸링은 복음서 저자 중 요한을 선호하면서, 그에게 자신이 희망하는 철학적 종교가 되어야 할 미래의 교회를 헌정한다.

셸링은 요한복음 서문의 도입부로부터 신적 존재인 로고스의 규정들을 끌어낸다. 셸링 자신의 번역은 이렇다: 태초에 로고스가 있었다. 그리고 이 로고스는 신과 함께 있었고, 이 로고스는 신이었다. 그는 태초에 신과 함께 있었다. 모든 것이 그를 통해 되었고, 그가 없이는 되어진 것들 중에 아무 것도 되어진 것이 없었다. 그 자신 안에는 생명이 있었다. 그리고 이 생명은 인간의 빛이었다. 이 빛이 참으로 어둠 속에서 비춰었고, 어둠은 이 빛을 깨닫지도 파악하지도 못했다. … 그것은 세상 안으로 들어와 모든 인간을 비추인 참된 빛이었다. 그는 자기의 소유들에게로 왔지만, 그들은 그를 받아들이지 않았다. 하지만 그를 받아들인 자들에게 그는 신의 자녀가 될 권세(가능성)를 주었다. … 저 로고스는 육체가 되었고 우리들 가운데 거하였으며, 우리는 그의 영광을 아버지의 유일한 아들의 영광으로 보았다(Cf. XIV 104ff.).*

셸링의 사변적 주석에서 가장 독특한 것은 무엇보다도 그가 (도입부에 나타나는) 로고스에 대한 상이한 규정들, 즉 창조되지 않고, 세계에 선행하며, 신적인 존재라는 규정들을 일반적인 성육신 그리스도론에서처럼 단일한 공동의 내용을 가리키는 것으로 해석하는 것이 아니라 하나의 과정으로서, 즉 로고스의 역사에 대한 연속적인 해명으로 해석해 내고 있다는 것이다. 아래에서는 이를 간단히 기술하고자 한다.

'로고스'라는 핵심 개념에 대한 셸링의 주석은 매우 특이하다. 이와 관련하여 셸링은 일반적인 해석의 가능성들, 즉 신의 말씀과 창조의 힘으로서, 이성으로서 혹은 구약성서의 의미에서의 지혜 또는 신 앞에 서 있는 독자적인 인격성 등에 관심을 두지 않는다. 대신 그가 집중하는 것은 로고스 = 주체라는 사실이고, 이것이야말로 "이야기되어져야"(XIV 92) 한다. 처음부터 로고스가 선재한다고 말할 수는 없다.

---

* 역자 주: 이 부분은 요한복음 1:1~14 중 6~8, 13절을 제외한 셸링 자신의 번역이다.

그리스도는 의식과 세계가 신으로부터 타락하여 떨어져 나간 이후에야 비로소 그와 같은 주체가 된다.

태초의 시작에 대해 말하고자 한다면, 이때의 로고스는 가장 보편적이면서도 가장 비규정적인 말씀이었다고 하는 것이 가장 적절하다: -절대적이면서, 더 이상 자세한 규정을 가지지 않는- 이 로고스가 바로 요한복음의 저자가 이야기하는 로고스이다: "우리가 이야기하는 저 주체, 그 대상은 태초의 시작 속에 *있었다*war im Anfang"(XIV 93)* 이 문장을 셸링은 지극히 단순하면서도 중립적으로 이해하면서, 그 어떤 비밀과도 연관시키지 않는다. 지금 이야기되고 있는 이 대상의 본질 및 그의 정체성에 대한 보다 규정적인 진술은, 이제 신의 제2의 인격의 연속적인 역사가 올바르게 전개됨으로써 이루어진다. 이와 관련해서 철학적 입장과 사변적 주석의 상호 관계를 보다 자세히 살펴보자면, 종교철학적 연관성 속에서 본문에 대한 주석이 수행되고 있다고 말할 수 있다. 순수활동actus purus으로서 신적인 것이 과연 무엇인가에 대해서는 그리스도를 통해서만 제대로 파악할 수 있다.

이 단계에서 그리스도는 절대적으로 본질이 결여되어 있는 순수활동이며, 이 절대적으로 비규정적인 로고스는 절대 선행자에게 일치한다. 그는 오직 추후적으로만 그리스도로서 나타난다.

우선 신은 단지 실존하는 자의 형식Form des bloß Existierenden 속에서만 존재

---

* 역자 주: 일반적으로 기독교 신학에서 로고스는 신의 창조행위 이전에 선재하며, 신의 창조행위의 중보자로서 기술된다. 이에 반해 셸링의 로고스는 창조 이전에 이미 완결된 특수한 규정을 가진 채 선재하는 것이 아니라, 창조 '속에' 즉 창조의 과정과 더불어 그 규정이 구체화되어 가면서 존재한다. 로고스 역시도 일련의 과정 가운데 존재한다는 것이다.

한다: 그의 본질은 내가 말하듯 그의 존재 이후에야 알 수 있다. 이제 자신의 본질에게 다가가고 있는 저 순수활동은 이후에 제2의 포텐츠 안에서야 비로소 *표현되어진다.* 그러므로 아들은 신의 근원적인 실존의 시작과 동일하다.(XIV 96)

지금 다루어지는 주체, 즉 로고스는 그에게 선행하는 것은 아무 것도 없이 실존하였다. 반 아리안주의 논리를 따라 셸링은 로고스가 아직 존재하지 않았던 시간에 대한 표상, 즉 "로고스는 무로부터 창조된 피조물이며 최초이자 가장 지고하지만, 그럼에도 불구하고 피조물이라는" 표상은 거짓이라고 말한다. "그는 *존재하였다war.* 어떻게 존재하였느냐면, 전혀 *아무 것도* 그에게 선행하지 않는 방식으로 존재하였다." 이 주체는 분명 있었다. 절대적으로 말하자면 그것은 존재하였다. 하지만 그것은 하나의 규정적인 것으로서 존재한 것이 아니다. 그의 존재는 아직 결코 어떤 식으로도 개념화되지 않는 종류의 것이다. *그가 존재했다는 사실quod은 분명하다.* 하지만 그는 아직 특정한 무엇quid으로 존재하지 않았다. "이 말들은 절대적 시작 속에 있는 그 로고스를 우리가 비로소 사유할 수 있게 되는 바로 그 단계를 지시한다. 이때에 로고스는 –신 자신이 그러한 자로서 아직 계시되기 전의– 신의 순수 존재자das rein Seiende Gottes이다."(XIV 105)

로고스의 역사의 두 번째 단계는 이렇다: "이 로고스는 동일한 로고스인 것은 분명하지만, 그럼에도 불구하고 이미 달라진 로고스이다. 그는 [태초에] 있었고, 신과 함께 존재하였지만, 신과는 구별되는 독특한 포텐츠이다."(XIV 105) 처음 시작에는 순수활동으로서 아무런 개념상의 규정을 가지지 않고 순수 존재자로 있던 로고스가 이제는 사유가능한 가능성denkbare Möglichkeit으로 변화하며, 그 관계상 신과는 구별되게 된다(성부와 성자). 성부와 관련하여 로고스는 이중적인 규정을 얻는다: 로고스는 1) 창조 이전에 신의 표상 속에 있는 관념적 ideel인 것인 동시에, 2) 창조 안에서는 데미우르고스와 같은 포텐츠로서 실재적reell이다. 신은 실질적인 세계창조 이전에 이미 자기의 절대적으로 자유로운 의지의 여러 가능성들 가운데에서 두 번째 포텐츠, 즉 만물의 척도를 제공해 주는 존재 필연자Seinmüssende의 작용을 직시하기 때문에, 그는 첫 번째 포텐츠, 즉 존재 가능자가 무제한적으로 작용하게 하는 위험을 감수한다. 신은 "이 존재를 용납함에 있어서 다만 *자유롭다*. 왜냐하면, 그는 이제 두 *번째* 포텐츠로 변화하는 자기 본질의 두 번째 형태의 단계에서, 이를 통해 저 존재를 극복하기 때문이다."(XIII 272f.) 두 번째 포텐츠인 로고스가 드러낼 척도와 형태를 예지하면서 "신은 자기 바깥의 존재를 수용하고, 이를 향해 *운동하*는 것으로 사유될 수 있다."(XIII 273) 그렇기 때문에 세계를 정립하는 행위와 관련하여 신의 자유는 두 번째 포텐츠인 성자를 통해 중재되는 자유이다.

로고스는 세계에 대하여 절대적인 자유 속에 있는 신의 존재를 위해 구성적이다. 이를 통해 신은 실제적인 세계창조가 없이도 이미 전적으로 신이다. 또한 로고스는 세계의 존재를 위해서도 구성적이다. 일단 세계가 창조된 후에는 이를 통해 두 번째 포텐츠인 로고스는 실재화 즉 데미우르고스적인 의미에서의 창조의 힘이 되며, 이 힘은 존재 필연자와 필연적인 작용이라는 포텐츠들의 긴장 가운데 존재한다.

태초의 비규정적인 존재였다가 데미우르고스적인 포텐츠로서의 규정을 얻게 되는 두 번째 단계에 이어지는 로고스의 역사의 세 번째 단계를 셸링은 이렇게 서술한다.

"이 신은 언제나 *단일하면서도 동일한 주체dasselbe Subjekt*였다. 창조의 *마지막*에서도 역시 신은 존재의 주인이며, 이 존재의 주인으로서의 신은 다만 그 신성을 소유하고 있는 성부이다."(XIV 105)

완성된 창조 *이후에*는 데미우르고스적인 포텐츠 역시도 존재의 주인이 된다. 창조는 신에 의해 서로 긴장 관계 속에서 작용하도록 정립되어진 포텐츠들의 생산물이다. 그 중에서도 특히 두 번째 포텐츠는 사물의 척도와 질서를 가능토록 하는 포텐츠로서, 그는 첫 번째 포텐츠의 무한한 질료를 하나의 피조된 형태로 변화시킨다. 두 번째 포텐츠가 신성을 지니며, 이 로고스가 *신*이라고 불리우는 이유가 바로 여기에 있다. 로고스가 모든 저항을 극복해서 전체 창조를 이미 규정되어진 종말에로 인도하고 나면 로고스는 근원적인 신적 영광, 하지만 이제는 성부와는 구별되는 독특한 인격성을 다시 얻게 된다. 따라서 성부와는 구별되는 인격성으로서 로고스는 성자라고 불리게 된다. 이러한 칭호는 신과 로고스 간의 차이와 결합을 동시에 표현해 주는 것이다. 로고스는 데미우르고스적인 포텐츠의 단계에서 "역시 존재의 주인이다. … 처음에는 신성을 지닌 성부만이 존재의 주인이었다. 이 신성을 로고스는 처음에는 하나의 특수한 신성으로서, 즉 성부 바깥에서 자기 자신에 대하여 있는 (성부와는 구별되는) 신성으로서 가지는 것은 아니고, 오직 성부 안에서만 얻는다."(XIV 105). 로고스에게는 독자적인 능력이 없다. 이는 그가 절대적인 의미에서 그 유일한 신*ho theos*이 아니라, 정관사 없이 쓰여진 신*theos*으로 불리는 것을 통해 드러난다.

요한복음 1장 4절은 화해의 사건에 있어서만 아니라 그리스도교 자체를 이해하는 데 있어서도 대단히 중요한 단계를 가리킨다. 여기에서는 성자가 신 바깥에서 지니고 있는 자립성을 보여주는데, 이것은 '생명'이라는 개념과 결합되어 있다. 셸링에 의하면 4절의 도입부는 아래와 같이 재 진술될 수 있다: "그 안에 생명이 있었다는 말과 더불어 설명은 한 걸음 더 나아간다. 여기에서는 성자가 어떻게 자기 안에 생명을 지닌 자립적인 인격성으로서 성부 *바깥에* 존재하고 있는지에 대해 이야기되고 있다."(XIV 113)

여기에서 묘사되고 있는 신 바깥에 있는 자립적인 로고스의 존재는 성육신 이후 인간이 된 신의 존재와 동일한 것이 아니라, 선재하는 존재와 성육신된 존재로서의 로고스에 대한 전통적인 이해와는 구별되는 로고스의 제3의 존재양식으로 셸링이 추가하는 것이다. 고전적인 분류에 상응하는 두 본성론은 이제 세 본성론으로 확장되는데, 이때 로고스에게 추가되어진 본성이야말로 셸링에게는 가장 중요한 것이다. 왜냐하면 셸링이 보기에 그리스도교의 본질에 대한 기본 이념은 바로 여기에 의존하고 있기 때문이다. 로고스의 세 번째 본성의 특징은, 이 선재하는 존재로서의 로고스가 자신의 자립적인 존재를 포기하고 그 대신 비하(성육신)와 십자가에서의 죽음을 선택했다는 것이다.

따라서 셸링의 그리스도론은 *성육신* 그리스도론이라기보다는 *자기겸비* 그리스도론Kenosis-Christologie이라고 일컬을 수 있다. 선재하는 로고스가 자립적인 존재를 포기한다는 것은 자립적인 인격성의 자유를 전제로 한다. 성육신 이전에 로고스가 신 바깥에 존재한다는 것을 지지하는 성서의 표현을 셸링은 빌립보서 2:6~8의 그리스도 송영에 기록된 '신의 형상'에서 발견한다. 거기에 그치지 않고 이 송영은 셸링의 그리스도론에서 결정적인 개념들인 '외화Entäußerung'와 '순종'이라는 개념들 역시 담고 있다.

그 전체 단락을 셸링은 이렇게 번역한다: "여러분 각자는 예수 그리스도가 마음먹은 것과 같이 마음 먹으십시오. 그 분은 신의 형상이었지만 신과 *동등하게*(본래는: 동등한 지위) 존재하는 이익을 당연시하지 않고, 스스로를 외화 시키고 종의 형상을 취하여 다른 사람들과 동등하고 되었으며, 인간으로서의 모습으로 나타났습니다. 그 분은 자기 자신을 굴종시켜 죽음에까지, 십자가에서의 죽음에로까지 순종하였습니다."

전통적인 두 본성론은 순수한 신성 가운데 있는 겸비 이전의 상태와 겸비의 상태 두 가지에 대해서만 이야기한다. 반면 셸링은 지금까지 전해져 오는 주석상의 어려움을 피하기 위해 또 하나의 상태를 끼워 넣는다: "로고스는 신 바깥의 인격성으로 정립되어 있으며, 그러면서도 아직 인간은 아니다." 이를 통해 셸링은 다음과 같은 결론에 도달한다.

성자는 자기만의 분명한 고유성을 지닌 채 성부로부터 독립적으로 존재하였으며, 신과 성부로부터 소외되어진 존재들의 주인이었다. …
그러므로 이 중간 단계에 있는 성자에 대한 가장 적절한 표현은 다음
과 같다: 그가 존재하였을 때 혹은 그가 [신의 형상으로] 있었을 때 성자
는 참으로 그 본성을 따라 신인 것은 아니었다(왜냐하면 성자는 오직 성부와
의 통일성 속에서만 신이기 때문이다). 하지만 그 형상에 있어서, 즉 그 활동에
있어서 성자는 존재를 다스리는 영광 속에 있는 신의 외형das Äußere이
다.(XIV 41)*

오직 이 신 바깥의 존재로부터 화해시키는 중재자로서의 기능 즉
"신약성서의 위대한 사실"(XIV 49)이 제대로 이해되어질 수 있다. 성
자가 이렇게 신 바깥에, 말하자면 신과 인간 모두의 바깥에 존재한
다는 사실만이 성자를 참된 중재자로 만든다. 왜냐하면 "양측 모두로
부터 독립적인 위치에 있어야 중재자의 참된 본성"(XIV 50)을 가질 수
있기 때문이다. 따라서 그리스도가 중재자가 될 수 있는 것은 그가
두 본성 모두에 참여하고 있기 때문이 아니라, 오히려 두 본성 모두
로부터 독립적이기 때문이다. 로고스가 신 바깥에 있으면서도 신적
인 자립적 존재라는 것은 신화 가운데에서 확인된다. "왜냐하면 성부
가 성자를 자기 바깥에 존재하도록 했기 때문에, 그는 성자를 인간에
게 내어 주었다. 이 자립적인 삶이야말로 인간의 구출이자 구원이며
빛이었다. 인간은 어둠 가운데로 비춰어 드러나게 될 빛을 필요로 했

---

* 역자 주: 로고스가 '신 바깥'의 존재라는 셸링의 표현은 로고스가 존재하는 신 바깥의 어떤 공간을
가리키는 개념이 아니라, 로고스는 신의 지배의 외화된 형태이며, 그런 한 신으로서의 성부와는
구분되는 성자라는 것을 의미한다.

다."(XIV 113f.) 신으로부터 타락하여 떨어져 나간 이후, 즉 죄의 타락 이후 인간은 -신화적 의식의 필연적인 과정의 힘으로서의- 어둠에 내던져 있다.

인간은 스스로를 포텐츠들의 주인으로 고양시키면서 자기 자신이 존재의 근원이 되려 하고 이를 통해 성부와 성자 사이에 끼어들려 하지만, 정작 인간에게는 포텐츠들을 결속할 힘이 주어져 있지 않다. 이런 식으로 인간은 스스로를 성부와 성자 사이의 중간 단계로 고양 시키려고 하면서 성자를 성부로부터 분리시키고, "성부 안에 내주하면서 그 안에서 스스로를 완전히 구현시키는 성자를 인간 자신의 힘으로 제압하고, 그와 더불어 정신/성령* 자체를 분열시켜 버린다." (XIII 367) 인간은 본래 주어져 있던 자유로운 의식 가운데서 자기의 의식을 바탕으로 포텐츠들을 신의 통일성 가운데 있는 신의 인격성으로 인식하고 영화롭게 해야만 했다. 하지만 타락과 더불어 인간은 성부, 성자, 정신/성령을 분열시킴으로써 그 통일성을 해체시켜 버린다. 이로 인해 성자는 그가 신, 즉 성부로부터 부여받지 않은 존재 안으로 떨어져 버리는데, 이는 그를 바로 그 이유로 인해 성부로부터 자유롭게 한다. 이렇게 인간으로부터 부과 받은 존재로 인해 로고스는 신 바깥에 있는 바로 이 인격성이 된다.

따라서 그는 신적 인격성으로서 신의 아들인 것과 마찬가지로 "인간의 아들des Menschen Sohn"(XIII 371)이기도 하다. 인간의 아들인 이 포텐츠는 우선 자유의지 없이 자기의 본성을 따라서만 작용하면서, 인

---

* 역자 주: Geist는 정신과 영 모두로 번역이 가능하지만, 여기에서는 기독교 신학의 삼위일체론의 맥락 속에서 논의되고 있으므로, 그와 조화를 이루기 위해 정신/성령으로 병기하고자 한다.

간의 의식을 사로잡고 있던 반항성과 분열성을 극복하고자 한다. 이 포텐츠는 (두 번째 포텐츠인 존재 필연자로서) 팽창해 가는 존재 가능성에 척도를 부여함으로써, 한편으로는 타락 이후 인간의 의식 속에서 다시 고양되어 있는 첫 번째 포텐츠의 치명적인 힘으로부터 인간을 해방시킨다. 또 다른 한편으로 이 포텐츠는 이와 더불어 스스로를 이 원리의 주인으로, 즉 신으로부터 소외되어진 존재의 주인으로 만든다. 이제 이 두 번째 포텐츠는 (첫 번째) 창조에서와는 달리 신의 작용을 통해 나타나는 것이 아니고 자립적인 존재의 주인이기 때문에, "그는 자신이 의욕 하는 존재와 더불어 시작할 수 있다."(XIII 70)

하지만 인간의 아들이 소외되었던 존재의 주인으로서 자기의 자유의지를 따라 행위할 수 있게 되기까지는 순전히 자연적 작용, 그러니까 필연적 작용만이 이루어지는 기나긴 과정이 선행해야 한다. 그 안에서 인자는 그에 대항하여 작용하는 포텐츠, 즉 "신의 비의지Unwillen Gottes"를 억제시키고 순차적으로 극복해 나가야 한다. "신화의 과정이 추구하는 유일한 목표는 인간의 의식을 신 안으로, 동시에 인간 안으로 되돌려 놓아서 그것을 치유하는 것이다. 인간의 의식은 순전히 자연적인 필연성 위에 진행되는 길 위에서 치유되어야 한다."(XIII 378) 이교 신앙 속에서 로고스는 인간의 의식을 단지 표면적으로만 치유할 뿐이고 원칙상의 치유가 이루어지지는 않는다. 따라서 신화는 자연종교로서, 자연 가운데 작용하는 두 번째 원리의 결과이다.

셸링의 선재 그리스도론에 있어서 결정적인 것은, 저 선재하는 자로서의 로고스는 이미 신화의 과정 속에서도 작용하고 있으며, 그 후에야 비로소 그리스도로 나타나게 된다는 것이다. 로고스는 인간의 빛이며, 이는 로고스가 단지 자연 안의 포텐츠로 작용하고 있기 때문에 아직 이교도들을 충분히 일깨우지 못할 때에도 그러하다. 이와 같은 빛의 자연적인 작용은 특히 이교 신앙 안에서 작용한다. 이 빛은 의식을 보존하는 그리스도의 힘이다. 이것이 없었다면 인간의 의식은 필연적으로 자기 파괴와 첫 번째 포텐츠의 지배 속에서 파괴되고 말았을 것이다. 그리스도의 힘은 그 자연적인 작용 속에서 아직은 "*그리스도로서*"(XIV 74) 계시되지는 않았지만, 이교적인 신화들 속에서 이미 인간의 의식을 자기 파괴와 첫 번째 포텐츠의 지배로부터 보존한다. 인자는 신화 속에서도 작용하고 있다. 여기에서 그는 첫 번째 포텐츠의 힘을 부수고, 스스로 신에게서부터 소외된 존재의 주인이 *된다*. 그렇기 때문에 신화는 오류나 허상이 아니다. 비록 그리스도와의 관계 속에서는 다만 상대적일 뿐이긴 하더라도, -종교로서의- 신화 속에는 진리가 담겨 있다.

셸링의 그리스도론을 구성하는 두 번째 기둥은 성육신으로, 십자가에서의 죽음을 받아들인 인간이 된 자에 관한 것이다. 셸링의 그리스도론적 신조는《계시의 철학》서른한 번째 강의에 나타난다. "인간이 스스로 자기에 대하여 행할 수 없는 것, 그것은 그리스도 자신이 수행해야만 했던 것은 아니다. … 그리스도는 인간 대신에, 그러니까 인간을 위하여 그것을 행했다."(XIV 205) 이 문장은 전통적인 신앙의 명제를 그대로 따르고 있는 것처럼 보이는데, 이와 같은 진술은 독일 관념론의 종교철학에서는 좀처럼 찾아보기 힘들다.

셸링에 의하면 신화적 과정의 최종점은 신비주의 제의Mysterienkult에로 이어진다. 신비주의 제의는 두 번째 포텐츠의 자연적인 작용을 반영하는 것으로, "그리스도의 계시의 단계 … 그의 성육신 단계이며, 그 전체 발전에 있어서 가장 중요하면서도 본질적인 단계"(XIV 153)이다. 성육신에 대한 사고는 사실 이미 로고스 그리스도론과 선재 그리스도론에 있어서 풀기 어려운 문제를 야기하는데, '육신이 된 로고스'를 신적 로고스의 비변화성과 연결시키는 것이 그것이다. "종종 사람들은 신성이 인성 안으로 넘어 들어왔다기 보다는 순수한 신성에게로 단지 무언가가 *추가*된 것처럼 생각하려 한다."(XIV 156) 신의 전능을 통해 특별히 창조된 인간 예수가 바로 그것이며, 로고스는 "그 인격에서의 일치에 이르기까지" 결합되어 있다는 것이다.

하지만 이런 생각은 -셸링이 지적하듯- '육체가 된 로고스'라는 말이 지니는 의미와 부합하지 않는 것이 사실이다. 셸링은 이러한 전통적인 난점을 로고스의 '세 번째 본성'을 통해, 즉 '신의 형상'으로서의 로고스는 신 바깥에 있는 신적인 존재라는 생각을 수단으로 피해갈 수 있다고 믿었다. 육체가 된 로고스는 신적인 로고스가 아니라 신 바깥에 있는 신적인außergöttlich-göttlich 로고스이다. "오직 하나의 *신적인* 것만이 겸비의 주체일 수 있다. 왜냐하면 이미 낮아져버린 인간은 이를 행할 수 없고, 다만 그 자체로 신적인 자, 그러니까 오직 신 바깥에 정립된 신적인 자만이 이를 행할 수 있다."(XIV 161) 로고스는 자신이 지니고 있는 신적인 의향으로 인해 신의 형상으로서의 존재, 즉 신에 대해 독립적인 존재를 포기하고 인간이 된다. 화해의 사건을 근거지우는 것은 바로 이 겸비, 그리스도의 자기비하이다.

셸링에 의하면, 선재하는 로고스의 성육신 속에 일어나는 화해의 사건은 그의 자기비하와 더불어 마침내 완성된 것으로 사유될 수 있

다. 하지만 대속적인 희생이 이미 성육신 속에서 일어난 것이라면 십
자가에서의 대속적인 죽음은 무엇을 위한 것인가?

이에 대해 셸링은 성육신은 다시 완성되어져야 할 것의 시작이라
고 설명한다. 즉 그것은 "화해라는 고유한 행위에로의 넘어감"(XIV
196)이다. 죽음을 받아들이는 일은 자신을 신에게 전적으로 복종시키
고 모든 자기 중독을 포기할 의지를 가진 두 번째 포텐츠에게는 필
연적인 일이다. 왜냐하면 (타락 이후) 신의 비의지Unwille가 그것을 의
욕 하기 때문이다. "죽음은 죄를 통해 세상 속으로 들어온 저주이다."
(XIV 202). 그 안에서는 신의 비의지의 전체 힘이 나타나고 있다. 존재
하는 모든 것은 죽어야만 한다. "따라서 중재하는 포텐츠가 신의 비
의지에 스스로를 완전히 복종시키고자 (신의 비의지를 자기 자신에게 받
아들이고자) 한다면, 그 포텐츠는 죽음에 이르기까지 자기 자신을 복
종시켜야만 한다. … 그가 죽음에까지 감으로써만 저항은 지양되고,
죽음의 원리의 모든 권세가 깨어지게 된다."(XIV 202f.) 화해의 사건은
겸비 가운데 근거지워져 있고, 무력한 인간을 위한 대속적인 자발적
죽음Sterben으로서의 십자가에서의 죽음Tod은 타락한 의식과 신 사이
의 화해를 완성시킨다.

따라서 셸링은 그리스도를 수용할 만한 교사 혹은 좋은 사례로만
간주하고, 그리스도를 주kyrios로 사유하기를 거부하는 합리주의자들
을 지속적으로 비판한다. 합리주의적으로 구성된 그리스도론에서 예
수의 십자가에서의 죽음은 단지 특별히 비극적인 사건으로서의 의미
외에는 아무 것도 부과되지 않는다. 여기에서 예수는 "위대한 시도
들 속에서 죽어간 다른 인간"(XIV 193)과 다르지 않다. 이런 관점에서

는 예수의 죽음을 희생물로써 순교의 죽임을 당한 유일무이한 경우로, 혹은 죄를 대신 지는 대속적인 희생으로 말한다는 것이 불가능하다. "예수의 화해의 죽음이 완고하고 시야가 제한된 도덕주의자들에게는 불쾌하게 여겨질 뿐이며, 단지 일반적인 사고에 젖어있는 이들에게는 우둔한 일이라는 것은 아주 이해할 만하다."(XIV 198f., cf. 226) 그러한 것으로서 예수의 죽음은 모든 다른 인간들이 겪어야 할 죽음에 대해 아무런 특별한 의미도 가질 수 없다: "그리스도는 완전한 인간이며, 따라서 그가 죽은 것은 다른 모든 인간이 죽는 것과 같이 죽었다는 것 외에는 다른 아무 것도 아니다."(XIV 206) 예수의 죽음은 결코 특별한 일이 아니다.

이 지점에서 셸링은 죽음이라는 현상을 그리스도론과 관련하여 간단히 설명한다. 사멸하는 육체와 불사의 영혼이 분리되는 것으로 죽음을 이해하는 고전적인 플라톤주의의 입장에 반하여 (《파이돈》의 대화편),《클라라. 혹은 자연세계와 정신세계의 관계에 대하여》 이후 셸링은 죽음을 일종의 본질화Essentifikation로 이해하고 있다. "인간의 죽음은 분리라기보다는 일종의 *본질화*로 이해되어야 한다. 여기에서는 다만 우연적인 것만이 사라지고 인간의 정체성을 의미하는 *본질*은 보존된다."(XIV 207) 하지만 여기에서 본질이란 정신만을 의미하는 것이 아니라 육체와 영혼까지도 포괄하는 것으로, 정신과 육체의 대립을 결속시키고 있는 인간적인 어떤 것을 의미한다(IX 45). 따라서 셸링은 죽음 이후에도 육체적인 것은 사라져 버리는 것이 아니라 지속되고 정화되어 마침내 그 본질에 도달할 것이라고 본다. 이때 셸링은 고린도전서 15:44에서 바울이 말하는 영적인 몸*soma pneumatikon*에 대한 사고를 이어받고 있다.

구원과 화해의 사건에서 가장 중심적인 사건은 자발적인 외화 곧 성육신이다. 로고스의 죽음은 그가 신 바깥의 존재를 포기함과 더불어 일어나는 필연적인 결과이지, 이 죽음이 구원의 사건에 있어서 중심적인 역할을 차지하는 것은 아니다. 그리스도의 죽음과 부활은 인간의 운명을 보여준다. 선재하는 로고스가 인간이 된 것은 그의 참으로 신적인 의향의 결과였는데, 이는 인간 예수의 신성을 드러내 보여준다(XIV 164). 따라서 예수 그리스도의 인성은 자기의 신성을 감추는 것이 아니라, 그 무엇보다도 신성을 명확히 계시하고 있다. 땅 위에서 예수의 작용을 통해 신의 주권(영광doxa)이 나타나게 되고, 창조 안에 있는 신의 지혜와 그의 최종적 의향이 계시된다.

창조에서부터 계시에 이르는 발전의 과정은 그 최종 근거와 목표를 가진다. 그 최종 근거는 자기 안에 폐쇄되어 있는 신으로, 그는 모든 것을 자신 안에 포괄하는 통일성이며, 그 안에는 만유가 함께 존재한다. 저 과정의 최종 목표는 더 이상 아무 것도 폐쇄되어 있지 않고 모든 것이 계시되며, 신이 모든 것 안에서 계시되는 것, 즉 만유 가운데 모든 것이 되는 데 있다. 이 과정은 세 단계의 세계시대들(과거, 현재, 미래)을 거쳐 일어나며, 그 연속적인 과정 속에서 각각 성부, 성자, 정신/성령이 주로서 다스린다. 셸링은 이러한 연속적인 과정의 의미를 다음과 같이 기술한다: "모든 것, 전체 창조, 즉 모든 사물의 위대한 발전은 성부로부터 시작하여 -성자를 거쳐- 정신/성령 안으로 진행해 들어간다."(XIV 73) 신의 세 인격들은 연속적인 과정 속에서 진정한 통일성을 형성하며, 이와 결합되어 있는 발전에 신적인 경

*류oikonomia*을 제공한다.

그리스도의 죽음 및 부활과 더불어 그리스도의 나라가 세워지지만, 이와 더불어 역사가 완성되어지는 것은 당연히 아니다. 그리스도의 나라에 대척하여 악한 힘들의 나라가 서 있다. 이 나라는 신의 결의 및 정의 속에서 결정되어 있으며, 악마(사탄)는 이 나라의 총괄개념이자 우두머리이다. 비록 이교 신앙이 그리스도를 통해 내면적으로는 극복되었다고 하더라도, 이교 신앙은 그리스도교에 적대적인 세계종교라는 형태 안에서 그대로 남아있다. 세계 종교들은 우주를 숭배하는 종교들이기 때문에, 그 안에서 사탄은 '세계의 주권자', 이 시대의 신으로 나타난다. "사탄은 불신자들의 감각을 눈멀게 함으로써 이들이 신의 형상(고후 4:4)과 그리스도의 주권의 빛을 보지 못하게 한다."(XIV 246)

셸링에 의하면 사탄은 여러 형태를 가진 존재이다. 한편으로 사탄은 혼란스럽게 만드는 정신이고, 다른 한편으로는 신의 천사이자 도구이다. '늙은 뱀'(창세기)과 '거대한 용'(요한계시록)으로서 사탄은 신에 대하여 불순종하도록 유혹하고, 인간 스스로 교만해지도록 한다. 사탄은 가장 하부 단계의 포텐츠로 머물러 있어야 할 의지를 한정 없이 반복적으로 격동시키는데(자기의지Selbstwollen), 이를 통해 그는 창조의 원수로 등장한다. 한편 사탄은 신의 도구로서 회의자와 견책자로서의 기능을 가지기도 하는데, 이때의 사탄은 인간의 약함과 욕망을 시험하여 불의한 자와 죄인들이 드러나도록 한다.

사탄이란 정신적으로 작용하는 악의 힘들의 원리이며, 이 힘들이 모든 곳에서 작용하도록 격동시킨다. 이로써 사탄은 모든 것들이 시험당하고, 종국에는 심판 받도록 작용한다. 그렇다면 사탄이란 신의 '청지기'인 것인지, 혹은 그 자체로 악한 존재인 것인지 질문이 제기될 수밖에 없다. 사탄 안에서 나타나는 것은 무제한적 존재가능성으로, 이것은 모든 현실적인 실존을 배제하며 따라서 비존재의 속성을 가진다. 무제한적 존재가능성은 인간의 타락을 통해 다시 촉발되어진 힘의 원리이다. 무제한적 존재가능성인 사탄은 인간을 유혹하여 죄와 죽음에 빠지도록 하며, 죄로 인해 자기 탐욕 안에 빠져 현혹되어 버린 인간의 아버지로 나타난다. '거대한 용'이 하늘에서부터 지상으로 떨어져 내려온 후, 사탄은 세계의 정치적 왕국들 속에서 다스린다. 사탄은 "피로 얼룩진 새로운 역사의 무대의 개막을 알린다."(XIV 273)

모든 인간은 사탄의 지배적인 권세 아래에서 태어나고, 자신이 의도하지 않는다고 하더라도 그 근원에 있어서 즉 그 의지의 뿌리에서부터 자기 중독과 세계 탐욕에 의해 이끌리게 된다. 원죄 또는 칸트가 "인간 본성의 근본 악"[19]이라고 부른 것은 바로 이것이다. 사탄의 시험에 끌리는 것은 인간의 감각적인 본성이 아니라, 그저 외형적인 가치에 매몰되어 있는 세계 가운데 존재하는 인간의 자기 중독이라는 심연이다. 단순히 이 사실을 가르친다고 해서 이 사태가 극복될 수 있는 것은 아니다. 이로부터 벗어나기 위해서는 자기의 고유한 경험 속에서 그것 자체가 생생히 경험되어야 한다.

인류의 발전을 위해서 사탄은 필연적으로 작용해야 하고, 그런 한 우리는 사탄의 선한 작용에 대해 말할 수 있다. "이 정신은〔악한 정신으로서의 사탄〕인간 생명의 끊임없는 격동자이며 자극자로서, 그것이 없다면 세계는 잠에 빠지고 역사는 중지되어 버리고 마는 원리이다. 이것이야말로 사탄에 대한 참된 철학적 이념이다.": 사탄이란 "전체 역사의 (세계 속에 있는) 필연적인 **최고 운동자**principium movens이다." (XIV 270f.) 이런 점에서 사탄은 "참아내어야 할, 수단으로 의지된 원리"(XIV 275)이다. 사탄은 도구로서 존재해야만 한다. 왜냐하면 "아직 완전한 진리가 드러나지 않은 이상, 그리고 세계가 가지고 있는 가능성에 대하여 그에 대립하는 또 다른 가능성이 아직 드러나지 않은 이상⋯ 창조는 동시에 극복돼야만 한다. 이러한 관점에 입각해 보자면 저 원리는 〔무제한적 존재가능성이라는 원리로서의 사탄〕 아직 감추어져 있는 악을 산출해 내는 원인, 즉 죄가 드러나게 되기를 기뻐하는 원인이다. 하지만 이 원리는 *그 자체로서* 악한 것은 아니다. 왜냐하면 신 자신이 그것을 참아내기로, 심지어 그것을 의욕 해야만 했기 때문이다. 이것을 의욕 했다 하더라도 신은 그것 자체를 바란 것이 아니며, 단지 하나의 *수단*으로서 의욕 했을 뿐이다."(XIV 274)

《계시의 철학》의 종결부에 셸링은 신앙 및 종교 공동체의 조직의 역사, 특히 교회사에 대한 개관을 제공하면서, 이 역사를 "저 보다 높고 내면적인 역사로부터 외면적인 역사에로의 넘어감"(XIV 293)이라고 기술한다. 신앙의 역사 속에서는 세계 안에 있는 그리스도의 나라의 발전이 나타난다. 여기에서 셸링은 중심적인 그리스도교 교단과 교회들의 연속적 단계를 해명하고 있는데, 이는 특히 그리스도에 의해 결정된 사도들의 순서를 따라 설명된다. 가톨릭교회는 참된 신앙은 가지고 있지만, 이 신앙은 아직 자유로운 인식에 이르지 못하고 있다. 이 가톨릭교회의 사도는 베드로이다. 프로테스탄트 교회의 사도는 바울이며, 프로테스탄트 교회 안에서는 교회의 통일성이 제거되어 버렸지만, 학문적 정신이 신앙 안으로 들어오는 통로가 되었다. 마지막으로, "요한은 미래에 올, 비로소 참되고 보편적인 교회의 사도이다. 이 교회는 아무런 제한하는 억압, 어떤 종류의 외적 권위도 없이 자기 스스로 존재한다. 왜냐하면 이리로는 모든 이들이 자유롭게 찾아올 것이고, 모든 이들은 자기 스스로의 확신을 통해 올 것이기 때문이다."(XIV 328) 요한복음은 하나의 정신적 교회를 미리 보여준다. 그것은 자유롭게 인식되고, 자유 가운데에서 인정받게 될 '철학적 종교'이다.

9 베를린에서의 강의들과 말년의 사유

1. 계시의 철학 서론

1841년 11월 16일 셸링은 저명한 청중들 앞에서 자기의 첫 번째 베를린 강의를 시작하였다. 그에 대한 기대는 매우 높았다. 물론 서로 다른 이유와 동기에서 비롯됐지만, 좌파 헤겔주의자들과 우파 헤겔주의자들 모두가 잔뜩 기대를 품고 그의 강의를 기다리고 있었다. 《논리학》과 《엔치클로패디》에 대한 비판을 단지 간접적으로 소문으로만 들었을 뿐이지만, 어린 시절 헤겔의 친구였던 셸링이 헤겔의 제자들에게 철학이란 무엇인가를 가르쳐주기 위해 나타난다는 소식은 흥미를 유발하기에 충분했다. 신문에서는 셸링의 강의들이 아주 세세히 전달되었는데, 비판적인 논조가 대부분이었다. 셸링의 강의에 대한 실망은 급속히 번져 갔다.

셸링은 1842년 이후에는 프로이센의 국무에만 관여하였고, 보수적이고도 반동적인 왕궁의 추종자 역할만을 하면서 그 비호자의 도움에만 의존하는 것처럼 보였다.[1] 셸링의 강의들에 대한 관심은 여전히 느낄 수 있었다. 하지만 셸링의 강의들을 "철학의 계시"로 받아들인 이들은, 그 강의들을 "철학의 신화"[2]로 간주하며 결코 받아들일 수 없었던 사람들에 비하면 명백히 소수에 지나지 않았다. 루게Ruge는 "추잡한 포텐츠론"[3]이라고 비난하였다. "사유의 열매"가 뛰어다닌다고 스스로 평했던 키에르케고르는 셸링이 "현실성Wirklichkeit"이라는 단어를 입 밖에 내었을 때 당혹스러워 했고, 마침내는 실망하고 말았다: "나는 그의 강의들을 듣기에는 너무 늙었고, 셸링 역시도 강의를 하기에는 너무 늙었다."[4]

셸링의 시대는 끝나 버린 것처럼 보였다. 그가 받았던 많은 관심에도 불구하고, 당대의 문제들에 대한 철학적 해결책을 내놓겠다는 주장은 더 이상 동시대인들에게 수용되지 않았다. 셸링은 신앙과 학문의 관계라는 깊숙한 문제 안으로 파고 들어가 철학을 향한 필요를 만족시키고, 철학을 단지 "삶의 간헐적인 접촉선" 정도로 무의미하게 평가하는 것을 극복하여 철학을 고양시키는 것을 자신의 과제로 보았다. 이로써 마침내는 인간의 삶을 현실적으로 움직이는 힘들, 즉 국가와 종교를 다시금 현대의 의식이 철학적으로 사유토록 하고자 했다(XIII 8ff.): "정말로 중요한 것은 다시 한 번 -마지막이 될 지도 모르겠지만- 철학의 의미 그 자체를 다루는 것이다."(XIII 32)

당시 셸링의 비판자들은 그 당시 시대가 그러했듯 스스로를 진보적으로 생각했고, 셸링 자신도 이들을 1848년 정치적 혁명의 원인으로 간주했다. 아무튼 셸링은 '순수이성적 철학을 서술'하려는 자기의 마지막 기획 가운데 이러한 비판자들까지도 자신의 정치 이론 속에서 극복하고, 그 참된 본질이 무엇인지 드러내 보였다고 믿었다.

1841/42년의 강의들 중에서는 겨우 두 부분만이《셸링전집》에 포함되어 있다. 따로 출판되어진 바 있는 '첫 번째 베를린 강의Erste Berliner Vorlesung'와 '긍정철학의 원리들에 대한 또 다른 연역Andere Deduktion der Prinzipien der positiven Philosophie'이 그것이다. 이 강의들은 파울루스가 나름대로의 첨가물과 비판적인 평가를 덧붙여 1843년에 출판한 필기본에서도 찾아볼 수 있다. 베를린 강의들의 수많은 필사본과 발췌문들 중에서 파울루스의 필사본이 가장 중요하다는 데는 의심의 여지가 없다.[5] 하지만 이 필사본은 셸링의 허락을 받지 않고 출판된 것이었고, 이에 대해 셸링은 소송을 제기했지만 결국 패소하고 말았다. 이와 더불어 셸링은 당시 비판적이었던 사람들에게 약점을 잡히고 만다. 이들은 셸링이 자기 강의들에 대한 '진리'를 드러내려는 것을 경찰력을 수단으로 저지하려는 것으로 받아들였던 것이다.

셸링의 아들은《계시의 철학 서론 혹은 긍정철학의 근거》(XIII 1~174)가 1844~45년에 작성된 것으로 추정한다. 이 강의와 앞에서 거론된《순수 이성철학의 서술》은 베를린 시기의 가장 주요한 작품들인 것이 분명하다. 이 중《순수 이성철학의 서술》은《신화의 철학에 대한 철학적 서론Philosophische Einleitung in die Philosophie der Mythologie》(XI 253~572)이라고도 일컬어지는데, 이 글의 결론으로《영원한 진리의 원천에 대한 소론Abhandlung über die Quelle der ewigen Wahrheit》(XI 573~590)이 추가되었다. 스스로 증언하고 또 수강자들이 전해 주듯 셸링은 이 중《계시의 철학 서론》만을 새로 작성했고 (이전에 작성된 텍스트들이 중요한 부분을 차지하고 있음은 당연한 사실이다), 종교철학과 관련한 자세한 설명들에 있어서는 예전에 강의했던 원고들이 조금만 변경된 채 그 주조를 이루고 있다. 아래에서는 위의 두 텍스트들을 간단히 설명하려고 한다.

《계시의 철학 서론》에서는 근대 합리주의와 경험주의 등에 대한 셸링의 철학사적 고찰이 더 정교화 되어 나타난다. 또한 철학사 안에서는 부정철학과 긍정철학이 이미 -물론 아직 그 의미가 명확히 드러나지는 않았지만- 함께 양립하고 있었다는[6] 등의 역사적 사실에 대한 셸링의 입장도 포함되어 있다. 이어서 셸링은 순수이성학문의 인식상태, 방법, 최종 이념과 목표, 그리고 그것이 긍정철학과 맺는 관계를 드러내는 것이 철학의 과제라고 밝힌다. 칸트가 설정한 철학의 과제는 순수이성학문에 대한 이념을 제시하는 것이다: "칸트와 아무런 관계도 없는 무언가가 세워질 수 있다는 생각을 나는 거부한다."(XIII 32)

학문으로서 기존의 형이상학은 그 인식의 원천을 오성intellectio, 경험, 이성ratio이라는 세 가지로 구분한 후 일반적인 개념들과 명제들을 통해 그 초자연적 대상들(영혼, 세계, 신)에 도달하고자 했는데, 이때 그 개별적인 내용들은 필연적인 것이 아니라 단지 우연적으로 혹은 전승되어 내려 온 것들에 지나지 않는다. 이에 반해 칸트의 기여는 이성 속에서, 즉 추론하는 힘이자 이념들에 대한 능력으로서의 이성 속에서, 그 필연성 가운데에 있는 기존의 형이상학의 최종적인 사유를 드러냈다는 데 있다. 여기에서 신은 "우연히 주어진 것이 아니라, 최종적이면서도 지고한 이성 이념의 필연적 내용이다."(XIII 45)

하지만 《순수이성비판》은 세 가지 인식능력, 즉 감각, 오성, 이성을 외적으로 구분하고 평가하는 전통적 형이상학에 여전히 의존한다는 점에서 단지 '비판'으로만 남아 있을 뿐이다. 《순수이성비판》의 가장 커다란 문제는 선험적 인식의 가능성을 근거지우는 방식이다. 경험에 대한 칸트의 이론에서 가장 중추적인 역할을 하는 물자체는 단지 X로서 남아 있을 뿐이다. 셸링에 의하면, 이는 참으로 "실존하는 것 그 자체, 사물의 본질"(XIII 50)은 인식되지도 않고, 인식될 수도 없다는 것에 지나지 않는다.

반면 피히테는 사물의 형태와 질료를 단일한 원리, 즉 인간 의식의 자아로부터 도출하고자 하는데, 이때 피히테는 "*완전한* 선험적 학문의 이념", 즉 "그 무엇도 전제로 하지 않는 절대적 철학에 대한 개념"(XIII 51)을 간과하고 있다. 피히테는 선험적 학문의 "그 질료와 본질에 있어서 참된 출발점"을 발견하긴 했지만, 이로부터 철학을 구체적으로 수행함에 있어서는 실패하고 말았다. 이에 반해 셸링은, 자신은 의식의 자아 속에 놓여 있는 제약을 지양함으로써 보편적인 선행자 Prius(주체-객체의 무차별)를 발견했다고 주장한다. 이제 절대이성에 대한 학문으로서의 동일철학이 생성되었다. "그 안에서는 더 이상 〔주관적인〕 *철학자*가 아니라, 이성 자체가 이성을 인식한다."(XIII 57) 동일철학에서는 모든 선험적 인식은 오직 이성으로부터만 도출된다. 이성은 "자기 자신으로부터 모든 존재에게 도달하며, 그 무엇도 경험으로부터 단지 수용하기만 하지 않는다."(XIII 57)

이 지점에서 셸링은 이성인식의 인식상의 상태와, 그것이 경험과 맺는 관계가 무엇인지를 철저히 설명한다. 이성이 자기 자신 안에서 선행자 혹은 "모든 존재의 주체"이고 또한 자기 자신 안에서 모든 존재자에 대한 선험적 인식의 원리를 가진다면, 모든 존재자에게서는 도대체 무엇이 인식되어지는 것인가 하는 질문이 제기될 수 있다. 이에 대해 셸링은 다음과 같은 차이를 가리키면서 대답한다: "모든 현실적인 것에서는 두 가지가 인식될 수 있다… 하나는 존재자란 무엇인가, 즉 그 본질이란 무엇인가quid sit에 대한 것이고, 또 하나는 그것이 존재한다는 것, 즉 그 실존quod sit이다."(XIII 57f.)[7]

  존재자에게서는 이성이 접근해 들어가서 개념으로 파악할 수 있는 측면(본질)이 있는 반면, 실제적인 실존faktische Existenz 역시도 나타나고 있다. 경험은 여기에 접근할 수 있지만 이성은 그렇지 못하다. 이성은 현실적인 것에서 단지 그것의 본질만을 인식하고, "*본질 자체*를 개념 속에서" 그러한 바로서 파악한다. 하지만 이성은 사유에 대해 전적인 타자로서 있는 것, 즉 현실적인 것의 현실성, 다시 말해 하나의 규정적인 존재자가 존재한다는 *사실 자체*는 파악하지 못한다. 그럼에도 불구하고 이성이 자신의 구성 속에서 "두 얼굴의 괴물과 관련 맺는다."는 것은 아니다. 무언가가 실존하는지 혹은 아닌지는 "나의 개념 속에 자리하고 있는 그것의 내용에 대해 아무 것도"(XIII 60) 변화시키지 못한다고 셸링은 힘주어 강조한다. 말하자면 "본질은 언제나 동일한 것으로 남아 있고, 그 사태는 현실적으로 존재할 수도, 그렇지 않을 수도 있다."(XI 575) 따라서 이성학문은 *방법상* 보자면 경험에 의해 영향을 받지 않는다. 이때 이성지식의 원리들이 어떻게 개별적인 의식 안으로 출현할 수 있는가에 관한 질문은 제기되지 않는다. 오히려 그 원리들은 선험적으로 이성 안에 근거지워져 있어야만 한다.

이에 반해 셸링은 경험의 역할을 아래와 같이 포괄적으로 정의내린다: 경험이란 "이성으로부터 독립적인 원천(XIII 61)"으로서 "조절"하는 기능으로 이성을 돕는다. "왜냐하면 〔이성에 의해 개념 가운데에서: 역자〕 구성되어진 것이 현실적으로 실존한다는 *사실*은 이성이 아니라 오직 경험만이 말해주기 때문이다."(XIII 62) 이성은 본질과 관련되어 있을 뿐 개별적으로 실존하는 존재자들과는 관계를 맺지 못한다는 이성과 경험에 대한 이러한 규정은 사실 셸링의 동일철학에서부터 이미 발견된다.[8] 물론 당시에는 '유한자'나 '개별자'가 무상한 것으로 폄하되었던 반면, 이제 후기 작품들 속에서 본질과 실존의 구분은 하나의 독특한 체계적인 의미를 얻게 된다는 것이 그 차이라 할 수 있다. 이성학문의 동반자로서 경험은 특수한 존재자들이 실존한다는 사실에 대하여, 그리고 그것들이 경험의 연관 속에서 어떻게 해명되어야 할 것인지에 대한 정보를 제공해 주는 것이지, 특수한 존재자들의 존재의 *이유warum*에 관한 것이 아니다.[9]

현실적인 존재에 대한 모든 현실적인 인식에는 사유의 근원적인 내용으로서 존재에 대한 개념이 선행한다. 이 존재에 대한 개념은 현실적인 것은 아니고, 다만 하나의 가능한 인식이며 단지 능력 속에 있다. "칸트에 의하면 이성이란 인식능력 그 자체 외에 다름 아니다. 우리 안에 정립되어 있으면서 철학의 수준에 있어서는 우리에게 대상이 되어 버린, 따라서 스스로를 전적으로 객체로서 간주하는 이성은 *인식의 무한한 포텐츠unendliche Potenz des Erkennens*이다."(XIII 62) 이성은 "무한한, 즉 모든 것에 대해 자유로우면서 그 무엇에게도 사로잡히지 않는 인식의 포텐츠"이며, "다른 무언가에 의존하지 않으면서 모든 존

재에게로 진행해 나가야 할 필요성을 자기 자신만의 고유하면서도
근원적인 내용 속에 간직하고 있다. 이는 *모든 존재(존재의 모든 충만
함)가 무한한 포텐츠에 상응할 수 있을 때 일어난다.*" 여기에서 요구
되고 있는 사유와 존재의 동일성에 의하면, 존재의 무한한 포텐츠는
"이성에게 그 고유한 내용으로서 주어져"(XIII 63f.) 있다. 이에 따르자
면 순수이성의 내용은 이미 완결되어진 존재도 아니고 단지 전적으
로 추상적인 존재도 아니라 다만 존재가능성, 곧 존재의 무한한 포텐
츠이다. 셸링은 현실적인 존재das wirkliche Sein와는 구분되는 이 존재가
능성의 선험적 상태를 드러내기 위해 *존재자das Seiende*라고 부른다.

존재의 무한한 포텐츠에 직면하여 "이성은… -모든 존재와는 구분
되는- 전적으로 선험적인 상태가 자신에게 제공해 주는 것을 얻으
며, 이것으로 인하여 이성은 존재자만이 아니라 전체 존재를 자신의
모든 단계들 속에서 인식할 수 있다. 왜냐하면 무한하지만 아직은 규
정되어 있지 않은 저 포텐츠 속에서, 이제 일련의 순서를 따라 발생
하는 포텐츠들의 내적인 *유기체der innere Organismus*가 직접적으로 드러
나기 때문이다. 이 유기체는 우연적인 것이 아니라 필연적인 것이며,
여기에서 이성은 모든 존재를 위한 열쇠를 얻는다. 이 유기체는 이성
의 내적인 유기체 그 자체이며, 이것의 비밀을 벗겨내는 것이야말로
이성철학의 과업이다."(XIII 76)

하지만 존재의 무한한 포텐츠로부터의 진보는 어떻게 가능한 것
일까? 순수사유의 대상은 존재 이전에 존재하는 것이며, 순수사유는
"현실적인 것 이전에 먼저 자기 자신을 이해한다.(XIII 204)" 이는 존재
의 배후로 돌아들어가야만 하는 인간의 필요성과 일치한다. 그곳은

"모든 존재의 전적인 광야 속으로 달아나기 위해 인간이 모든 현실적인 것으로부터 스스로를 자유롭도록 한 곳이다. 그곳에서는 그 어떤 현실적인 것도 만날 수 없으며, 다만 모든 존재의 무한한 포텐츠만을 만나게 될 뿐이다. 거기에서 인간은 사유의 유일하면서도 직접적인 내용을 만나게 된다. 바로 이 사유의 내용과 더불어 사유 자체는 오직 자기 자신 안에서, 자신의 고유한 에테르 안에서 운동한다."(XIII 76)

존재의 관점에서 보았을 때 존재가능성은 순수한 주체bloßes Subjekt 이다: 그것은 "존재할 수 있는"(XIII 77) 바로 그것이며, 최초의 규정 혹은 포텐츠이다. 아무런 전제 없이 주어진 주체인 이 '순수 존재가능자 das bloß sein Könnende'는 바로 탐색되어지던 원리인 것처럼 보인다; 하지만 가능성은 "자기 스스로"(XIII 79) 확고히 보존되지는 못한다. 즉 저 가능성은 '가능성의 존재'에로 넘어가는 현실적인 전이 속에서 사라져 버리고 만다. 따라서 이와 동시에 객체 및 주체–객체가 필요하게 된다. 이와 더불어 존재가능성은 자기 자신의 세 가지 규정들 속에서 존재자의 총체성과 동일시된다. 이로 인해 존재가능성은 공통으로 존재자를 규정하는 존재자의 총체성의 계기들이 된다. 이제 이성 자신은 제1포텐츠, 즉 존재가능성 바로 그것이다. 이성의 직접적인 내용이 존재자 자체, 즉 "모든 존재" 그 자체인 한, 이성 자신은 무한한 포텐츠, 무한한 존재가능성, 즉 순수 포텐츠(XIII 63f.)라고 불릴 수 있다.

규정들 가운데에서 발생하는 필연적 진전은 이중성에 의해 규정된다: "우리는 원리를 얻었지만, 아직 완전히 가지고 있지는 못하다."(XIII 66f.) 왜냐하면 참된 원리이자 현실성의 가능근거를 드러내는 존재자는 -이 존재자를 가리켜 셸링은 "참된 존재자"(XIII 67), "존재자 자체"(XIII 70)라고 부른다- 여전히 상이한 규정들 배후에 감추어져 있기 때문이다. 이성의 직접적인 내용의 무차별 속에서 존재자와 원리는 구분되지 않은 채로 남아있다. 이제는 포텐츠가 자기 자신에 대해(XIII 78f.) 어떤 상태로 존재하는 지가 탐색되어야 하는데, 이는 곧 *주체*가 "자기 자신의 존재의 포텐츠"(XIII 79)로 되어야만 한다는 것을 의미한다. 즉 *존재가능성*으로서 주체는 자기 자신에 대해서 무언가가 되어야 하는데, 이는 이와 더불어 주체가 제2, 제3의 포텐츠로 직접 변화되지 않으면서도 스스로를 참으로 "실존하는 것의 힘potentia existendi"으로 드러내야 한다는 것을 의미한다.

보다 높은 단계에서 고찰해 보자면, 주체가 참으로 주체로 존재하기 위해서는 그것이 객체(존재)에 대해 맺고 있는 직접적인 관계가 자기 자신에 대하여 *중재된 관계*로 변화되는 구조를 간직해야만 한다. 주체가 가지는 원리로서의 특성은, 그 원리가 '자유롭게' 자기 자신에 대해 정립되어 있을 때에라야 나타나게 되는 것이다. 그러니까 이성의 내용은 아직은 "절대적으로 확실한 것도, 머물러 있는 것das Bleibende도 아니다." 오히려 "본래적으로 머물러 있는 것"(XIII 67)은 이제야 비로소 해명되어야 한다. 이렇게 이성의 내용에 대한 해명은 "배제의 방법via exclusionis"(XIII 71)을 통해 이루어지는데, 이때 스스로를 실존의 가능성을 담보하는 존재자 자체로 주장할 수 없는 모든 것들은 배제되어진다. 존재자에 대한 이러한 해명은 다시금 "개념" 속에서 이루어진다. 이성학문은 "참된 존재에 대척하여" 존재자를 "다시금 단지 가능성"(XIII 66)으로만 가질 뿐이다.

이런 방식을 통해 이성철학의 최종점에서는 존재자 그 자체인 원리가 나타난다; 원리는 존재자를 위한 존재의 근거이며, 이러한 바로서 원리는 실존의 정립을 담당한다. 이러한 원리는 사유 그 자체로부터는 제기될 수 없다. 특히 이성은 이 원리가 될 수 없으며, 모든 이성으로부터 분리된 채로 고양되어 있고, 따라서 "비개념적 선행자be-griffloses Prius"(XIII 167)만이 이 원리가 될 수 있다. 존재자인 이성이 스스로를 *원리로서* 나타내고자 한다면, 이성은 이성으로 존재하는 자기자신을 포기하고 하나의 탈-아Ex-stase, 즉 자기연관성으로부터 스스로를 해방시켜야 한다. 이때에도 이성은 자신이 지니고 있는 포텐츠로서의 속성들로 인해 단지 "상대적인 선행자"로 나타날 뿐이다; 의심의 여지없이 실존하는 것, 즉 사유에 앞서는 존재는 이성 자신에게는 인식 불가능한 것으로 남아 있어야만 한다. 이성은 스스로가 *논리적 선행자*를 그 토대로 세울 수 있는 것만을 인식할 수 있기 때문이다. 의심의 여지없이 실존하는 것에게는 아무런 선행자가 있을 수 없다. 그것은 절대적 선행자 자신(XIII 129)으로, "그 개념에 먼저 다가온 것"(XIII 156)이다. 절대 선행자가 비개념적인 것으로, 즉 전적으로 초월적인 것으로 존재하면서도 이성의 외부와 이성 너머에 남아 있는 것은 불가능해 보이는 것이 사실이다. 그렇기 때문에 이성은 추후적으로aposteriori 절대 선행자의 사실성과 그 순수한 '사실'Daß을 탈아 속에서, 즉 자기 자신으로부터 자유롭게 됨을 통해서 절대 선행자에게 합리성을 부과하고자 한다. 이를 더 자세히 말하자면: 이성은 원리가 자기의 고유한 이해가능성을 직접 산출해 내었는지를 추후적으로 파악하고자 한다.

전적으로 초월적인 존재는 아직 신은 아니다. 그것은 우선은 단지 "의심의 여지없이 실존하는 것"(XIII 158f.), 곧 순수 현실성이다. 긍정철학의 출발점은 바로 이 순수 현실성이다. 훨씬 이전에 이미 셸링은 아래와 같이 적고 있다: "여기에서는 *모든 것*을 포기해야 한다. - 그것은 그저 사람들이 습관적으로 말하는 것처럼 처자식을 버리는 그런 것만이 아니라 존재하는 것 자체, *신* 자체까지도 포기하는 것을 의미한다. 왜냐하면 신도 역시 여기에서는 단지 존재자에 불과하기 때문이다."(IX 217) '신'이라는 개념을 출발점으로 간주하는 것도 역시 포기되어야 한다(XIII 158). 의심의 여지없이 실존하는 자를 초존재자 das Überseiende로, 즉 신으로 드러내는 것은 긍정철학의 출발점이 아니라 그것이 수행해 내야 할 과제이다(XIII 129). 이를 수행하는 일은 순수사유의 실행방식과 유비적인 방식으로 일어난다. 이 일은 실존이라는 최초의 순수한 사실Daß로부터 출발하여 다시금 신과 신의 본질에 대한 개념에 혹은 신의 본질에 대한 인식에 도달하는 방식으로 이루어진다. 이 과정은 이성의 초월성이 그것을 통해 자기 자신에 대해 내재적이 되기까지 이루어지는 하나의 운동이다(XIII 170).

셸링은 이 운동에 대한 사고를 통해 무엇보다도 자신이 신존재증명, 즉히 존재론적 신존재증명에 대한 칸트의 비판으로부터 비껴갈 수 있다고 생각했다. 왜냐하면, 기존의 존재론적 증명은 개념 혹은 본질로부터 출발하여 실존에로 넘어가는 방식을 취하고 있고, 따라서 근본적으로는 초월해나가는 운동인 반면, 여기에서 셸링 자신은 초월로부터 내재에로 전환해 들어가는 운동으로 이해하고 있기 때문이다. 셸링의 출발점은 우주론적 신존재증명의 토대가 되는 필연적으로 실존하는 자, 즉 그것이 실존한다는 사실이 결코 의심되어질 수 없는 자에 대한 개념이다. 하지만 이에 대해 칸트는, 이러한 존재에 대한 개념은 전적으로 비규정적이기 때문에, 여기에서는 필연적인 존재로부터 (존재론적 신존재증명의 기초를 이루는) 완전한 존재에 대한 논의로 넘어갈 수밖에 없다고 비판적으로 지적하였다. 논의를 이렇게 변경시키고 난 후 칸트는 존재론적 증명에 대한 반대논증을 피는 것으로 이를 비판했던 것이다.

셸링은 이처럼 신존재증명을 수행하자마자 (아무런 성과 없이) 즉시 이성 학문으로 회귀할 수밖에 없는 문제점을 피해가고자 했다. 셸링은 이를 위해서 필연적으로 실존하는 것으로부터 출발하여, 다른 학문 안에서 발견되는 진전해 가는 것의 또 다른 양식modus progrediendi에게로 나아간다. 부정철학과 긍정철학은 이에 따라 다음과 같이 구분될 수 있다. 부정철학이란 '경험적인 것의 아프리오리즘Apriorismus des Empirischen'이다. 여기에서 이성은 존재에 대하여 선험적인 위치를 차지하고 있으면서 경험적인 것을 선험적으로 인식한다.

반면 긍정철학은 '아프리오리한 것의 경험주의Empirismus des Apriorischen'로서, 여기에서 절대적 선행자는 그 일련의 과정 속에서 신성으로서 드러나게 된다. 두 학문들이 모두 경험과 관련을 맺고 있는 것은 사실이지만, 이 중 경험과 더 긴밀히 결합되어 있는 것은 긍정철학이다: 존재의 의미는 경험으로부터 비로소 역사적으로 확증된다. 부정철학이 하나의 폐쇄적인 개념 체계를 기술하는 것이라면, -근본적으로 경험에 대해 개방되어 있는- 긍정철학의 체계는 초월적 존재에 대한 결정적인 주장에 토대하고 있다. 이것이 부정철학과 긍정철학을 서로 구분 짓게 한다.

2. 철학의 원리들

셸링의 마지막 강의들은《순수 이성철학*Rein rationale Philosophie*》에 담겨 있다. 이 강의들은 단지 구상단계에 머물러 있고 실제로 강의되지는 않았는데, 여기에는 동일철학의 기본요소들과 내용들이 변경된 형태로 담겨 있다.

《순수 이성철학》에서 가장 중요한 내용은 한편으로는 포텐츠론이고, 다른 한편으로는 플라톤과 아리스토텔레스에게 의존하는 영혼론 혹은 정신론이라 할 수 있는 이성학문에 대한 간략한 진술이다.[10] 《순수 이성철학》에는 '철학의 원리들에 관하여'(1843~44)라는 강의들로부터 유래하는 '자연과정의 서술'(X 301~390)Darstellung des Naturprozesses이 포함되어 있다. 이 강의는 자연에 대한 이론들이 가지는 고유한 문제점들이 특히 칸트와 연관되어 다루어지고 있다. '철학의 원리들에 관하여'가 어떻게 해서 (지금까지는) 알려지지 않았던 도입부에 들어가게 되었는지를 살펴보면 매우 흥미로운 사실이 발견된다. 추측컨대, 순수 이성철학의 원리들을 여기에서 발전시킨 후, 이를 뒤따르게 될 서술의 시작부로 사용하려고 했던 것처럼 보인다.

이 마지막 작품의 의도와 의미에 대해 셸링은 1852년 12월 29일 벡커(Becker)에게 보낸 편지에 이렇게 적고 있다: "말하자면 원리론 혹은 포텐츠론이야말로 나의 형이상학이다. 그것은 이성철학의 첫 번째 토대에 불과한 것이 아니라 앞으로 전개될 이성철학의 발달을 위한 원 자료이기도 하다." 말하자면 포텐츠론은 의심의 여지없이 이성철학에 귀속된다: "포텐츠론이 없이는 긍정철학이 있을 수 없다는 것, 그리고 포텐츠론이 긍정철학에 기여할 수 있는 바가 무엇인가 하는 것, 이러한 특별한 질문들에 대해서 나 스스로도 여기에 이르러서야 비로소 명확해지기 시작했다." 뿐만 아니다: "부정철학이 어떻게 긍정철학에게로 발전해 나갈 수 있는 지에 대해서 나는 뮌헨에 있을 때에는 단지 대략적으로만 언급했을 뿐, 한 번도 제대로 강의한 적은 없었다."(Plitt III 241)

그 구조를 중심으로 보자면 포텐츠론은 그다지 변하지 않은 채로 남아있다. 하지만 원리에 대한 가장 근본적인 개념인 포텐츠를 도출하고 정당화하는 방식은 매우 주의 깊게 살펴봐야 한다. 구체적으로 보자면, 이때 셸링은 선험적 이념에 대한 칸트의 가르침과 아리스토텔레스의 현실태와 가능태, 그리고 원리론을 수용하고 있다. 지속적으로 칸트의 '선험적 이상transzendentales Ideal'에 의존하고 있다는 사실은, 적어도 후기 작품들에 등장하는 원리들 사이의 통일적인 연관성을 셸링이 칸트를 기반으로 하여 드러내고자 한다는 것을 보여준다.

오직 이성의 이상 속에서만 철학은 자신의 원리를 지니거나, 혹은 그 원리에 도달한다.[11]

바로 그 때문에 셸링은 다음과 같이 반복적으로 강조하고 있다: 여기에서 칸트는 단지 인식상의 길을 열어 놓았을 뿐이고, '새로운 형이상학'에 대한 칸트 자신의 태도만을 바탕으로 해서는 철학의 종언에 도달하고 말 뿐이다. 셸링에 따르면 선험적 이상이란 단지 인식이론적으로만 제약되어 있어서, 구조적으로 닫혀 있는 이성철학의 사고인 것은 아니다. 긍정철학에로의 넘어감이 이 선험적 이상이라는 사고로부터 자연스럽게 도출되는 것은 아니다. -이 같은 입장은 오직 초기 문헌들 속에서만 나타난다- 그보다는, 부정철학 전체에 대해 지니는 그 기능과 관련해서 보자면, 선험적 이상이란 '모든 순수이성철학이 거기에 달려 있는 최고도의 지점'으로서, 모든 것을 근본적으로 근거지우는 사고이다.

동시에 셸링은 칸트 이후의 철학에 대한 가장 근본적인 관점으로 간주되는 자기의 이해를 도출해 냄으로써, "이제 필연적으로 뒤따르게 될 향후의 발전이 결합될 가장 결정적인 지점을 칸트의 비판론이라는 건물 안에서 제시하고자 한다. 내가 보기에 이 결정적인 지점은 다름 아니라 이성의 이상Ideal der Vernunft에 대한 칸트의 가르침 안에 놓여 있다."(XI 283 각주 1) 이렇게 선험적 이상에 대한 칸트의 이론을 수용함으로써 셸링은 순수 이성철학에게까지 고양된 부정철학을 수행할 수 있게 되었다. 그것은 이성학문을 종결짓는 사고일 뿐만 아니라, (적절하게 변경되었을 때에는) 이성학문 자체의 대상이 되기도 한다. 선험적 이상은 엄격한 방법론적인 수단으로, 이성학문의 구체적인 형태뿐만 아니라 순수이성비판을 하나의 학문으로서 근거짓는다. 이는 -셸링에 의하면- 칸트 자신에게서도 제대로 구현되지 못한 것이었다.

셸링이 높이 평가하는 이성의 이상은 칸트에 의하면 (모든 가능성들의 총괄개념 혹은 모든 가능한 술어의 총괄개념으로서) 단지 이념에 그치는 것이 아니다. 그것은 이를 넘어서 -하나의 개별존재로까지 고양된 선험적 대상에 대한 개념 혹은 물자체로서- "모든 가능하면서도 현실적인 존재의 *물질Materie*, 혹은 *질료Stoff*를 포함하고 있는" 개별적인 존재이다. 이제 "모든 가능성의 순수한 총괄개념이 이렇게까지"(XI 287) 파악되었고, 이로써 특수한 것에 도달할 수 있게 되었기 때문에, 셸링은 '가능성들'을 존재자의 본성 자신에 귀속되는 근원적인 차이들에게로 한정 시키는데, 이 차이들이 구체적으로 무엇인지는 순수 사유 안에서 이루어지는 연역을 통해 (이와 더불어 시작Anfang이 발생되는) 발견된다.

사유의 직접적인 내용인 존재자 안에서는 "존재자의 본질이 무엇인지"가, 즉 존재자의 원리가 무엇인지가 밝혀져야 한다. 이때 존재자의 원리, 즉 그 *논리적 선행자das logische Prius*는, 그로부터 존재자가 이해되어지기 위해서 반드시 그렇게 사유되어야만 하는 구체적 사례들Instanz로 간주된다. 여기에서는 우선적으로 주체, 술부, 그리고 양자를 결합시키는 판단이라는 세 개의 계기들이 구별된다. 또는 이로부터 셸링 자신이 도출해 내는 고유한 용어를 빌려 말하자면, 그와 같은 계기들로 스스로를 구현하고자 하는 최초의 근원은 "존재의 순수 주체das reine Subjekt des Seins"(XI 302), "*순수 본질체das bloß wesende*"혹은 "근원적인"(XI 288) 주체이다.

이 순수주체는 존재자로부터는 전적으로 분리되어 있다. 존재자는 순수주체의 속성으로, 이 순수주체, 즉 존재자의 근저에 놓여 있는 순수주체(sub-jectum, hypokeimenon)로부터 도출되어질 수 있다. "순수 존재가능자"(제1포텐츠)로서[12] 이 순수주체는 최초의 규정, 그 무엇도 전제하지 않는 규정이다(XI 289): "사유는" 여전히 이 순수주체의 배후로 돌아들기를 "감행한다."(XI 302) 하지만, 이 순수주체만이 순수사유의 시작점에 놓여 있는 'primum cogitabile', 즉 "사유되어질 수 있는 최초의 것"(XI 302)이다. 하지만 이 순수주체의 규정 안에서 총체성인 바로서의 존재자는 사라져 버린다. 따라서 순수주체의 단계에서도 역시 하나의 결핍(아리스토텔레스의 용어로 말하자면: steresis)*이 주어져 있다(XI 288). 이때 주체 자신은 하나의 존재자이다. 하지만 그것은 아직은 단지 "자기 자신에 대해서"an sich(XI 302) 존재할 뿐이기 때문에, 사유는 이 "순수 존재가능자"에게만 머물러 있을 수가 없다.

이제 사유는 그 다음 단계의 규정에게로 이행해 나아가게 된다. 주체는 그 두 번째 규정으로서 첫 번째 규정의 부정Negation을 필요로 하며, 그것은 바로 "순수존재자"das rein Seiende, 즉 "객체"이다. 이 순수존재자로서의 객체는 그 안에 가능성과 같은 것은 가지지 않는다. 이는 순수존재가능자로서의 주체가 그 안에 존재와 같은 것을 가지지 않는 것과 마찬가지이다.(XIII 77)(제2포텐츠) "순수존재가능자"와 "순수존재자"는 이처럼 서로를 배제하고 있는데, 이러한 대립적 관계 안에

---

*   steresis: 아리스토텔레스의 《형이상학》 7장에 나타나는 개념으로, 문자적으로는 결핍 혹은 상실을 뜻한다. 이는 한 사물에게 결핍되어 있는 무언가를 뜻하는데, 시력상실과 같이 본래적으로 혹은 자연적으로 주어져 있는 능력의 상실이 그 예가 될 수 있다. 철학적, 혹은 존재론적으로는, 이 결핍steresis은 형상eidos과 함께 존재하는 자연적 사물들을 구성하는 이중적 요소로 작용한다. 모든 존재하는 것들은 eidos의 작용으로 인해 언제나 생성 즉 되어감의 과정 속에 있다. 하지만, 이 과정은 동시에 그 안에 작용하는 steresis로 인해 결핍 즉 비존재의 과정 속에 있다. 모든 존재자들의 현재는 존재와 비존재에 의해 이중적으로 규정되어 있다는 것이다. 이러한 아리스토텔레스의 steresis 개념을 셸링은 지금 순수존재가능자로서의 순수주체에게 적용함으로써, 이 순수주체가 자신 안에 머물러 있지 않고, 지속적인 되어감의 과정 속에서 어떻게 자기 자신과는 구별되는 존재자들을 생성 혹은 창조하게 되는지를 해명하고자 하는 것이다.

서는 아직 존재자들의 총체성의 통일성이 나타나지 않는다. 이는 세 번째 규정(즉 *제3포텐츠*) 안에서야 발견되는데, 제3포텐츠는 선행하는 두 규정들을 "존재자의 계기들"로서 자신에 대해서 즉 자신 안에 가지면서, 이 두 계기들의 통일성으로 존재한다. 따라서 이 제3포텐츠는 "주체-객체"(XIII 77)이다. 존재자가 무엇인지는 바로 이 세 번째 규정을 통해서 완전히 규정되어진다(cf. XI 321).

이제 순수사유는 자신의 직접적인 내용을 자기 자신 안에서 완성된 존재자의 총체성의 통일성으로 파악하게 되는 것이다. 주체-객체는 (자신 안에 존재하는 것das in-sich-Seiende 및 자기 바깥에 존재하는 것 das außer-sich-Seiende과는 달리; XI 303) "스스로에게 도달한 존재자" das bei-sich-Seiende이기 때문에, 이제 사유는 (마침내 일단은) 이 주체-객체에게 머물러 있을 수 있다. 이렇게 순수사유는 지속적으로 전진해야만 한다는 필연성의 경험 속에서, 그리고 그 경험을 통해서 (모순율이 제거된 명제로서) 보편적인 이성법칙, 즉 가능성과 현실성, 포텐츠와 실재성 등의 양태적 규정상의 차이가 도출되게 된다.[13] 이와 더불어 순수사유는 '학문의 앞뜰', 곧 "모든 학문들 앞에 있는"(XI 320) 존재자의 계기들(-A, +A, ±A), 즉 존재자에 대한 완전한 개념에 도달한다. 하지만 아직 존재자의 *원리*에까지 도달한 것은 아니다: 왜냐하면, 여기에서 논리적 선행자로서 나타나는 것은 존재자이지, 존재자의 원리는 아니기 때문이다(A°; XI 364).

위에서 약술한 인식론적 연역 즉 완전한 연역 안에서 이루어지는 순수사유의 운동의 결과는 존재자에 대한 포괄적인 개념이다. 이제 존재자의 원리들인 것처럼 보이는 이 규정들은 단지 현실의 참된 원리들의 비자립적인 계기들을 위한 순수 가능성으로 격하된다. "존재자"는 모든 가능성들의 총괄개념이다. "-우리는 이렇게 말해도 좋을 것이다; 존재자는 절대자이다. 절대자로서의 존재자 바깥에서는 … 그 무엇도 가능하지 않다- 하지만 현 단계에서의 존재자는 단지 물질적인 것materiell, 즉 그 질료에 따라서dem Stoff nach 있을 뿐이다… 혹은 현 단계에서 존재자는 그 기획 가운데에만 존재하며, 존재자의 순수한 외양 혹은 이념으로서 존재한다. 그것은 아직 존재자 그 자신이 아니다."(XI 291)

포텐츠들은 원리들 혹은 범주적 개념들이라 할 수 있다. 그런데 이것들은 그들 자신의 원리인 존재자 그 자체 안에 내포되어 있는 요소들 또는 계기들에 지나지 않는다. 말하자면, 원인으로서의 포텐츠들은 다른 존재의 (수동적인) 가능성들이다. 이것들 가운데 놓여 있는 순수 활동성을 통해 현실화될 때에야, 즉 물질로서의 포텐츠들 가운데 함축되어 있는 순수 활동성이 그들 안에서 실현될 때에야 비로소 포텐츠들은 현실의 (지속적이면서도) 활동적인 힘들이 된다. 포텐츠들이란 단지 (판단력에 따른) 논리적으로, 인식이론적으로, 그리고 존재론적으로 더 이상 그 배후로 돌아갈 수 없는 이성의 개념들로서 도출되어진 것들이다. 포텐츠들은 이런 방식으로 순수사유의 구성적인 개념들로서 작용한다. 그것은 동시에 학문을 위한 구성적인 개념들이기도 하며, (긍정철학에서는) 신성의 계시의 역사를 위해 재구성적인 개념들로서 기능한다.[14]

존재자 또는 존재자에 대한 개념은 이성의 가장 직접적인 내용이다. "존재자 자체", 보다 구체적으로는 "존재자가 무엇인지에 관해서"

(XI 314) 혹은 "이념에 의해 규정된 *사물*"(XI 361)이 무엇인지에 대해 탐구하는 것이 최종목표이다. 이를 위해서는 사유로부터 학문에게로 넘어 들어가야 한다. 학문 안에서는 단지 사유 속에서 도달하게 되었던 이념이 보다 구체적으로 *탐구 되어진다*. 그 목표는 단지 순수 가능성으로만 이념 안에 내포되어 있던 원리를 현실적인 원리로서, 즉 "원리 그 자체로서 … 존재자를 통해서가 아니라, 존재자로부터 자유로운 가운데 획득하는 데 있다." 따라서 학문의 원리는 "*절대 이념die absolute Idee*"이다. 이 안에서 신과 존재자는 동근원적인 것으로 그리고 동일한 방식으로 놓여 있는 가능성들로써 파악된다.

> 전체는 신과 존재 모두에 대하여 동일한 가능성Gleichmöglichkeit(무차별)이다. 그것은 원리 바깥에 정립되어 있는 존재자(신 바깥의 존재) 뿐만 아니라 존재자 바깥에 정립되어진 원리, 즉 순수하게 자기 자신 안에 존재하는 신성 모두에게 있어서 동일한 가능성으로 있다.(XI 366)

이 동근원성에 도달하기 위해서 존재자의 규정들이 연속적으로 도출되고, 이와 동시에 이념으로부터 분리된다. 이러한 과정을 현실화하는 이성철학은 (그 전체가) *원리론Prinzipienlehre*과 *이념론Ideenlehre*(자연철학, 실재적 부분reeller Teil)으로 구분된다. 영혼은 이념들의 통일성(a°)의 대리자인데, 이 영혼은 스스로 원리(정신)에게로까지 고양되어진 것으로 사유된다. 이와 더불어 자아를 통해 정립된 실재세계, 즉 신 바깥의 실재세계reelle-außergöttliche Welt의 가능성이 열린다. 이것을 다루는 것이 철학의 *이념적 부분*이다. 이 부분은 다시금 자연적 인식에 대한 이론, 즉 이론철학과 실천철학으로 세분화된다. 제1포텐츠의 '포텐츠화'를 통하여, 즉 존재자가 현실성 안으로 이양해 감과 더불어 (XI 312) 비로소 하나의 실재적 과정ein realer Prozess이 시작된다.

이성철학의 과제는 이념의 전형적인 내용을 따라 이루어지는 인간(자아)의 발전 안에서 이러한 과정을 재구성해내는 일이다: 영혼은 신의 바깥에 실존하는 영역으로서의 이념적인 창조ideale Schöpfung(XI 419ff., 489ff.) 안에서 그것의 통일성으로서 나타난다. 영혼은 본래 세계가 있기 이전의 포텐츠들의 근원적인 차이들 가운데에서 있었으며, 이 세계 안으로 보내진 것이다. 영혼이 스스로를 정신에게로까지 고양시키려는 것이 바로 타락이다. 이와 더불어 "스스로를-위하여-존재하려는 보편적인 표지das allgemeine Zeichen zum Für-sich-sein가 주어진다."(XI 422)

셸링에 의하면, 이처럼 영혼이 스스로를 정신에게로까지 고양시키는 일은, '분리Absonderung' 즉 영혼이 자기-안으로-폐쇄In-sich -Verschließen 혹은 자기-안으로-퇴각In-Sich-Zurücktreten하는 것이라고 할 수 있다. 이제 근원적인 통일성은 상실되고 말며, 이와 더불어 비로소 하나의 실재적 창조eine reale Schöpfung가 신 바깥의 실존 가운데 이루어진다. 이러한 "프로메테우스적 활동"을 통해 자아(정신)와 자연은 소외 가운데 빠지고 만다(XI 516f.). 자아는 인식 속에서 소외된 현실을 대면하여 작업하며, 이를 통해 소외를 극복하고자 한다. 하지만 행위 속에서 자아는 잔존하는 사실성에 대하여 주인이 되지 못하고, 오히려 개별자로서의 자신의 실존의 유한성을 단지 저주로서 경험한다. 이로 인해 자아는 "명상적 삶kontemplatives Leben" 안으로 침잠하여 예술과 종교적 실천, 명상적 학문 등에게로 전향하고(XI 558), 그 안에서 "신을 바라보는 이론적 삶"(XI 558)에 도달하고자 한다. 이성학문의 "최종개념"은 이론적, 실천적 삶에서 자아가 경험하는 부족과 절망을 통해 촉발된다. 이 명상적 학문(이성적 철학)에서 자아는 신을 단지 "인식 속에서만, 하나의 '이상'으로서"(XI 560) 파악할 뿐이다. 실질적인 실존faktische Existenz에 대해 가지는 무능력함의 자각 가운데에서는 "앞서 선행하였던 절망"(XI 560)이 되돌아오고 만다. 하지만 "행위를 포기하는 일은 일어나지 않는다. 행위*해야만* 한다."(XI 560) 자아는 그것이 실천적인 (인격인) 한, 인식 가운데 있는 (이상으로서의) 신으로부터 아무런 도움을 얻을 수 없다. 따라서 자아는 참된 신, 곧 "*섭리 가운데 행위 하는 신, 그 자신을 타락이라는 사실성Tatsächlichkeit에 반하여 사실적인 신으로서 드러낼 수 있는 신*, 간단히 말하자면 존재의 **주인**Herr des Seins으로서의 신"(XI 560)을 필요로 한다. 다른 학문으로의 넘어감, 즉 긍정철학에로의 전이를 촉발시키는 것은 다름 아닌 "실천적인 추동력"이다; "인격은 인격을 찾는다."(XI 566); 인격으로서의 신이 찾아져야 하기 때문에, 저 시작의 순수한 사실성das reine Daß des Anfangs은 구체적인 개별 존재로서 파악되어야만 한다.

순수 이성학문은 순수사유의 원리들을 토대로 하며, 절대이념 즉 원리로서의 자아로부터 시작되는 지속적인 전개 속에서 발전한다. 순수 이성학문의 대상은 활동성인 동시에 물질인 이성 자신이다. 이 이성학문은 지속적인 전개를 통해 마침내 지금까지 탐구되어 오던 (스스로를 위하여 존재하는für sich seienden) 원리에 도달하게 된다. 이 원리는 존재자지만, 이념 속에서만 있는, 즉 이성과의 관계 속에서만 있는 존재자이다. 이성학문은 이 원리를 그 전개의 최종점에 가서야 이성의 필연적인 사유 속에서 -이때에야 비로소 *원리가 된다*는 의미에서가 아니라, 이미 *원리로 작용해 왔던* 것으로서- 발견하게 된다. 이 필연적인 사유는 실존에 대한 필연적 사유notwendiger Gedanke der Existenz 이다. 이성학문은 보편적이면서도 종결되어 있고, 동시에 언제나 지속적으로 존재하는 *제1철학*die Erste Philosophie(cf. XI 561)이다. '학문이론' 으로서 이성철학은 원리를 향해 나아가는 과정 속에서 경험지식의 모든 대상들의 총체성을, 그리고 이 대상들을 탐구하는 *개별적인* 학문들을 연역적으로 도출해 낸다. 그러므로 긍정철학 혹은 -가장 지고한 개별학문인- *제2철학*die Zweite Philosophie은 이러한 도출의 틀 자체 안에서 자신의 고유한 자리가 무엇인지를 규정한다.

부정철학의 결과로서 드러나게 되는 참된 존재자는 이성의 포텐츠 와는 달리 '현실적actus'인 것으로 규정된다(XI 563). 참된 존재자는 지금까지 추구되어 오던 바로 그 원리이며, 이 원리는 현실적인 것의 현실성을 위한 가능성의 근거Ermöglichungsgrund für die Wirklichkeit des Wirkli-chen이다. 실존은 명백한 사실Faktum로서 단지 받아들여져야 할 뿐, 그 무엇으로부터도 연역될 수 없다. 그런데, 이 명백한 사실로서의 실존 은 이제 실존에 대한 마지막 개념 속에서 파악된 것처럼 보인다. 그 것은 바로 현실적인 것으로서의 참된 존재자에 대한 개념 속에서이 다. 비록 개념 안에서만 있다고 할지라도, 그것은 현실적인 것으로 있는 참된 존재자이다.

그 본질에 따라 현실적인 것은 '본성상 현실적인 존재자das natura

actus Seiende'이다. 이것은 이성철학의 마지막 지점에서야 비로소 원리로 '드러나게' 되는 절대자이다. 이 절대자는 더 이상 이성의 힘에 제약되어 있지 않다. "이제 신은 절대이념의 바깥에〔말하자면 이제 완전히 전개되어진 존재자의 바깥에〕… 그리고 *자기 자신의* 이념 속에 있다." (XI 562) 이성학문에서 원리는 "더 이상 인식할 수 없는 것"(XI 564)으로 남아 있다. 또 여기에서는 참된 존재자를 이성으로부터 분리하고 배제시켰기 때문에, 이성이 추구하는 원리를 탐구하는 일은 긍정철학에게 부과되어 있는 과제이다. 그러므로 이성 자신 안에서는 아무런 넘어감도 일어날 수 없다. 이제 요구되는 것은 단지 자아의 "전향 Umkehr"(XI 565) 뿐이다. 이에 의하면 긍정철학의 과제는, 신의 독자성을 이성의 사유 안에서 파악된 신을 자기 자신에 대한 이념으로부터 규정해 내는 일이다. 신의 독자성은 (긍정철학이 드러내듯) 다음과 같이 진술된다.

> 신은 다른 존재를 실재적으로realiter 자립적으로 존재하도록 하며, 창조의 가능성을 현실화 한다. "신이 단지 이념 속에 있는 존재자와만 관계를 맺는 것이 아니라 이념의 바깥에서, 즉 실존하는 것들 안에서 존재자와 관계를 맺는다면, 그렇다면 이로써 신은 이념으로부터 독자적인 … 자신의 현실성을 드러내며, 스스로를 존재의 참된 주인으로 계시한다.(XI 571)

이와 같은 신의 '주 되심'의 계기 안에 있는 신은 절대적인 초월존재Übersein로 이해되며, '주 되심' 안에서 신과 세계 사이는 무한히 떨어져 있다. 세계의 존재가 스스로에게 자율적인 독립성을 부과하고, 이러한 신과 세계 사이의 거리를 신의 상실로 파악하면서 신의 '주 되심'을 배척할 수 있게 되는 것은 바로 이 때문이다. 인간이 신에 반하여 대립할 가능성과, 개념적인 실재 창조를 경험적이고도 허무한 실존의 형식 아래에로 복속시켜버릴 가능성이 바로 이 개념상 발생하는 (경험적인 의미에서가 아니라) 실재 세계의 독자성에 기인한다. 하지만 신의 '주 되심'은 이러한 대립조차도 넘어선다.

신은 자신의 절대존재에 대하여 확실하기 때문에, 신은 심지어 낯선 존재라는 형태 속에서도 절대존재를 관철해 낸다. 신성은 "그 자신이 의식의 대상"(XI 571)이 되며, 스스로를 경험 가능한 것들의 영역 안에서 드러낸다. 이처럼 신이 스스로를 경험적-세상적인 존재의 종으로 드러냄으로써, 마침내 신은 자신의 주권이 절대적으로 실현되도록 현실화 한다. 신에 대한 이와 같은 규정은 결코 변증법적-논리적으로 도출될 수 있는 것이 아니다. 그보다는 이러한 규정은 이성을 넘어서는 경험에 바탕을 두고 있다; 신성은 타락한 세계를 순식간에 제거해 버리는 식으로 자기의 주 되심을 관철했을 수도 있었을 것이다. 하지만 신성은 이와는 다른 방식으로 자신의 주권을 현실화했다는 것을 보여주고 있으며, 종교는 바로 이러한 경험 안에 토대하고 있다. "이제 필요한 것은, 신성이 더 이상 개개인의 의식 안으로가 아니라 인류 전체의 의식 안으로 침투해 들어가는 일이다."(XI 571)

순수 이성철학 전체와 실존적-의지론적으로 근거지워진 긍정철학에로의 넘어감은 셸링으로 하여금 동시에 하나의 정치이론을 구축해 내도록 했다. 이 정치이론의 토대와 구상을 바탕으로 셸링은 1848년의 혁명의 경험과 그에 대한 판단을 통합시킬 수 있었다.[15] 실재적인 신 바깥의 세계, 즉 신성 바깥에 있는 실존existentia extra divina의 창시자 는 인간이기 때문에, 이 세계는 그 시초에 있어서부터 부정적인 징표 들 아래에 서 있다.[16] 그렇기 때문에 현실세계를 신으로부터 분리되 어 있는 것으로 이해하고, 이 세계를 단지 중간 단계(XI 552)로 간주 하는 이성철학은 결코 긍정적인 평가를 얻지 못한다.

신 바깥에 있는 세계의 이러한 특성은 후기 셸링의 국가이론(1852) 에서도 발견된다. 국가는 개인의 자유를 가능토록(XI 536f., 546) 하지 만, 동시에 하나의 "처벌하는 힘"(XI 535)이기도 하다. 국가는 인간이 타락으로 말미암아 스스로에게 부과한 시간성과 유한성에 대하여 지 금 여기에서hic et nunc 일어나는 세속적인 속죄이자 심판이다. 공권력 으로 무장한 *외적* 이성질서로서의 국가는 지성의 질서로부터 도출되 며, 공동체 안에 있는 개인들 사이의 관계를 외적인 정의라는 원칙을 따라 '기계적으로' 조절한다.

이러한 국가 구조를 변화시키는 일은 개인의 임의를 따라 이루어 질 수 없다. 왜냐하면 각 개인에게는 그 객관적인 토대를 따라서 각 자의 자리가 정해져 있기 때문이다. 자아는 자기를 고양시킴으로써 스스로가 법칙이 되고자 한다. 그런데, 이러한 자아에 의해 촉발된 과정 안에서는 오히려 이성법칙, 혹은 양심 안에서 들리는 보편의지 의 전능성이 개별자에 대립하여 나타난다. 개별자는 도덕법칙의 보 편성을 외적 필연성처럼 지각하고, 심성Gesinnung 너머에서부터 의무 를 요구하고 법률을 보호하려는 국가에 대하여 개인이 맺는 관계 안 에 있는 우발성을 무거운 압박으로 느낀다. 개인은 오직 심성 안에서만 이러한 압박으로부터 스스로를 해방시킬 수 있다. 개인을 국가의 억압으로부터 내면적으로 해방시키는 길은 심성과 덕의 자유로운 실현이다. 이는 곧 스스로를 보편의지 아래에 종속시키는 것이며, 이를 통한 내적 해방은 (고도의) '사회'라는 영역이 시작되도록 한다.

객관적 제도로서 국가의 목적은 개별성이 종교와 교육, 도덕에 있어서 자유롭게 확장하고 발전하도록 돕는 데 있다.[17] 개인이 안식과 평온함과 더불어 예술과 종교, 학문들 안에서 '정신적 삶'을 얻는 일, 그것이 국가가 지니는 보다 고도의 목표이다. 이 가운데에서만 가장 뛰어난 인간들은 공동체 안에서 국가를 내적으로 극복하게 된다. 이로써 지성의 세계 안에 토대하고 있는 지배구조로서의 군주국Monarchie이 그에 적절한 지배형태를 갖추게 된다.

이처럼 국가라는 현실과 그것이 가지는 한계를 독특하게 구분함으로써 셸링은 모든 종류의 국가계약론과 국민 주권주의, (참된 자유와는 조화될 수 없는 국가형태로서) 공화제적인 국가형태, (군주국의 주권을 제약하는) 의회제도와 헌법제도를 근본적으로 거부한다. 왜냐하면 이러한 종류의 국가이론들은 객관적, 실천적인 의미에서 자율적인 이성이 아니라 개별자의 '이성' 안에 그 토대를 두고 있기 때문이다. 이렇게 신으로부터의 타락이론과 결합되어 있는 정치이론은 강제국가를 그 귀결로 가지게 된다. 의지를 가지고 국가에 저항하는 것은 신에게 저항하는 것과 마찬가지이다. 민주주의와 국가 전복의 토대 역시도 여기에 놓여있다.

셸링의 이해에 의하면, 국민에 의한 지배라는 의미에서의 민주주의는 개별적인 개인들과 인격들의 도구이다. 개인들은 '국민으로 하여금 자기영광을 추구'하게 하면서, 사회를 통하여 국가를 제압하고자 한다. 인격체들은 혁명적인 이념의 담지자이다. 이들은 이성의 권리Vernunftrecht를 토대로, 객관이성에 반하여 "자아에게 봉사하는 이성을 국가와 헌법으로 *만*들 수 있다고 믿으며, 그 종국에는 스스로를 헌법을 부여하는 결사체로 소집한다."(XI 537)

하지만 사회가 국가의 담지자이자 토대가 되는 것은 수단과 목적이 전도되는 일이다. 혁명의 원인은 자기추구적인 개인이 객관적이면서도 이념적인 질서, 궁극적으로는 신에 저항하여 스스로를 고양시키는 일이다. "자유롭기 위해 신으로부터 떨어져 나간 바로 그 자아 … 바로 그 자아의 의지와 인격성",[18] 그것이 혁명의 원인이다. 국가 전복이란 개별자의 주관이성이 스스로를 보편타당한 것으로 드러내고자 하는 것이기에, 그것은 범죄에 지나지 않는다.

셸링의 이해에 의하면, 국가를 전복하려는 시민적-민주주의적 시도들 안에는 '더 보편적인' 주관이성이 담겨 있는데, 이는 그 안에서 '순수하면서도 억눌리지 않은 개별성'(XI 538)이 드러나게 되리라는 -셸링 당시 알려져 있던 생시몽과 프루동의 사회주의와 공산주의의 의미에서- 공산주의적인 구원 전망에로 귀결된다. 당시 국가는 지성에 의해 비판되고 있었는데, 셸링에 의하면 이러한 판단을 위한 기준이 되는 것은 지성의 힘intelligible Macht이다. 혁명은 인간이 신으로부터 타락하여 분리되어 있다는 사실을 다시금 확인시킨다. 당시의 구체적인 정치적 사건에 대한 셸링의 의견을 형성하게 한 기준은 바로 이것이다. -1848년에 작성된 여러 일기들이 보여주듯- 셸링은 이를 토대로 백성을 혁명적인 상황 속으로 몰아넣었던 영주들의 빈약한 지

도력을 신랄하게 비판하였다.[19]

셸링의 정치이론 안에는 주관적 경험과 철학적 체계론이 전적으로 작동하면서, 문제가 있는 기본입장을 이루고 있다. 사변적인 구성 안에서 이루어지는 지성적 세계와 실재세계의 분리를 바탕으로, 셸링이 현재의 권력에 대하여 언제나 비판적인 거리를 유지하는 것은 사실이다; 하지만 동시에 이러한 분열상은 세계들 사이의 통일성을 파괴해 버릴 위험을 담고 있다.

이런 식으로 지성세계와 실재세계를 분리시키는 사변적 구성 안에서, 실재세계는 지성의 세계와는 아무런 접촉점도 갖지 못하는 정신병원이 되어 버릴 수 있다.[20]

3. 순수 이성철학과 긍정철학

제8장의 '1.긍정철학의 토대'에서는 뮌헨에서 구상한 긍정철학에 대한 포괄적인 개념을 베를린 시대에 기록된 텍스트들에 나타나는 긍정철학에 대한 또 다른 개념으로부터 구분하여 진술하였다. 포괄적으로 말하자면, 긍정철학은 철학의 모든 내용들을 그 안에 통합해야만 한다.

하지만 베를린 시대에 이르면서 셸링은 -거기에 대한 대립항으로 긍정철학이 제안되는- 부정(논리)철학의 역사적 사실성만을 지적하는 것을 넘어서, 순수 이성철학을 하나의 독자적이면서도 그 안에서 완성되고 완결된 지속적인 철학적 학문으로서 발전시킨다. 만일 후기 작품들 안에서 본래 의도된 것이 긍정철학이라면, '부정'철학이 다시 한 번 후기 작품들 안에서 수용되고 정교화 되는 이유는 무엇인가 하는 질문이 제기될 수밖에 없다. 일부 해석자들은, 이는 이성철학이 체계적으로는 아무런 의미를 갖지 못한다는 것을 보여주기 위한 역사적 후기에 지나지 않는다고 본다. 다른 이들은, 단지 개별적-실존적으로 진술되었기에 제대로 근거지워지지 못했던 긍정철학을 논리적으로 보증하기 위한 모순적인 시도라고 이성철학을 평가하기도 한다.[21] 긍정철학이 역사적 우선성뿐만 아니라 '논리적으로도' 확실한 우선성을 점하고 있으며, 이를 구체적으로 수행하는 기능과 의미가 순수 이성철학에게 주어져 있다는 데에는 의심의 여지가 없다.[22]

그럼에도 불구하고 순수 이성철학의 중요성은 결코 저평가되어서는 안 된다. 해석상의 어려움으로 인해 이성철학이 가지고 있는 체계적 의미를 제거해 버리는 것은, 문제를 해명하는 것이 아니라, 단지 없는 것처럼 밀어내 버리는 것에 지나지 않는다. 순수 이성철학은 단지 추가적인 근거지우기라는 의미 이상을 지니고 있기 때문이다.

이는 이성철학에 나타나는 학문개념, 이성철학이라는 이념의 규정, 이성철학의 대상 및 방법론을 살펴볼 때 더 분명해진다. 다음과 같은 것들을 기억해 보라: 순수사유의 원리를 근거로 하며 절대이념으로부터 전개된 이성학문 안에서, 활동성이자 질료인 이성은 자기 스스로에 대하여 대상이 된다. 이성학문이 탐구하였고, 마침내 도달하게 되는 (자기 스스로를 위해 존재하는) 원리는 바로 존재자이다; 물론 이는 단지 이념 안에서만, 즉 그것이 이성에 대해 맺는 관계 안에

서만 이루어진다. 이성은 이 원리를 단지 그 최종점에 이르러서야 -그
것이 비로소 원리가 *된다*는 것이 아니라, 이미 원리*였다*는 의미에서-
필연적인 실존에 대한 필연적 사유 안에서 획득한다. 하지만 바로 이
이유로 인해 이성학문은 보편적 철학, 그 안에 폐쇄된 채로 남아 있
는 *제1철학*Erste Philosophie이다. 학문이론으로서 이성철학은 모든 경험
학문들을 도출해 내고, 이와 관련하여 자기 자신의 고유한 자리를 스
스로에게 부과한다. 또한 이성철학은 이를 통해 자기 자신으로부터
*제2학문*Zweite Wissenschaft 즉 긍정학문을 요구한다.

이와 더불어 시급한 문제가 하나 야기되는데, 철학이 이처럼 두 개
의 상이한 학문으로 구분된다면 철학의 통일성을 어떻게 논할 수 있
는가 하는 것이다. -이 문제는 자연철학과 선험철학으로 철학을 구
분했던 초기의 문제가 어느 정도 반복되는 것이라 할 수 있다- 셸링
자신에 의하면, 만일 서로 병행하여 존재하는 두 개의 상반된 철학이
실제로 있는 것이라면, 실로 그것은 "철학의 스캔들이라 할 수 있다."
(XIII 152); 말하자면 셸링은 철학의 통일성이 자신의 고유한 구상 속
에서 담보되고 있는 것으로 보았던 것이다. 무엇보다도 '계시의 철학
서론'은 긍정철학과 부정철학 간의 관계에 대하여 여러 곳에서 언급
하고 있다.[23] 물론 여러 상이한 입장들과 서로 모순되는 듯 보이는 관
점들이 나타나는 게 사실이지만, 긍정철학과 부정철학 간의 관계에
대한 언급 중 가장 중요한 것들로는 다음과 같은 것을 들 수 있다.

1. 부정철학은 결코 제거될 수 없는 부분이다.[24] 왜냐하면 부정철
학의 귀결과 최종점(개념 안에 혹은 이념 안에 있는 신)은 제2학문을 근

거지워야 할 필요를 내포하고 있기 때문이다(XIII 92).

2. "이성철학이 선행하지 않는다고 할지라도"(XIII 161) 긍정철학이 전적으로 홀로 시작할 수 있다는 것은 분명하다.

3. 마지막으로《순수 이성철학의 서술》에 의하면, 긍정철학에로의 넘어감 속에 있는 이성학문은 자아에 의해 '거부된다.'(XI 566.)

양자를 "통일시키는" 철학의 규정 역시도 이 두 학문들 안에서 상이한 방식으로 나타난다. 먼저, 철학이란 원리를 탐구하는 것이며, 그러한 철학으로서 가장 고유한 것은 긍정철학이다. 그런데 이와 마찬가지로 철학의 원리를 탐구하는 이성철학 안에서도 상이한 두 방향의 일치가 일어나는데, 그것은 이성철학이 철학 곧 지혜에 대한 *사랑*Philosophie이라는 것이다. 지혜에 대한 사랑 안에는 원리를 찾는 것과, 지혜와 진리를 찾는 일이 통일되어 있다; 한편, 긍정철학 안에서 실질적으로 "승리하는" 것은 이성학문이라고 주장하는 변화가 일어난다. 따라서 후기철학의 통일성은 의심스러운 것이고, 이와 더불어 두 철학적 학문들의 개념과 과제 등에 대한 규정 역시도 의문시된다.

셸링으로 하여금 자기의 동일철학을 순수 이성학문으로 재구성하도록 했던 이유와 동기들이 무엇이었는지를 파악하는 것은 어렵지 않다. 그것은 헤겔의 철학적 체계와, 헤겔을 잘 알고 있던 베를린에서의 청중들 때문이다. 부정철학과 긍정철학으로 나뉘는 후기철학의 형성에 있어서 헤겔이 은밀한 방식으로 큰 영향을 미쳤다는 데에는 의심의 여지가 없다. 헤겔과 베를린의 청중들은 셸링으로 하여금 이성철학의 체계를 그 참된 토대에 기초되지 않은 채로 "세계로부터 분

리되지 않도록"(XIII 19) 노력하게 만든 이유이다. 하지만 동시에 셸링
의 헤겔 비판으로부터 직접적으로 이에 대한 하나의 '대안' 프로그램
으로써 후기철학이 기획된 것이라고 결론지어서는 안 된다. 헤겔 비
판으로부터는 셸링이 부정철학에 부과하기 위해 애썼던 -특히 끊임
없이 칸트를 염두에 두고 있는- 특정한 형태의 철학이 도출되지 않
기 때문이다.

이러한 개인적인 동기들보다 훨씬 더 중요한 다른 실질적인 이유
가 있다. 셸링은 철학적 학문들을 두 개로 구분하면서도, 둘 사이의
관계와 관련해서 다음과 같은 점을 언제나 붙잡고자 하였다. 즉 긍정
철학은 '자유롭게 의욕 된' 것으로서, 부정철학에게 '추가' 혹은 '첨가'
된 것이라는 사실이다. 그렇다면 긍정철학이 의욕되지 *않을* 수 있는
가능성 역시도 언급되어야만 한다.

> 긍정철학은 유일하게 자유로운 철학이다. 원치 않는다면 긍정철학을
> 거부해도 좋다. 나는 모든 이들로 하여금 자유롭게 선택하도록 할 것
> 이다. 내가 말하는 바는 단지, 누군가가 참된 기원을, 곧 자유로운 세
> 계창조와 같은 것을 얻고자 의욕 한다면, 그와 같은 것들은 모두 오직
> 이러한 철학의 도정 속에서만 얻을 수 있다는 것이다.(XIII 132)

이러한 입장에 의하면 이성학문은 비판적으로 제한되어야만 하며,
이는 동시에 이성학문을 위해 봉사하게 된다.

누군가가 이성철학만으로 만족하고 이성철학 외에 다른 어떤 것도 필요로 하지 않는다면, 그렇다면 이런 사람은 이성철학에 머물러 있어도 좋을 것이다. 하지만 그는 이와 더불어 이성철학을 가지고서 이성철학이 결코 소유할 수 없는 것을 의욕하는 일을 중단해야 한다. 그것은 다름 아니라 현실적인 신과, 현실적인 세계의 기원, 그리고 신이 세계에 대하여 맺는 자유로운 관계이다; 이성철학만으로 이러한 대상들을 다루고자 하는 난맥상은 이제 중단되어야만 한다.(XIII 132)

셸링은 이성철학의 의미를 아래와 같이 힘주어 강조한다: "그 누구도 나보다 더 이성철학을 높이 평가하지는 않는다. 순수 이성철학이 다시금 학교에서 제대로 가르쳐 진다면, 나는 학창 생활을 하는 젊은 이들을 복 받은 사람들이라고 칭송할 것이다."(XIII 132)

위에서 우리는 이성학문에 대한 베를린 시절의 텍스트들을 간단히 언급하였다. 그런데 여기에서는 긍정철학으로 넘어가는 동기가 약간 다른 방식으로 진술되어 있는데, 이는 후기철학을 해석함에 있어서 아주 중요한 관점을 시사해준다. 《순수 이성철학의 서술》에서는 긍정철학에로의 전이가 하나의 '실천적인 추동력'에 의해 근거지워져 있다. 반면,《긍정철학의 토대》는 이러한 실천적 동기에 대해 아무런 언급도 하지 않는다. 이 경우에는 긍정철학과 부정철학의 관계를 '이성의 중재되어진 자기중재vermittelte Selbstvermittlung der Vernunft'의 과정으로서, 즉 '이성의 능력 안에 있는 무능력Ohnmacht in der Macht der Vernunft'의 표현으로서 파악하도록 한다.[25]

《긍정철학의 토대》에서는 두 철학분야들은 무엇보다도 종교철학적인 내용들을 토대로 서로 관련 맺고 있다. 여기에서는 종교철학적인 내용들이 철학의 기본적인 분류를 최종적으로 결정짓고 있는 것이다. 이런 측면에서 보았을 때 가장 특징적인 것이 '율법'과 '복음'의 구분이다. 이와 관련해서 셸링은《계시의 철학 최초본*Urfassung der Philosophie der Offenbarung*》에서 종교경험의 내용상의 차이를 아래와 같이 분류하고 있다: 인간의 의식 속에서 신화적 과정은 하나의 강요된 율법으로 경험되지만, 실제로는 무능력하다는 것이 드러날 뿐이다. 이에 반하여 기독교의 복음은 율법으로부터의 해방을 의미한다.

이제 셸링은 이처럼 종교가 가지고 있는 내용상의 특징으로부터 하나의 형식적인 규정, 즉 이성철학과 긍정철학이라는 기본 틀을 형성하는 규정을 도출해낸다: 사유되지 않을 수 없음이라는 필연성Notwendigkeit des Nicht-Nichtzudenkenden과 학문의 전개 안에 놓여 있는 필연성에 대척하여, 긍정철학의 모든 내용에는 그 동인이자 주제로 자유가 서 있다. 이러한 유비적인 규정을 사용함으로써 확증되는 것은 아래와 같은 사실, 예를 들면 "겸손하도록 강요되어졌다가" "다시 복권되어진" 이성에 대한 상像은 긍정철학과 마찬가지의 의미연관으로부터 유래하는 것이다.

이를 고려한다면 긍정철학을 계시의 철학과 동일시하는 것은 타당하면서도 개연성 있는 일이다. 하지만 아주 미세한 의미상의 차이에 주목해야만 한다. 계시의 철학으로서 긍정철학은 기독교적 철학이 아니다. 이는 이미 앞의 제8장의 '3. 계시의 철학'에서 언급되었다. 긍정철학은 하나의 역사적 철학이다. 왜냐하면 그리스도의 현현과 더불어 역사가 '세계 안으로' 도래했기 때문이다. 그렇다면 신화적 과정 혹은 신화의 철학은 신의 계시의 과정 및 계시 과정의 역사적 전개를 위해서 필수적인 요소이다. -셸링 자신이 표현하듯- 계시의 철학 안에서 신화적 과정의 형식들이 '반복'되는 이유가 바로 여기에 있다. 물론 계시의 철학은 신화의 철학과는 분명히 구분된다. 여기에서 그리스도는 신화적 과정 가운데에서 이미 현존해 있으면서 이를 극복하도록 하는 원리로 강조된다. 이런 의미에서 계시의 철학으로서의 긍정철학은 그 전체가 하나의 종교철학이다. 이 종교철학의 체계는 자연종교, 계시종교, 미래에 나타날 철학적(즉 개념적으로 파악된) 종교라는 순서를 따라 진행되는 역사적 전개이다.

초기의 베를린 문헌에 고착되어 있는 해석들에 반하여《순수 이성 철학의 서술》은 한 가지 사실을 밝혀 주었는데, 그것은 자기 자신으로부터 나와서 -다른 학문 안에서- 새롭게 시작하는 것, 혹은 이러한 새로운 시작을 요구하는 것은 결코 이성이 -보편적이고 객관적인 세계이성도- 아니라는 것이다. 그보다는 이는 특별한 의도와 표상에 의해 인도되어지는 의욕 하는 자아에 의해 이루어진다는 것을, 셸링은 '자필 유고의 사용에 관한 안내'에서 특히 강조하고 있다.

> 부정철학의 최종점은 자아가 하나의 전환을 요구한다는 데 있다. 이 전환은 순전한 의지bloßes Wollen이다.(이는 칸트의 실천이성의 요청과 유사하다. 하지만, 인격적인 것으로서 인격성을 요구하고 다음과 같이 말하는 것은 이성(!)이 아니라, (실천적으로 되어진) 자아라는 점에서 칸트의 요청과는 구별된다: 나는 존재자 너머에 있는 그것을 의지한다Ich will, was über dem Seyenden ist)[26]

이와 같은 의지론적인 계기가 단지 개인적이고도 실존적인 것이어서 단절적인 사건에 그치는 것이 아니라는 사실을 드러내는 것이 바로 이성철학의 원리들 자체이다: 그것은 바로 종교에의 욕구이다. -이성이 아니라- 자아는 자기 스스로부터 나와서 긍정철학의 고유한 주제인 실존의 의미연관을 이해하고 파악할 것을 스스로에게 요구한다. 이성철학은 이를 직접적으로 수행할 수는 없지만 간접적으로는 가능하다. 이는 이성철학이 이를 위한 개념상의 도구들을 갖추고 있을 때이다.

이와 더불어 이제 긍정철학의 개념과 규정이 논의된다. 긍정철학의 규정을 오해하지 않으려면 다음과 같은 잘못을 범하지 않도록 유의해야 한다. 여기에 등장하는 존재론적 근거지우기를 따르면서 필연성과 자유, 본질과 실존 등의 대립항 속에 있는 학문들의 개별 대상에 집중하고, 이를 바탕으로 긍정철학을 하나의 포괄적인 현실철학으로 이해하는 일이 그것이다. 긍정철학은, (이성철학에서 이루어지는) 논리적이면서도 변증법적인 사유 안에 선험적으로 주어져 있는 것을 경험적-사실적으로 검증한다는 의미에서의 *포괄적인* 현실철학이 아니다. 순수 사유를 통해 파악된 피규정성 안에 있는 *유한한* 존재자의 경험적 사실성을 그 대상으로 다루는 일은 경험과학의 일이다. 피규정성이란, 순수 사실, 즉 순수 활동 및 사실성 자체의 본질das Was des reinen Daß des actus purus, der Faktizität schlechthin이다. 자기관계적인 이성이 더 이상 이 피규정성을 도출해낼 수 없는 바로 그곳에서, 경험은 자기 스스로를 규정하는 절대자의 피규정성에로 향하게 된다.

따라서 이제 뒤따르는 긍정철학의 부분들에서는 유일하면서도 특수한 주제가 다루어지는데, 종교가 바로 그것이다. 긍정철학은 곧 종교철학이다. 왜냐하면 종교적 의식은 스스로를 드러내는 절대자의 자기규정이 일어나는 매개체이자 지평이기 때문이다. 신화와 계시 같은 종교적 의식의 다양한 형태들은 그 각각이 절대의지의 피규정성을 인식하게 하는 *원천*이다. 하지만 그것들은 이 의식 자체인 것은 아니다. 이러한 종교의식의 논리적 기원, 즉 역사철학적 전개라는 형식 안에서 우선 이에 일치하는 경험의 연관이 가장 먼저 생성되어야 한다. 이는 곧 각각의 종교의식 안에 나타나는 신적의지의 피규정성을 재구성해야 한다는 것이다. 계시란 이성을 거치지 않고서는 결코 인식될 수 없기 때문에, 이성의 개념과 포텐츠론은 이러한 사건들을 해석하기 위한 정당성을 획득하게 된다.[27]

그러니까 긍정철학은 현실적인 것 자체의 사실성에 대해 질문하는 것이 아니라, 이러한 현실성의 구체적인 근거에 대해 질문한다: "도대체 무언가가 있는 이유는 무엇인가? 왜 무가 아닌가?"(XIII 7) – 이러한 질문은 아래와 같이 더 구체화된다: "왜 이성이란 것이 존재하고, 비이성은 아닌가?" 그 결과로 긍정철학은 결코 순수 사유 안에서 파악된 것을 확증하지도, 제거하지도 않는다. 오히려 그것은 단지 이렇게 혹은 저렇게 파악된 현실성을 이와는 전혀 다른 하나의 측면과 결합시켜 줄 뿐이다: 그것은 바로 현실성의 의미와 그 최종 목표에 대한 질문이다. (자유로운) 창조에 대한 질문은, 현실적인 것의 사실적인 피규정성을 변경시킴으로써 부정철학 이외에 전혀 다른 종류의 규정들을 발견해 내는 긍정적인 자연철학을 고안해 내기 위한 것이 결코 아니다.

오히려 이 질문은, *존재하는* 것이 의지의 결과인지 아니면 단지 보편적인 세계이성의 유출의 결과인지에 관한 것이고, 이와 더불어 세계의 존재에 하나의 독특한 의도가 결합되어 있는지 혹은 아닌지에 관한 것이다. 사물의 *본질*이 무엇인가*Was* Etwas ist 하는 것은 이와 직접적으로 결합되어 있는 것은 아니다.

두 철학적 학문에 대한 이러한 이념과 개념 규정들을 따르면, 철학 혹은 이성의 통일성에 대한 셸링의 모델 안에는 이중적인 것이 감추어져 있는 것처럼 보인다. 통일성에 대한 헤겔의 모델에서는 본질적으로 그 시작점에로 회귀하는 순환이 기저에 깔려 있다. 반면, 셸링의 모델은 그보다는 더 복잡하고, 헤겔식의 폐쇄성을 비판적으로 깨뜨리고 있다. 부정철학과 긍정철학의 관계에 대한 상이한 규정들은 (예를 들어, 긍정철학은 스스로 시작할 수 있다는 등의) 특히 아래의 것을 따라 구체화시킬 수 있다: 셸링이 철학의 통일적인 연관성을 제1철학과 (가장 지고한) 제2철학의 관계로 본 것인지, 혹은 일반 존재론과 특수 형이상학의 관계로, 아니면 강단철학과 세계철학으로 본 것인지, 혹은 이 두 철학의 관계에 대한 정의를 통해 이성의 반성운동을 주제화하고 있는 것인지에 따라서이다.

이 입장들 중 어떤 태도를 취하느냐에 따라서 통일성의 연관이 전혀 다른 방식으로 나타날 수 있다. 철학의 통일성이 긍정철학에로의 넘어감의 규정 안에서 하나의 '전회' 혹은 '새로운 시작'으로서, 이제 자유롭게 의지되고 산출된 것 안에서 스스로를 다시 한 번 중재하는 한, 보충적이면서도 목적론적인 철학의 통일성에 대한 모델이 사유될 수밖에 없다. 이런 모델은 -다시금 칸트에게 의지하는 가운데- 상이하면서도 서로서로 관계를 형성하고 있는 이성의 사용 안에서 사유된다. 이에 의하면 부정적인 이성학문은 이론철학과, 긍정적인 이성학문은 실천철학과 동일시될 수 있다. 긍정철학은 세계의 근원과 종말에 대한 하나의 포괄적이면서도 역사철학적-사변적 고찰이며, 하나의 삶의 실천적 의도를 가진다. 긍정철학은 '복된 삶을 향한 안내'이다.

10 영향

1. 동시대에서의 수용

셸링은 자기의 학파를 형성하지는 않았다. 셸링의 사상 중 학문적으로 가장 영향력을 미친 것은 분명 *자연철학*이다. 셸링의 자연철학은 경험적인 질문 형성에 있어서 다방면에 걸쳐 영향을 미쳤다. 물리학자인 요한 리터Johann Wilhelm Ritter, 로렌츠 오켄Lorenz Oken, 지질학과 지구학 분야에서 헨릭 슈테펜Henrik Steffen 등을 그 예로 들 수 있다. 전자기장의 발견자인 에르스텟Hans Christian Oersted는 셸링의 열렬한 지지자였고, 셸링의 자연철학을 덴마크에 보급하기도 했다. 미하엘 패러데이의 발견 이후 셸링은 전자기장의 장이론을 정신사적으로 준비한 인물로 평가되기도 한다. 당시 의학과 관련해서도 자연철학은 기여한 바가 적지 않다. 뢰슬라웁Johannes Andreas Röschlaub, 빈디슈만Karl Josef Windischmann, 될링어Ignaz Döllinger, 생리학자인 부르다흐Karl Friedrich Burdach

등이 그 좋은 사례이다.

셸링의 예술철학 강의는 아스트Friedrich Ast, 졸거Karl Wilhelm Solger, 도이팅거Martin v. Deutinger 등의 예술 이론가에게 영향을 끼쳤다. 콜러리지 Samuel Taylor Coleridge나 워즈워스William Wordsworth 등의 시학에 분명히 남겨져 있는 셸링의 흔적을 찾기란 어려운 일이 아니다.

마찬가지로 당대의 신학, 특히 튀빙겐 학파(묄러Johann Adam Möhler, 슈타우덴마이어Franz Anton Staudenmaier)에도 역시 셸링은 큰 영향을 끼쳤다. 계시의 철학은 이미 1830년대에 그 본질적인 부분이 대부분 완성되어 있었다고 보이는데, 이를 전제로 보자면 셸링은 이때부터 이미 슈트라우스David Friedrich Strauß의《예수의 생애》에 의해 야기된 신학적 논의에 참여할 방안을 모색하고 있었다고 볼 수 있다. 이와 더불어 셸링은, 자신의 강의들은 슈트라우스에 대한 반동이라는 견해를 반박하고자 했다고 볼 수 있다.

후기 관념론자들에 의해 어떻게《자아론》과 베를린 강의들이 수용되었는지에 대해서는 이미 언급한 바 있다. 이들은 셸링에 관한 강의들을 개설했을 뿐만 아니라(예를 들어, 1842년 쾨니히스베르크에서 로젠크란츠의 경우에서처럼),[1] 철학사를 기술하면서 셸링의 철학 전체를 묘사하고 그 의미를 평가하기 시작했다(에르드만Johann Eduard Erdmann).

2. 독일 바깥에 끼친 영향

셸링의 강의들에는 언제나 여러 나라에서 온 청중들이 앉아 있었다. 그 중 러시아의 지식인들과 저술가들에게 미친 영향은 매우 중요하다. 셸링은 투르게네프Alexander Turgenjew와 서신교환을 했고, 바쿠닌Michael Bakunin은 그의 베를린 강의를 직접 들었다. 러시아에서 관념론이 퍼져 나가는 데는 모스크바 대학 교수였던 불레Johann Gottlieb Buhle가 큰 영향을 미쳤는데, 그는 비판적 형이상학, 특히 칸트와 피히테, 셸링의 선험철학을 집중적으로 탐독했다.

불레의 제자인 차자에프Peter Tschaadajew는 자기의 역사철학을 셸링의 사상을 중심으로 썼다. 볼레는 특히 셸링이 헤겔의 교수좌를 이어받은 것을 러시아의 민족의식 고취와 결합시킨 편지를 셸링에게 보내면서 열렬히 환영했다.[2] 종교철학 분야에서 보자면, 셸링은 키르예프스키Iwan Wassiljewitsch Kirejewskij의 지혜학Sophiologie에서도 수용되었고, 솔로브예프Wladimir Solowjew는 셸링의 전일성의 철학의 틀을 토대로 기독교를 체계적으로 이해하기를 시도하였다. 베르자예프Nicolai Berdjaew는 실존철학적으로 경도되어 있긴 했지만, 존재보다 우선하는 자유에 대한 강조를 셸링으로부터 받아들였다.

합리주의와 경험주의의 관계를 언급하는 와중에 셸링은 -'독일식의 사변적인' 과장을 제거한- 유럽에서의《철학의 민족적 대립에 관하여》(X 193~200)를 강의한 적이 있다. 1819년 이후 개인적인 친분을 쌓았던 빅토르 쿠쟁Victor Cousin은《철학단편Fragments philosophiques》(1833)을 출판하였는데, 셸링은 이 책의 번역판 서문을 써 주기도 했다(X 203~224).[3] 쿠쟁과 세크레통Charles Secreton, 또 아리스토텔레스 연구자로 이름을 알렸던 라베송Felix Ravaisson 등을 통해 셸링의 철학은 프랑스에서도 영향을 행사하기 시작했다. 데콩브Vincent Descombes의 평가에 의하면, 물질, 생명체, 인간이라는 위계적 형태의 질서를 가르치는 메를로-퐁티Maurice Merleau-Ponty의《구조의 철학》은, 라베송이 프랑스에서 처음 소개했던 셸링의 자연철학의 전통 안에 서 있다.[4]

스페인에서는 크라우제Karl Friedrich Christian Krause를 통해 셸링이 널리 알려지게 되었다.

3. 의지의 형이상학, 생의 철학, 무의식 이론들

쇼펜하우어 생존 당시부터 이미 관념론에 대한 쇼펜하우어의 지나친 비방에 반하여, 피히테와 셸링으로부터 유래한 "유용한 사고들을 쇼펜하우어는 단지 자기 집 정원에 갖다 심었다."는 구체적인 진술들이 나오기 시작했다.[5] 소위 그 유용한 사고란 자연철학에 나타나는 용어들뿐만 아니라, 특히《자유론》에서 실존의 근거와 관련하여 언급된 유명한 문장을 포함한다는 데는 의심의 여지가 없다: "의지는 근원 존재이다." 이것은 형이상학에 관한 쇼펜하우어의 주저인《의지와 표상으로서의 세계》의 원리이자 가장 중심적인 교훈으로 빛나고 있다.

하르트만Eduard v. Hartmann은 셸링의 긍정철학을 헤겔의 범논리학과 쇼펜하우어의 염세주의의 결합체로 이해하였다.[6] 하르트만 자신의《무의식의 철학》의 주요개념은 셸링이 선험철학에서 밝혀놓은 것들이다. 물론 하르트만은 그 중 몇 가지 전제들만을 받아들이면서 사변적인 개념들은 지나치게 연역적이라는 이유로 완강히 거부하는데, 이는 19세기 초의 경험적인 과학이 가지는 일반적인 분위기를 반영하

고 있는 것이다.[7]

마르크바르트Odo Marquard는 여러 연구들을 통해 셸링의 탈포텐츠론Depotenzierungslehre과 프로이트의 무의식이론 간의 체계적인 유사점에 대해 언급하면서, 이 이론들의 기원이 무엇인지를 드러내고자 하였다.[8] 슈베르트Gotthilf Henrich Schubert는 예나 시대 때부터 셸링과 교우하였는데, 그는 1808년에 《자연과학의 어두운 측면에 관한 단상들》을, 1814년에 《꿈의 상징》을 출판하였다. 이 작품들은 20세기의 심층심리학과 꿈 연구를 준비하는 단초들이었다.

셸링의 '생명' 혹은 '생동적인 것'에 대한 개념들 역시도 대단히 중요한 것들이다. 이 개념들은 생의 철학 뿐만 아니라 인간론에도 영향을 미쳤으며, 생물학과 포트만Adolf Portmann의 형태학Morphologie에 이르기까지 광범위한 영향을 끼쳤다.

4. 실존철학

키에르케고르는 '현실성'과 실존을 강조하는 셸링의 베를린 강의에 매혹된 적이 있다고 전해주고 있다. 반면, 종교철학적이면서도 영지주의적인 사변에는 경악했다고 한다. 그럼에도 불구하고 셸링은 키에르케고르 이후의 거의 모든 '실존주의 철학적' 구상들 안에서 -셸링에 대한 이들의 이해가 신뢰하기 힘든 것이긴 하지만- 발견된다. 폴 틸리히Paul Tillich는 '실존주의적 저항'의 창시자는 셸링이라고 지적한다.[9]

야스퍼스Karl Jaspers는 오랫동안 셸링을 연구했고, 그의 사상의 많은 부분을 셸링에게 빚지고 있다; 물론 이를 자기만의 고유한 것으로 만들기 위해 야스퍼스는 무진 애를 썼다. 그가 쓴 매우 인상적인 연구서는[10] 동시에 셸링의 철학에 대한 매우 비판적인 작품이 되었다. 여기에서 셸링은 새로운 사고방식을 열어놓은 천재적인 창시자로 평가받는다. 하지만 야스퍼스는, 셸링은 절대자를 사유에 종속시킴으로써 자신이 제기한 문제의 해결책을 찾고자 했고, 따라서 영지주의적인 오류를 범하고 말았다고 비판하고 있다.

'고도의 경험주의'에 대한 셸링의 사고는 마르셀Gabriel Marcel에게도 영향을 미쳤다.[11] 이는 특히 (부정적인, 한계 안에서 이루어지는 분석적인) 제1반성과 (존재에의 실질적인 참여를 향한 초월적이면서도 직관적이고, 더불어 통전적인) 제2반성을 구분하는 마르셀의 사상에서 발견된다.

하이데거Martin Heidegger는 《자유론》을 존재 신학적으로 쓰여진 형이상학의 최고점으로, 그리고 독일관념론의 중심작품으로 높이 평가하였다. 물론 "존재의 이음새Seynsfuge"로부터 악이 기원한다고 하는 하이데거의 이해는 도덕적 자유와 윤리성을 강조하는 셸링 자신의 견해와는 거리가 멀다.

마르크스Werner Marx는, 자유라는 주제와 관련하여 하이데거의 셸링연구와 그의 소위 사상적 전회 사이에 놓여 있는 연관성을 밝히는 매우 중요한 기여를 하였다.[12]

5. 종교철학과 신학

틸리히는 아주 집중적으로 셸링의 기독론과 씨름하였는데, 그의 조직신학에는 그 흔적이 매우 많이 나타난다. 비록 오늘날에는 그 관심이 많이 사라졌지만, 도덕신학에서 악과 죄의 문제는 중요한 주제이다. 이 부분에 있어서도 셸링은 결코 간과할 수 없는 지대한 영향을 끼친 것이 사실이다. 교파를 넘어서 다양한 방식으로 수용되었다는 사실이 보여주듯, 셸링은 20세기 조직신학에 주요한 개념들을 제공해 주었고, 특히 그의 그리스도론은 오늘날에도 논의할 만한 가치가 크다. 이를 위한 사례로는 가톨릭교회의 감독이 되었던 헴멀레 Klaus Hemmerle와 카스퍼Walter Kasper 등을 들 수 있다.(참고문헌 X)

뿐만 아니라 셸링은 종교학과 신화연구에 있어서도 큰 영향을 끼쳤다.《신화의 철학》과 레비-스트라우스의 신화연구 사이에는 커다란 유사점이 있다.[13]

6. 사변적 유물론과 이성비판

마르크스는 동구권 마르크스주의에서 이루어졌던 셸링 수용과 해석에 관하여 표준적인 지표를 제공해 주었다. "젊은 시절의 제대로 된 셸링", 즉 피히테와 헤겔 사이를 연결하면서 고전적인 시민철학이 발전하도록 기여한 점이 강조되고, 또 젊은 시절의 자연철학은 마르크스주의의 핵심적인 기원으로 간주된다. 반면, 루카치Georg Lukács가 동일철학에 등장하는 지적 직관을 비합리주의라고 비판한 이래,[14] 셸링의 종교철학은 계급의 적이 쓴 악마의 저작이자 반동이라고 비난받았다.[15]

블로흐Ernst Bloch는 이와는 전혀 다른 방식으로 셸링을 수용하였는데, 하버마스Jürgen Habermas는 블로흐를 "마르크스주의적 셸링"이라고 칭한 바 있다. 블로흐에게는 무엇보다도 역동적이면서도 변증법적인 물질이론이 그 중심에 놓여있다. 이 이론은 사변적-유물론적 과정-존재론Prozeß-Ontologie의 토대를 이루면서, 변증법적인 사회이론과 및 역사이론을 보충하고 확대시켜 준다.[16]

하버마스 자신도 〈절대자와 역사. 셸링의 사유 가운데 나타나는 이중적 분열상에 관하여〉라는 주제로 박사논문을 썼다. 하버마스는 역사적 유물론을 재구성하고자 시도하고 있는데, 여기에서 그는 카발라주의의 영향과 연관시키면서 셸링의 철학을 변증법적 유물론에로의 전이 가운데 있는 관념론이라고 평가하였다. 이때 특히 세계시대에 관한 사변이 매우 중점적인 것으로 평가된다. 여기에서는 신으로부터 떨어져나간 세계와, 그 안에서 사회를 구성하는 가운데 하나의 새로운 미래를 형성해 가야할 특별한 책임이 부여되어 있는 인간이 강조되고 있다.[17]

이러한 접근들을 통해 하나의 새로운 가능성이 열리게 되는데, 그것은 바로 포이어바흐를 거쳐 이루어진 헤겔에 대한 마르크스주의적 비판의 역사적 기원을 발견할 수 있게 된다는 것이다. 셸링의 헤겔비판 안에는 이미 관념론의 지평 안에서 헤겔에 대한 본질적이면서도 중요한 비판점들이 나타나고 있다.[18]

셸링의 후기철학은 순수 합리성을 성찰하면서 합리성에 대해 비판적인 입장을 취하는 관념론의 아주 인상적인 모습을 보여준다. 이것은 오늘날 이루어지고 있는 다양한 형태의 이성비판의 역사적 원천이다;《선험철학의 체계》에 나타나는 예술의 우선적 위치와 '미학적 반성'의 중요성을 바탕으로 하고 있는 아도르노Theodor W. Adorno는 그 사례 중의 하나이다.[19]

7. 우주론과 자연철학

셸링의 자연철학의 역사적 의의는, 그가 당시로서는 서로 다른 기원을 가지기 때문에 연결될 수 없는 것처럼 보였던 물리학, 화학, 생물학, 의학 등의 상이한 이론들과 입장들을 하나의 사변적 근본사유를 통해 비판적으로 변형시키면서 서로 연결시키고, 이와 더불어 이에 상응하는 과제들을 경험적인 연구들에게 제시했다는 데 있다.

하지만 불행히도 자연철학은 19세기에 접어들면서 급속도로 발전하기 시작한 경험과학들에 의해, 연구를 제약시키면서 경험을 초월해 있는 사변이라며 거부되는 운명을 맞이하고 말았다. ─카르나프Rudolf Carnap의 말을 빌리자면, 자연철학은 개념의 시상詩想Begriffsdichtung에 지나지 않는다.─ 자연철학에 대한 비판자들로는 ─셸링 자신이 생전에 겪었던─ 리비히Justus v. Liebig와 헬름홀츠Justus v. Helmholtz 등을 들 수 있다.

특히 프리스는 셸링의 역동적 입장에 반하여 수학적 자연철학을 제시하였는데, 이 같은 경향은 더욱 광범위하게 받아들여졌다. 사실 19세기에 셸링의 자연철학은 아주 소수의 사람들에 의해서만 받아들 여졌다. 페히너Gustav Theodor Fechner 같은 경우 연역적 형이상학의 대 변자였는데, 그 역시도 셸링을 기껏해야 큰 틀에서 '자극자' 정도로만 받아들였다.

오늘날에 이르러서 셸링의 자연철학적 구상은 점점 더 많이 주목 받고 있는데, 여기에는 매우 상이하면서도 다양한 동기들이 깔려 있 다. 그 중 하나가 학문적-체계적 관심이다. 이는 특히 자연과학자들 이 여러 과학이론들을 보편적인 법칙성을 토대로 통일화시키려는 관 심을 포기하지 않았다는 것과 긴밀히 결합되어 있다. 이 학문적-체 계적 관심은, 하나의 학문분과로서의 자연철학은 단지 학문이론이나 자연과학적 방법론 이상을 의미한다는 사실에 대한 통찰을 함축한다.

이와 같은 이론을 형성함에 있어서 셸링은 매우 중요한 형식상의 구조모델을 제공해 준다. 비록 셸링의 자연철학이 담고 있는 구체적 인 내용은 (당연히 역사적인 측면에서 보자면 이미 오래 전에 극복된 것이 기 때문에) 예외로 해야 함에도 불구하고, 이는 부인할 수 없는 사실이 다. 이와 같은 측면에서 보자면 셸링이야말로 '시원의 단일성'과 '대폭 발이론', '인간주의 원리das anthropische Prinzip'(Bernulf Kanitscheider, John Wheel- er) 등과 같은 주제들의 알려지지 않았던 선구자였다는 것을 상기하 게 된다.

한편 셸링의 자연철학에 대한 관심은 실천적 동기를 지니기도 한 다. 그것은 오늘날의 생태계의 위기상황 및 이에 대한 적절한 반응에 대한 질문으로부터 비롯된다. 이때에는 셸링의 '자연'-개념이 필두에서게 된다. 특히 자연을 '주체'로서 사유하고, 지배와 착취로부터 자유로운 온전한 자연개념을 제시하려는 셸링의 노력이 그 중심에 있는 것이다. 이 두 동기들, 즉 셸링의 자연철학을 역사적으로 현재화하려는 동기와 체계적으로 반성하려는 동기는 하나의 단일한 맥락 안으로 종합된다. 그것은 인간을 구조상 자연 안으로 연관 지으면서도 자연과 자유에 관한 칸트의 이분법을 제거하지는 않는 방식으로, 그러니까 인간의 이성적 속성과 자유의 속성을 간과하지 않음으로써 이루어진다.

8. 자연과학에 있어서 자기조직화의 패러다임

셸링의 사상 중 오늘날 개별적인 자연과학에서 논의되고 있는 주제들 혹은 패러다임들로는 (보편적으로 알려진) 진화론을 들 수 있다. 물론 셸링은 진화론을 하나의 계통진화이론으로 구축하지는 않았다는 점에서 일반적인 진화론과는 차이가 있다.

반면 진화론 외에 특히 자기조직화라는 패러다임은 오늘날의 개별학문들에서도 매우 중요하게 거론된다. 이는 프리고진Ilya Prigogine이 주장하는 비가역적인 과정의 비선형열역학 이론에서도 마찬가지이고, 하켄Hermann, Haken의 상승협동구조synergetische Struktur에서의 생성에 관한 이론에서도 마찬가지이다.[20] 전체적으로 보자면 현대의 자기조직화 개념과 셸링의 사고 사이에 놀랄만한 유사점과 일치점들이 발견되고, 또 셸링의 사고가 부분적으로는 거기에 기여했다는 점에서 환영받고 있다(cf. 제10장. 7.).

그럼에도 불구하고 셸링의 구상은 현대의 개념형성에 기여한 여러 요소들 중 단지 하나에 지나지 않는다. 총체성을 강조하는 셸링의 사고방식과 경험적–실험적, 수학적 인식을 강조하는 경험과학의 차이는, 양자 사이에는 분명 극복할 수 없는 한계가 있다는 것을 보여준다.

주석과 참고문헌

주석

1. 서론

1) H. Heine, *Sämtliche Werke* Bd. IX, hrsg. v. H. Kaufmann, München 1964, 274.

2) A. Gulyga, *Schelling. Leben und Werk* (참고문헌 V), 377에서 재인용. 인용 문과 관련해서는 cf. F.H. Jacobi, *Werke* Bd. 4,1. Abt., hrsg. v. F. Roth/F. Köppen, Leipzig 1819, 54.

2. 간략한 생애

1) 이에 대해서는 cf. W.G. Jacobs, *Zwischen Revolution und Orthodoxie?* (참고 문헌 VII).

2) M. Frank, Einleitung, in: F.W.J. Schelling, *Philosophie der Offenbarung 1841/42* (참고문헌 II), 11에서 재인용.

3) F.W.J. Schelling, Übersicht meines künftigen handschriftlichen Nachlasses, in: *Schellingiana rariora* (참고문헌 III), 668~676.

3. 이성 그리고 완성을 향한 열정

1) W.G. Jacobs, *Zwischen Revolution und Orthodoxie?* a.a.O., 50에서 재인용.

2) W.G. Jacobs, "Licht unter dem Scheffel. Hölderlins Lehrer Christian Friedrich Schnurrer", in: V. Lawitschka (Hrsg.), *Hölderlin: Christentum und Antike. Turm-Vorträge 1989/90/91*, Tübingen 1991, 28~45; 43.

3) 피히테의 학문론에 대한 칸트의 공개적인 비판으로 인해 촉발된 상황에 대해서는 피히테와 셸링의 서신교환을 참고하라 (BuD II 188~191).

4) K.L. Reinhold, *Über das Fundament des philosophischen Wissens*, hrsg. v. W.H. Schrader, Hamburg 1978, 78.

5) F.H. Jacobi, *Werke* Bd. 2, hrsg. v. F. Roth/F. Köppen, Leipzig 1815, 125~310.

6) A.a.O., 304 u. 310.

7) J.G. Fichte, *Gesamtausgabe der Bayerischen Akademie der Wissenschaften*, hrsg. v. R. Lauth/H. Jakob/H. Gliwitzky, Stuttgart-Bad Cannstatt 1962ff., Bd. I,2, 44.

8) A.a.O., 48.

9) A.a.O., 55.

10) 1793년 12월 슈테파니에게 보내는 피히테의 편지도 참고하라. "칸트는 참된 철학을 가지고 있다; 하지만 그 결과들에서만 그럴 뿐, 그 근거들에서는 그렇지 않다." (Fichte, *Gesamt-Ausgabe*, a.a.O., III, 2, 28). 이런 표현은 라인홀드를 통해 토론에 붙여지기 시작했다.

11) J.G. Fichte, *Über den Begriff der Wissenschaftslehre oder der sogenannten Philosophie, Gesamt-Ausgabe*, a.a.O., I,2, 107~167.

12) 다음을 참조: P. Baumanns, "Die Entstehung der Philosophie Schellings aus der Fichtekritik", in: Th.S. Hoffmannn/F. Ungler (Hrsg.), *Aufhebung der Transzendentalphilosophie? Systematische Beiträge zur Würdigung, Entwicklung und Kritik des transzendentalen Ansatzes zwischen Kant und Hegel*, Würzburg 1994, 41~61.

13) 이 시기에 셸링은 ―횔덜린이 그랬던 것처럼― '지적 직관'에 대해 말한다: 이는 분명 스피노자가 말한 신의 지적 사랑(Amor dei intellectualis)을 따르

는 것이다.

14) I. Kant, *Kritik der reinen Vernunft* (= *KrV*), B 131f.

15) 이와 유사한 선언들이 헤겔(1795.1.6)과 니트함머(1796.1.22)에게 보내
     는 편지들 속에 발견된다(*BuD* II 59/I 61).

16) 쿠노 피셔Kuno Fischer의 저서는 예외이다. (참고문헌 V)

17) Cf. "아름다움이란 … 드러남 가운데 있는 자유에 지나지 않는다." F.
     Schiller, Kallias oder über die Schönheit. Briefe an G. Körner, in: F.
     Schiller, *Werke*, hrsg. v. H.G. Göpfert, München/Wien 1966, Bd. II, 357.

18) Cf. R. Bubner (Hrsg.), *Das Älteste Systemprogramm. Studien zur Frühges-
     chichte des deutschen Idealismus*. (Hegel-Studien, Beih. 9), Bonn 1973,
     21982; Chr. Jamme/H. Schneider (Hrsg.), *Mythologie der Vernunft. Hegels
     'ältestes Systemprogramm' des Deutschen Idealismus*, Frankfurt a.M. 1984; 여
     기에 원문 11~14가 등재되어 있음 (cf. BuD I 69~71).

19) Cf. D. Henrich, "Aufklärung der Herkunft des Manuskriptes, 'Das ält-
     este Systemprogramm des deutchen Idealismus,'" in: Chr. Jamme/H.
     Schneider (Hrsg.), *Mythologie der Vernunft*, a.a.O., 144~169.

4. 상호 보충적인 철학적 학문으로서의 자연철학과 선험철학

1) 이 세 시기들의 구분에 대해서는 K. Joel, *Der Ursprung der Naturphiloso-
    phie aus dem Geiste der Mystik* (Basel 1913)을 보라.

2) 때문에 셸링은 후에 '동일철학'은 본래 자아와 연관되어 있었다고 말한
    다: cf. F.W.J. Schelling, *Philosophie der Offenbarung* 1841/42 (파울루스의
    필사본) (참고문헌 II), 112.

3) 이에 대해서는 cf. M. Durner, Schellings Begegnung mit den

Naturwissenschaften in Leipzig, in: *Archiv für Geschichte der Philosophie* 72/2 (1990), 220~236; ders., Die Naturphilosophie im 18. Jahrhundert und der naturwissenschaftliche Unterricht in Tübingen. Zu den Quellen von Schellings Naturphilosophie, in: a.a.O., 73/1 (1991), 71~103; ders., Editorischer Bericht zu AA I,5, 9ff.; 역사-비평적 셸링전집(참고문헌 *I*)에는 부록으로 당시의 과학사적 상황, 특히 물리학, 화학, 생리학(생물학)에 관한 매우 두꺼운 편람이 첨부되어 있다.

4) F.W.J. Schelling, 'Timaeus' (1794), (참고문헌 I); 이에 대해서는 특히 다음을 참고하라. H. Krings, Genesis und Materie – Zur Bedeutung der 'Timaeus'-Handschrift für Schellings Naturphilosophie, 115~155.

5) 이에 대해서는《일반적인 개관》*Allgemeine Übersicht*을 참고하라. "경험의 영역에는 한편으로는 자연이, 또 다른 한편으로는 역사가 존재한다. 다른 곳에서 이미 지적한 바 있듯이, 이 같은 분류는 이론철학과 실천철학이라는 철학의 분류에 상응한다. 따라서 단 하나의 자연철학과 단 하나의 역사철학만이 있을 수 있다. 양자로부터 유래하는 제3의 것으로는 (그 안에서 자연과 자유가 동시에 드러나는) 예술철학을 추가할 수 있다. 하지만 하나의 자연철학, 하나의 역사철학, 하나의 예술철학이 어떻게 가능할 수 있는지에 대해서는 여기에서는 자세히 논할 수 없다. …"(I 465/AA I,4 183).《일반적인 개관》은 당시의 철학문헌들에 대한 근본적이고도 비판적인 대립을 매개로 하여 1800년 출판될《선험적 관념론의 체계》 *System des transzendentalen Idealismus*의 핵심적인 요소들과 특징들을 이미 선취하고 있다.

6) I. Kant, *Metaphysische Anfangsgründe der Naturwissenschaft*, II. Hauptstück: Metaphysische Anfangsgründe der Dynamik.

5. 절대 동일성의 체계

1) 기획되기만 하고 실제로 수행되지는 않은 이 체계의 세 구성단위에 대해서는 아래의 책을 참고하라. K. Düsing, in: *Schellings und Hegels erste absolute Metaphysik* (1801~1802), Vorlesungsnachschriften von I.P.V. Troxler (참고문헌 II), 105~110. (이 셸링의 강의록 필기본은 아래에서는 'I'라는 표시로 인용될 것이다)

2) 후일 셸링은 자신의 강의를 듣는 청중들에게 《선험철학의 체계》에서는 "피히테적 사고의 껍질 속에 담겨진 새로운 체계를 이미 인식할 수" 있으며, "무엇보다도 후에 보다 광범위한 방식으로 사용되게 될 저 *방법*이 이미 이 책에서 전적으로 사용되고 있다."고 말한다. 셸링은 이 방법은 헤겔이 아니라 자기 자신의 고유한 것임을 지적하고 있다.(X 96)

3) 이 같은 구성 개념은 《철학에서의 구성에 관하여》(1802)*Über die Konstruktion in der Philosophie*에서 보다 상세히 전개된다(V 125~151). 이를 통해 셸링은 개념의 구성을 수학에만 제한하는 칸트에게 반대하고 있다

4) 이와 관련해서는 다음의 해석을 참고하라: K. Düsing, in: *Schellings und Hegels erste Metaphysik* (1801/02), a.a.O., 101ff., 121ff.

5) 셸링은 피히테로부터 '독자적인 체계'에로의 전환을 '제약의 지양', 즉 자아라는 주관적인 주체-객체로부터 절대적인 주체-객체에로의 회귀라고 표현하고 있다(cf. XIII 55). 피히테의 학문론과 절대 관념론 (1801~1804)의 관계에 대해서는 cf. IV 377.

6) J.G. Fichte, Nachschrift an Reinhold, *Gesamtausgabe*, a.a.O., II, 5, 457~473; 459.

7) 하지만 뒤이어 출판된 저서들은 이와 관련하여 별다른 기여를 하지 않는다. 《철학체계의 확장된 서술》(1802)*Fernere Darstellungen aus dem System der*

Philosophie;《브루노》는 피히테를 주관적 관념론자로 비판적으로 다루고 있다.

8)   cf. R. Lauth, *Die Entstehung von Schellings Identitätsphilosophie in der Ausein-andersetzung mit Fichtes Wissenschaftslehre* (참고문헌 VIII).

9)   셸링은 이와 더불어 비로소《자연철학의 참된 개념》을 쓰도록 자극시켰던 에셴마이어K.A. Eschenmayer의 반대에 대응할 수 있게 된다. 에셴마이어는 〈자발성 = 세계정신, 혹은 자연철학의 지고원리〉*Spontaneität = Weltseele, oder das höchste Prinzip der Naturphilosophie*라는 논문에서 자연철학의 원리인 절대 활동성으로서의 절대자의 비규정성을 신랄히 비판하면서, "보편적인 활동성의 근원은 무엇인가?" 라고 질문한다. (K.A. Eschenmayer, Spontaneität = Weltseele, oder das höchste Prinzip der Naturphilosophie, in: F.W.J. Schelling (Hrsg.), *Zeitschrift für spekulative Physik*, Bd. II/H.2, 1~68; 4). 에셴마이어에 의하면, 무제약적 경험론 unbedingter Empirismus인 사변적 물리학의 구상 속에서는 무제약성이 상실되어 버리고 만다. 왜냐하면 자연은 이미 "되어감 속에 정립되어" 있기 때문이다. 이럴 경우 "현재 활동적인 자연의 원리들은 그 활동성 안에서만 전개될 수" 있고, "따라서 〔무제약적이기 때문에 되어감 속에서 포착되지 않는〕 되어감의 원리가 … 배제되는 조건을 통해서만"(5) 자연의 원리에 대해 사유할 수 있게 된다. 이와 같은 되어감의 원리, 즉 근원원리는 에셴마이어에 의하면 "선험철학자에게 귀속된다.". 그리고 "이 원리는 제목에 언급된 것처럼 세계정신 = 자발성이다."(20) 이에 대하여 순수한 주체-객체 (또는 순수한 주체-객체의 개념)에로의 회귀라는 탈포텐츠화의 과정을 설명한 후, 셸링은 다음과 같이 적고 있다: "저 자발성의 충동은 자연의 영역에서도 일어난다; 그것은 바로 빛이다. 빛은 자연의 의미이며, 이와 더불어 자연은 자기 안에서 제한되어 있는 내면을 본다. 그

것은 생산물 가운데 갇혀 있는 이념적 활동성을 자연을 구성하는 활동
성으로부터 분리시키기를 추구한다. 이념적 활동성이 낮이라면, 이 자
연을 구성하는 활동성은 밤이다. 전자는 *자아*이고, 후자는 자연자체의
비자아이다. 그 자체로 단순하며 순수한 활동성인 이념적 활동성이 자
연을 구성하는 활동성과의 대립을 통해 경험적으로 (색채) 되듯, 구성
하는 활동성은 이념적 활동성과의 대립 속에서 생산물과 더불어 *이념적*
으로 되기를, 생산물을 상이한 여러 형식들 속에서 재구성하게 되기를
추구한다. - 이는 무차별의 두 요소들이 그 안에 동시에 놓여 있는 자기
력을 통해, 무차별의 두 요소 중 하나가 그 바깥에 놓여 있기 때문에 이
를 다른 생산물 속에서 찾아야 하는 전기력을 통해, 그리고 화학적 힘
속에서 일어난다. 화학적 힘에 있어서 자연은 무차별의 요소들 중 하나
혹은 두 개의 요소들 모두에 도달하기 위해서 제 삼의 요소를 필요로 한
다. - 이를 통해 자연은 그 생산물을 다시 자신의 지배하에 두고자 한다.
이는 그 원리에 있어서 비제한적인 불멸의 활동성이 마침내 순수한 *이*
념적 활동성으로서 스스로를 완전히 생산물과 결합시키기까지, 그리고
자연 가운데에서 생명의 근거를 세우고, 이 생명이 다시금 스스로를 보
다 높은 수준의 포텐츠화를 통해 최고의 무차별에 이르기까지 이루어지
는 단계적 고양 속에서 일어난다."(IV 103)

10) cf. X 105f.; F.W.J. Schelling, *Grundlegung der positiven Philosophie. Münch-*
ner Vorlesungen WS 1832/33 und SS 1833 (참고문헌 II), 192f.

11) F.W.J. Schelling, *Einleitung in die Philosophie*(1830) (참고문헌 II), 50~52;
51 (cf. X 106).

12) F.W.J. Schelling, *System der Weltalter*(1827/28) (참고문헌 II), 48.

13) F.W.J. Schelling, *Einleitung in die Philosophie*(1830) (참고문헌 II), 51.

14) F. Köppen, *Schellings Lehre oder das Ganze der Philosophie des absoluten*

Nichts, 1803.

15) 야코비 역시 다음과 같이 칸트의 《순수이성비판》은 허무주의라는 의심을 드러낸 바 있다: "나는 모든 것이다. 내 바깥에는 엄격한 오성의 의미에서 아무 것도 없다." (F.H. Jacobi, David Hume, in: *Werke* Bd. 2, a.a.O., 216f.). 피히테는 이러한 관념론의 프로그램을 완성시켰고, 자기가 주장하는 진리 "외에는 모든 것을 무로 전환시키고" 말았다는 것이 야코비의 견해이다(Jacobi, *Werke* Bd. 4, 1. Abt., a.a.O., XXIX). 장 폴Jean Paul의 《피히테》*Clavis Fichtiana*는 피히테의 철학을 단지 자아-철학이라는 시대정신을 반영하고 있는 것으로 진단한 바 있다. 따라서 자신 역시도 허무주의라는 비난을 받았을 때 셸링은 자신이 오해되고 있다고 느꼈을 것이다.

16) Cf. 《브루노》나 《철학체계의 확장된 서술》.

17) Cf. *Schelling und Cotta. Briefwechsel 1803~1849* (부록 4. 참고문헌 III), 18, 21, 27, 37, 71f. 이 책은 1813년과 1830년에 재출판되었고, 1818년에는 셸링 전서(웁살라판) 9권에 실렸다.

18) Cf. W.v. Humboldt, 〈Antrag auf Errichtung der Universität Berlin (1809); Über die innere und äußere Organisation der höheren wissenschaftlichen Anstalten in Berlin〉, in: ders., *Werke in fünf Bänden*, hrsg. v. A. Flitner/K. Giel, Darmstadt ⁴1994, Bd. IV, 113~120, 255~266.

19) E. Spranger (Hrsg.), *Fichte, Schleiermacher, Steffens über das Wesen der Universität*, Leipzip 1910; H. Schelsky, *Einsamkeit und Freiheit. Idee und Gestalt der deutschen Universität und ihrer Reformen*, Hamburg 1963.

20) E. Spranger, *Einleitung*, in: a.a.O., XVII.

21) A.a.O., IX.

22) 피히테는 치료술Heilkunde이 학문적 토대를 가질 수 있는 것인지, 아니

면 단지 실생활 가운데 적용되는 실천적 기술에 속하는 것인지 질문하였다. 슐라이어마허는 대학은 철학과에서만 온전히 구축되어져야 하며 다른 학과들은 전문학교들로 수립되어야 한다고 결론내린 바 있다.

23) 다음의 인용도 참고할 것: "그리스도는 이미 그 출생 이전부터 그의 전기가 기록되어져 있던 하나의 역사적 인물이다."(V 426)

6. 체계와 자유

1) *F.W.J. Schellings philosophische Schriften*. Erster Band, Landshut 1809, IX (VII 334).

2) A.a.O.

3) 피히테는 1806년 이와 비슷한 제목의 책을 출판하는데 〔피히테의《복된 삶을 위한 지침들》(1806)*Die Anweisungen zum seligen Leben*〕셸링은 이는 피히테가 자기의《종교론》에서 빼내온 것이라고 비난했다.

4) G.W. Leibniz, *Die Theodizee*, übers. v. A. Buchenau, Hamburg, 1968.

5) 이러한 타락론은 이미 레싱이《이성의 그리스도교》에서 대략적으로 밝힌 바 있는 절대자의 자기복제론에 의존하는 것이다: cf. G.E. Lessing, Werke in 8 Bd., hrsg. v. G. Göpfert, München/Wien 1982, Bd. 7, v.a. §§ 5~12.

6) J.G. Fichte, *Die Grundzüge des gegenwärtigen Zeitalters*(1805), *Über das Wesen des Gelehrten* (1805), *Die Anweisungen zum seligen Leben*(1806).

7) X. Tilliette, "Die Freiheitsschrift", in: H.M. Baumgartner (Hrsg.), *Schelling* (Bibl. V), 95~108; 95.《종교론》은 스웨덴에서 나온 *Sämtliche Werke*, Bd. 11, Upsala 1818에서 두 번째로 출판된다. 그 단독출판은 1834년 로이틀링엔에서이다.

8) Cf. F. Schlegel, *Über die Sprache und Weisheit der Inder. Ein Beitrag zur Begründung der Alterthumsurkunde. Nebst metrischen Übersetzungen indischer Gedichte*, Heidelberg 1808, in: F. Schlegel, *Studien zur Philosophie und Theologie*, eingl. u. hrsg. v. E. Behler/U. Struc Oppenberg, *Kritische Ausgabe* Bd. VIII, München/Paderborn/Wien 1975, 105~432.

9) K. Fischer, *Schellings Leben, Werke und Lehre* (참고문헌 V), 633f.

10) VII 338의 각주에서 셸링은 슐레겔의 표현(F. Schlegel, a.a.O., 243)을 계속해서 인용하고 있다. "범신론은 순수이성의 체계이다. … 그런 한 그것은 동양철학으로부터 유럽철학에로 넘어간다. 범신론은 인간의 자부심만 아니라 나태함까지도 부각시킨다. 일단 한 번 위대한 발견이 이루어지면, 저 모든 것을 포괄하고 모든 것을 제거해 버리는 발견, 모든 것은 하나라는 저 단순한 학문과 이성-지혜가 일단 발견되기만 하면, 그것은 더 이상 지속적인 탐구나 연구를 필요로 하지 않는다. 다른 방식으로 얻은 지식과 믿음은 단지 오류나 기만, 오성의 결함에 지나지 않는다. 모든 변화와 모든 삶은 단지 공허한 허상에 불과할 뿐이다."(a.a.O.)

11) F. Schlegel: "범신론은 필연적으로 선과 악의 차이를 제거한다. 범신론이 제 아무리 말로는 이에 대해 신경을 곤두세운다고 하더라도 그렇다; 유출의 체계는 무한한 죄의 감정과, 모든 것은 악하고 영원히 저주받았다는 신앙을 통해 자유로운 기질을 질식시킨다; 두 원리들 및 선과 악의 투쟁에 대한 이론은 전술한 양 극단 사이의 중간에 서 있는데, 그 자체로 투쟁을 향한 강력한 추동력이자 도덕적 삶을 위한 무진장한 원천이다."(a.a.O., 229/231)

12) 본서의 132~133쪽을 보라.

13) 이때 셸링은《순수이성의 한계 안에서의 종교》에 나타나는 칸트의 지적 속성에 관한 이론을 언급하고 있다. 칸트에 의하면 지적 속성은 "감각

안에 일어나는 활동에 선행하는 하나의 주관적 토대"이다. 물론 여기에서 칸트는 지적 속성이 특수한 개별적인 속성으로 이해되어야 하는지의 문제는 열린 채로 놓아두고 있다.

14) 여기에 거론된 본질에 선행하는 실존의 우선성은 실존철학의 기본형태가 되었고, 이는 특히 사르트르에게서 발견된다.

15) G.W.F. Hegel, *Vorlesungen über die Geschichte der Philosophie, Theorie-Werkausgabe*, Frankfurt a.M. 1970, Bd. 20, 453.

16) 예를 들어 K. Leese, H. Heimsoeth, H. Fuhrmans와 같은 이들.

17) Cf. H. Fuhrmans, *Schellings letzte Philosophie* (참고문헌 X); 후기관념론 일반에 대해서는 cf.: K. Chr. Köhnke, *Entstehung und Aufstieg des Neukantianismus. Die deutsche Universitätsphilosophie zwischen Idealismus und Positivismus*, Frankfurt a.M. 1986, 88~105.

7. 세계시대-구상

1) F.H. Jacobi, *Von den göttlichen Dingen und ihrer Offenbarung*, Leipzig 1811, 40.

2) A.a.O., 141.

3) A.a.O., 98.

4) Schelling und Cotta. *Briefwechsel 1803~1849* (참고문헌 III), 52.

5) Cf. F.W.J. Schelling, *Über Dante in philosophischer Beziehung*(1803) (V 152~163); W. Hogrebe, *Prädikation und Genesis* (참고문헌 IX).

6) Cf. F.W.J. Schelling, *Die Weltalter* (참고문헌 I).

7) M. Schröter, a.a.O., XIII~LVIII;《셸링전집》*Sämtliche Werke*에 인쇄된 목차는 셸링의 아들(K.F.A. Schelling)이 작성한 것이다

8) 절대정신에 관한 이론은 후에《계시의 철학》에로, 후자는《신화의 철학》의 '유일신론' 부분과 이어진다.

9) 이에 대해서는 173쪽과 178쪽에 언급된 빈디쉬만에게 보내는 셸링의 편지를 살펴보라.

10) 이 같은 주장은 셸링의 초기 입장과 비교할 만하다. 자의식의 역사 속에 있는 자아의 선험적 과거가 여기에서는 "과거"라는 제목 아래에서 존재론적-우주론적으로 전개되고 있는 것이다.

11) 이러한 주장을 셸링의 초기의 입장과 비교해 보면, 자의식의 역사 가운데 있는 자아의 선험적 과거가 여기에서는 '과거'라는 주제 아래에서 존재-우주론적으로 변형되어 있다는 것이 분명해진다.

12) In: Schellingiana Rariora (참고문헌 III), 668~676.

13) A.a.O., 669.

14) Cf. F.W.J. Schelling, *Grundlegung der positiven Philosophie* (참고문헌 II). 이 편집본은 동일한 강의에서 나온 두 개의 유고들을 하나로 짜깁기 하고 있다. 하지만 이보다 더 심각한 이 판본의 문제점은, 본인이 제대로 이해할 수 없는 부분들이 나올 때마다 편집자는《셸링전집》을 참조해서 보충하고 있다는 사실이다. 이는 역사적-발전사적 진술방식을 심각히 방해하고 있다. 물론 이 텍스트들의 구조적인 관련성에 주된 관심을 기울이는 푸어만스의 관심사에 의하면 이는 불가피한 것일 수도 있다.

15) 이에 대해서는 본서의 부록 '셸링의 강의 개관'을 참고하라: 385쪽

16) 셸링은 '자필유고들에 대한 개관'에서 이 강의 원고들은 출판하지 말고, 다만 역사적 관점에서 '단지 개별적인 것으로 사용'하도록 지시하고 있다. (*Schellingians Rariora*, a.a.O., 669ff.)

17)《셸링전집》에 수록된 텍스트는 이 중 가장 마지막에 형성된 심화된 강의원고이다. 이를 증언해 주는 것은 여기에 언급된 "칸트의 출현 이후

50년"(X 73)이라는 시간적 간극에 대한 언급과, 헤겔의 엔치클로패디 2
판에 대한 언급이다. 이 둘은 1831 이후에야 가능했던 일이다.

18) F.W.J. Schelling, *System der Weltalter* (참고문헌 II), 211.

19) 이에 관하여는 cf. "die Materialien der Lehrstunden", *Schelling Leonbergen-sis* (참고문헌 III)

20) 뮌헨에서 이루어졌던 《신화의 철학》의 최종 강의의 유고는
'Schellingiana' 시리즈에서 편집, 출판될 것이다.

21) F.W.J. Schelling, *System der Weltalter* (참고문헌 II), 9.

22) F.W.J. Schelling, *Grundlegung der positiven Philosophie* (참고문헌 II), 365.

23) 발터 슐츠는 부정철학과 긍정철학의 일반적인 구별을 셸링의 후기철학
을 해석하기 위한 비판적인 출발점으로 삼았다. (cf. W. Schulz, 참고문헌
X).

24) 이에 대해서는 마지막 제9장을 참고하라.

25) *Schelling und Cotta. Briefwechsel* 1803~1849 (참고문헌 III), 174.

26) 어드만J.E. Erdmann은 이 교정쇄를 자기가 소지하고 있다고 이야기하기
도 했다. J.E. *Erdmann, Grundriß der Geschichte der Philosophie, Bd. 2: Philos-ophie der Neuzeit* (Berlin [4]1896), 505.

27) 이에 대한 셸링의 강의노트는 (새로 만들어진 하얀 종이 위에) 서론을
작성한 후 "본래의 계시에 의하면"이라고 적고 있다. 이 강의노트들을
직접 본 증인들의 말을 빌려 루게A. Ruge는 "'고대 민족'의 쓰레기 더미로
부터 건져낸 것처럼 누렇게 변해버린 종이" 위에 적힌 계시라고 조롱하
기도 했다. F.W.J. Schelling, *Philosophie der Offenbarung* 1841/42 (참고문헌
II), 332에서 재인용.

28) '강의시간들'(위의 각주 19)에 명시된 '약어표'와 1841/42년 강의들의 파
울루스판Paulus-Nachschrift 역시도 이를 위한 추가자료로 사용될 수 있다.

8. 긍정철학

1) 신의 자유는 이미《자유론》에서부터 신적 '이념' 가운데 있는 자기중재를 통해 확정되어 있다. 지금 문제가 되는 것은 더 나아가서 인간의 타락으로 인해 생성된 신 바깥의 세계에 대한 -그리스도의 인격 속에 이루어지는- 신의 지배에 관한 것이다.

2) F.W.J. Schelling, *Einleitung in die Philosophie*(1830) (참고문헌 II), 114.

3) F.W.J. Schelling, *System der Weltalter*(1827/28) (참고문헌 II), 9.

4) 여기에서 (아직) 다루어지지는 않지만 아리스토텔레스의 경우에도 이는 마찬가지이다(XIII 105, 107, XI 559 각주 1).

5) 헤겔 철학에 대한 비판은《셸링전집》(X 126~161/164) 외에도《빅토르 쿠쟁의 철학적 작품 서론》*Vorrede zu einer philosophischen Schrift des Herrn Victor Cousin*(X 201~224; 211~213),《계시의 철학 서설 혹은 긍정철학의 근거지우기》(XIII 59f., 65, 71f., 80~92, 101, 106 각주 1, 121f., 124, 164, 172f.) 등에도 변형된 형태로 혹은 강조점이 바뀐 형태로 나타난다. 헤겔에 대한 비판에 대해서는 특히 cf. K. Brinkmann과 M. Frank (참고문헌 X).

6) 헤겔에 대한 단락에 와서야 비로소 셸링은 자신이 어떻게 피히테로부터 출발하여 '피히테로부터 독립적인 체계'(동일철학)를 완성시켰는지를 진술한다. 이를 위해 셸링은 1800/01년에 쓰여진 저서들과 탈포텐츠화Depotenzierung의 방법, 즉 절대적 추상absolute Abstraktion의 방법을 가리키고 있다(X 145~151).

7) 셸링에 의하면 전적으로 비규정적인 것으로서의 순수존재는 "전적으로 스콜라주의로부터"(X 133) 유래하는 존재의 개념이다. 그것은 스콜라철학의 유Gattung 및 존재의 개념과 더불어 "완전히 죽은"(XIII 64) 개념이

다. 헤겔의 변증법적 방법은 존재론을 "볼프의 철학에 나타나는 존재론이 지니고 있던 ── 나쁜 형식을 넘어 고양"시켰어야 했다.

8) G.W.F. Hegel, *Wissenschaft der Logik*, Theorie-Werkausgabe, Bd. 5, 447.

8) A.a.O., Bd. 6, 572.

10) G.W.F. Hegel, *Enzyklopädie der phliosophischen Wissenschaften*, a.a.O. Bd. 8, 393.

11) [헤겔의 논리학에는 자연으로 이행해야 할 이유가 아무 것도 없지만] "자연이 존재한다는 사실 때문에" 헤겔은 "현실세계에로 넘어가야만 한다."(X 153).

12) 셸링은 -유일신론 개념을 제외하고는(XII 40의 각주)- 헤겔의 종교철학에 대해 상세히 설명하지는 않고 있다.

13) F.W.J. Schelling, *Einleitung in die Philosophie*(1830) (참고문헌 II), 117.

14) G. Hermann, *Die älteste Mythologie der Griechen*, 1817.

15) F.W.J. Schelling, *Urfassung der Philosophie der Offenbarung*(1831/32) (참고문헌 II), 100.

16) "교훈, 삶의 변화, 고난"과의 관련 속에서 예수를 단지 "신의 마음에 드는 인간의 사례"로서, 도덕적 완전성의 인격화된 이상으로서 환원시키려는 칸트의 《이성의 한계 안에서의 종교》가 그 좋은 예이다.

17) "저자의 확실성에 대한 관심은 그리스도교 교리의 주요명제들을 그 자체로 진리로 간주하는 교의학적인 방법에게나 중요하다. 여기에서는 교리의 명제들은 단지 그것들이 신에 의해 수여된 사도적인 것으로 간주되는 책들 속에 쓰여 있기 때문에 참된 것으로 받아들여진다."(XIV 318)

18) Cf. J.G. Fichte, *Anweisung zum seligen Leben*(1806); G.W.F. Hegel, *Vorlesungen über die Philosophie der Geschichte*, Theorie-Werkausgabe Bd. 12, a.a.O., 401. 그리스도론에 대해서는 특히 H. Rosenau와 Christian Danz (참고문헌 X)를 참고.

19) I. Kant, *Die Religion innerhalb der Grenzen der bloßen Vernunft*, 1권.

9. 베를린에서의 강의들과 말년의 사유

1) 이런 식의 지독한 평가는 특히 판 엔제van Ense에게서 나타난다. *Schelling im Spiegel seiner Zeitgenossen* (참고문헌 III) Bd. I, 492, 498ff. 등.

2) Cf. a.a.O., Bd. II, 227, 242.

3) A.a.O., Bd. I, 465.

4) A.a.O., 444, 452.

5) 이와 관련해서는 프랑크M. Frank가 파울루스의 평가를 빼고 새로 편집, 출판한 계시의 철학, Frankfurt a.M. ²1993, 86~325를 참고하라(참고문헌 II).

6) 셸링은 칸트의 모순율 속에서 이에 대한 증거를 찾는다: 여기에서 정these-sis은 긍정철학에, 반antithesis은 부정철학에 귀속된다(XIII 145f. 참고).

7) 존재자에게서 나타나는 이러한 차이에 대한 지적은 피상적이다: 셸링이 단지 헤겔에 대한 경쟁자로 남아 있는 것이 아니라 철학을 철저한 이성 학문으로 수행하려는 자기 입장을 관철하고자 한다면, 이 차이는 그저 체계에 대한 전제로서 제시되는 것에 그쳐서는 안되고 더욱 체계적으로 전개되어야만 한다.

8) Cf. *Schellings und Hegels erste absolute Metaphysik*(1801/02) (참고문헌 II), 45f.

9) 이런 구분은 이성철학과 긍정철학의 구분(9장의 1. 참고)과 관련해서도 매우 중요하다.

10) 텍스트에는 베를린의 과학 아카데미에서 행한 강연들이 포함되어 있다. 이 중 일부는 매우 상세하게 서술되어 있는 반면, 일부는 단지 간략히

언급되기만 하고 있다(Cf. XI, VI의 각주). (지금까지 보자면) '순수 이성
철학의 서술'에 대한 가장 중요한 자료는 1848년(참고문헌 *III*)에 작성된
셸링의 일기이다. 이 중 철학적으로 가장 중요한 부분은 XI~XIV강 및
XVIII강에 나타나는 구상과 개요이고, 정치적으로는 시민혁명에 대한 보
고와 평가에 대한 메모들이다. 특히 이 메모들은 한 시대에 대한 증언으
로서, (아래에서 간단히 기술된) 정치이론을 토대로 하여 기술되어 있
다.

11) F.W.J. Schelling, *Tagebuch 1848* (참고문헌 III), 24.

12) 이 제1포텐츠는 여러 상이한 명칭으로 불리우기도 한다. "순수 존재가능
자"(순수 사유의 제1포텐츠로서), "존재가능성"(부정철학의 출발점으로
서의) (XIII 76), "존재가능자"(긍정철학의 시작에 놓여 있는, XIII 205) 등
이 그것이다.

13) 이와 더불어, 셸링에게는 헤겔과는 달리 본질과 실존의 구분을 이끌어
내는 방법론이 결여되어 있다는 주장은 타당하지 않다는 것이 드러난
다.

14) 이에 대해 지금까지의 해석들 가운데 가장 뛰어난 것은 H. Schrödter,
"Die Grundlagen der Lehre Schellings von den Potenzen in seiner
reinrationalen Philosophie", in: *ZphF* 40/4(1986), 562~585.

15) 정치이론에 대한 마지막 구상은 순수 이성철학의 관념론적 부분(XXII강
과 XXIII강)에서 다루어지고 있는데, 이때 셸링은 1848년에 기록된 일기
를 바탕으로 한다. 이 일기와 순수 이성철학의 정치철학 강의들은 거의
문자적으로 일치하고 있다. 이에 대해서는 cf. M. Schraven, *Philosophie
und Revolution*(참고문헌 X).

16) '유작에 관한 개관'에 의하면 본래 이 강의 원고들은 출판을 위해 작성된
것들이 아니다. 이 원고들은 "단지 개별적으로만 사용되어야" 하며, 특히

역사적인 상황을 염두에 둔 채 다루어져야 한다. (*Schellingiana Rariora*, a.a.O., 669ff.).

17) 비록 근거지우는 방식은 변화한다고 할지라도, 개인의 자유와 그의 자유의 확대는 셸링의 법이론 및 국가이론을 특징짓는 핵심요소이다. '기계적으로 작동하는 수레바퀴'와도 같은 국가를 폐지하고 이성적인 통일성의 질서를 수립해야 한다고 주장할 때에도, 혹은 신의 나라라는 이상향의 지평 속에서 국가가 인간의 자유를 위한 필연적인 조건으로 간주될 때에도 이는 마찬가지이다. 후자의 경우, 국가는 그 바깥에 놓여 있는 신의 나라라는 목표를 위한 수단으로 제한적으로 이해된다.

18) M. Schraven, *Philosophie und Revolution*, a.a.O. 177.

19) 1847년 11월 21일 당시의 분위기에 대해 M. Meyrs는 다음과 같이 적고 있다. "독일인은 전세계의 당나귀이다. 독일에게는 아무 것도 남아있지 않다; 빈약하기만 한 정부는 지금까지도 전혀 나아지지 않았고 예전 상태 그대로이다. 황제가 없이는 아무 것도 할 수 없다; 50년 후면 모든 것이 달라져 있을 것을 당신은 보게 될 것이다. 그 때에는 연약한 정부는 없어져 있을 것이다; 시대는 위대하지만 바덴과 뷔르텐베르크에 있는 정부들은 악하고 연약해서 자유주의자들이 원하는 것만 행하고 있다." (*Schelling im Spiegel seiner Zeitgenossen* Bd. II (참고문헌 III), 446).

20) M. Schraven, a.a.O., 163.

21) J. Habermas, "Dialektischer Idealismuss im Übergang zum Materialismus – Geschichtsphilosophische Folgerungen aus Schellings Idee einer Contraction Gottes", in: ders., *Theorie und Praxis. Sozialphilosophische Studien*, Frankfurt a.M. ⁴1971, 172~227.

22) Cf. X. Tilliette, *Une philosophie en devenir* (참고문헌 V), Bd. II, 79~96.

23) XIII 17, 81, 92f., 94f., 128, 132, 147ff., 151, 152ff., 160f.; 여기에 더해서

XI 564 역시 참고.

24) 이 표현은 XI 562에 등장한다.

25) 이는 슐츠W. Schulz와 토이니셴M. Theunissen의 해석이다: "Die Aufhebung des Idealismus in der Spätphilosophie Schellings", in: *Philos. Jahrbuch* 83(1976), 1~29.

26) F.W.J. Schelling, *Übersicht meines künftigen handschriftlichen Nachlasses*, in: *Schellingiana Rariora*(참고문헌 Ⅲ), 668~676; 671f.

27) 이러한 과정은 《영원한 진리의 원천에 대한 논고》*Abhandlung über die Quelle der ewigen Wahrheiten*(XI 573ff.)에서 여전히 이성적으로 실행되고 있다.

10. 영향

1) K. Rosenkranz, *Schelling*, Danzig 1843, ND Aalen 1969.

2) P. Tschaadajew, *Apologie eines Wahnsinnigen. Geschichtsphilosophische Schriften*, hrsg. v. G. Lehmann-Carli/U. Lehmann, Leipzig 1992, 187~189.

3) *Victor Cousin über französische und deutsche Philosophie. Aus dem Französischen von H. Beckers*, Stutgart/Tübingen 1834.

4) Cf. V. Descombes, *Das Selbe und das Andere. Fünfundvierzig Jahre Philosophie in Frankreich 1933~1978*, Frankfurt a.M. 1981, 71.

5) Cf. L. Noack, *Schelling und die Philosophie der Romantik. Ein Beitrag zur Kulturgeschichte des deutschen Geistes*. 2 Bde., Berlin 1859, Bd. 2, 360~375.

6) E. v. Hartmann, *Schellings positive Philosophie als Einheit von Hegel und Schopenhauer* (1869).

7) Cf. E. v. Hartmann, *Philosophie des Unbewußten*, 3 Bde., Berlin 1876, 15f., v.a. 20ff.

8) Cf. O. Marquard, *Transzendentaler Idealismus, romantische Naturphilosophie, Psychoanalyse* (참고문헌 VII); ders., Über einige Beziehungen zwischen Ästhetik und Terapeutik in der Philosophie des neunzehnten Jahrhunderts, in: M. Frank/G. Kurz (Hg.), *Materialien zu Schellings philosophischen Anfängen* (참고문헌 VI), 341~377.

9) Cf. P. Tillich, Schelling und die Anfänge des existentialistischen Protestes, in: *Ges. Werke* Bd. IV, Stuttgart 1961, 133~144.

10) K. Jaspers, Schelling (참고문헌 V).

11) Cf. G. Marcel, *Schelling*, futil un précurseur de la philosophie de l'existence? in: *Revue de Métaphysique et de Morale* 62(1957), 72~87.

12) Cf. W. Marx, Das Wesen des Bösen und seine Rolle in der Geschichte in Schellings Freiheitsabhandlung, in: L. Hasler (Hrsg.), *Schelling. Seine Bedeutung für eine Philosophie der Natur und der Geschichte* (참고문헌 VI), 49~69; ders., *Gibt es auf Erden ein Maß?*, Hamburg 1983, 13~15.

13) Cf. K.-H. Volkmann-Schlluck, *Mythos und Logos* (참고문헌 X).

14) G. Lucács, *Die Zerstörung der Vernunfft*, Werkausgabe Bd. 9, Darmstadt/Neuwied 1962.

15) 이에 대한 비판적인 진술로는: W.E. Ehrhardt, Die Naturphilosophie und die Philosophie der Offenbarung. Zur Kritik materialistischer Schelling-Forschung, in: H.J. Sandkühler (Hrsg.), *Natur und geschichtlicher Prozeß* (참고문헌 VIII), 337~359.

16) 이에 대해서는 cf. A. Wüstehube, *Das Denken aus dem Grund* (참고문헌 XI).

17) J. Habermas, Dialektischer Idealismuss im Übergang zum Materialismus
 - geschichtsphilosophische Forschungen aus Schellings Idee einer
 Contraction Gottes, in: *Theorie und Praxis. Sozialphilosophische Studien*,
 Frankfurt a.M. 1978, 172~227.

18) Cf. M. Frank, *Der unendliche Mangel an Sein* (참고문헌 X).

19) Cf. M. Baum, *Die Transzendierung des Mythos* (참고문헌 XI).

20) Cf. M.-L. Heuser-Keßler, *Die Produktivität der Natur*; 이에 대한 비판적인
 입장으로는: H.-D. Mutschler, *Spekulative und empirische Physik* (참고문헌
 VIII)

참고문헌

I. 저작들

Historisch-Kritische Ausgabe im Auftrag der Schelling-Kommision der Bayerischen Akademie der Wissenschaften, hrsg. v. H.M. Baumgartner/W.G. Jacobs/ H. Krings/H. Zeltner. Reihe I: Werke, 5 Bd. und 1 Ergänzungsband (Wissenschaftshistorischer Bericht), Stuttgart-Bad Cannstatt 1976ff.

Sämtliche Werke, hrsg. v. K.F.A. Schelling, Stuttgart/Augsburg 1856~61.

Werke. Nach der Originalausgabe in neuer Anordnung, hrsg. v. M. Schröter, München 1927~54, ND 1962~71.

Die Weltalter. Fragmente. In den Urfassungen 1811 und 1813, hrsg. v. M. Schröter, München 1946, ³1979.

Ausgewählte Werke [Teil-Nachdruck von SW], Darmstadt 1966ff.

Ausgewählte Schriften, 6 Bd. hrsg. v. M. Frank, Frankfurt a.M. 1985.

Schelling, F.W.J.(Hrsg.): *Zeitschrift für spekulative Physik*(1801/02), ND Hildesheim 1969.

Schelling, F.W.J.(Hrsg.): *Neue Zeitschrift für spekulative Physik*(1802), ND Hilde-seim 1969.

Schelling, F.W.J./Hegel, G.W.F.: *Kritisches Journal der Philosophie* 1802/03, hrsg. v. S. Dietsch, Berlin 1985.

Schelling, F.W.J: Ausgewählt und vorgestellt v. M. Boenke (Philosophie jetzt!), München 1995.

셸링 저작들 중 개별문헌들은 다음과 같은 출판사들에서 출판되었다:

Meiner (Hamburg), Reclam (Stuttgart)/(Leipzig) und Suhrkamp (Frankfurt a.M.) erscheinen.

II. 강의유고들

시대별 강의에 따른 분류

Schellings und Hegels erste absolute Metaphysik (1801/02). Zusammenfassende Vor-
lesungsnachschriften von I.P.V. Troxler, hrsg. v. K. Düsing, Köln
1988.

Schelling, F.W.J.: *Stuttgarter Privatvorlesungen* (1810). Version inédite, accmpag-
née du texte des Oeuvres [E.F. Georgii], hrsg. v. M. Vetö, Torino
1973.

_____. *Initia Philosophiae universae. Erlanger Vorlesungen von 1820/21* [F.L.
Enderlein], hrsg. v. H. Fuhrmanns, Bonn 1969.

_____. *System der Weltalter. Münchner Vorlesungen 1827/28 in einer Nachschrift
von E. v. Lasaulx*, hrsg. v. S. Peetz, Frankfurt a.M. 1990.

_____. *Einleitung in die Philosophie* (1830), hrsg. v. W.E. Ehrhardt, Stutt-
gart-Bad Cannstatt 1989.

_____. *Urfassung der Philosophie der Offenbarung* (1831/32), hrsg. v. W.E.
Ehrhardt, 2 Tlbde., Hamburg 1992.

_____. *Grundlegung der positiven Philosophie. Münchner Vorlesungen WS 1882/33
und SS 1833* [J.G.C.F. Helmes], hrsg. v. H. Fuhrmans, Torino 1972.

La Philosophie de la Mythologie de Schelling. D'aprés Ch. Secréton (Munich
1835/36) et H.-F. Amiel (Berlin 1845/46), hrsg. v. L. Pareyson/M.
Pagano, Milano 1991.

Koktanek, *A.M.: Schellings Seinslehre und Kierkegaard. Mit Erstausgabe der Nach-*

schriften zweier Schelling-Vorlesungen von G.M. Mittermair und S. Kierkeg-aard, München 1962.

Schelling, F.W.J.: *Philosophie der Mythologie. Nachschrift der Münchener Vorlesungen 1841*, mit einem Vorwort v. W.E. Ehrhardt, hrsg. v. A. Roser/H. Schulten, Stuttgart-Bad Cannstatt 1996.

_____. *Philosophie der Offenbarung 1841/42* [sog. Paulus-Nachschrift], hrsg. u. eingel. v. M. Frankt, Frankfurt a.M. ³1993.

III. 편지들과 기타자료들

Aus Schellings Leben. In Briefen, 3 Bde., hrsg. v. G.L. Plitt, Leipzig 1869~70.

König Maximilian II.. von Bayern und Schelling. Briefwechsel, hrsg. v. L. Trost u. F. Leist, Stuttgart 1890.

Schelling, F.W.J.: *Briefe und Dokumente*, hrsg. v. H. Fuhrmans, 3 Bde., Bonn 1962, 1973, 1975.

Fichte-Schelling Briefwechsel, hrsg. v. W. Schulz, Frankfurt a.M. 1968.

Loer, B.: *Das Absolute und die Wirklichkeit in Schellings Philosophie. Mit der Erstedition einer Handschrift aus dem Berliner Schelling-Nachlaß*, Berlin/New York 1974.

Schelling im Spiegel seiner Zeitgenossen, hrsg. v. X. Tilliette, 3 Bde., Torino-Milano 1974~1988.

Schellingiana rariora, hrsg. v. L. Pareyson, Torino 1977.

Ehrhardt, W.E.: *Schelling Leonbergensis und Maximilian II. von Bayern: Lehrstunden der Philosophie*, Stuttgart-Bad Cannstatt 1989.

Schelling, F.W.J.: *Das Tagebuch 1848. Rationale Philosophie und demokratische Revolu-*

tion, hrsg. v. H.J. Sandkühler/A. v. Pechmann/M. Schraven, Hamburg 1990.

_____. *Philosophische Entwürfe und Tagebücher 1809~1813. Philosophie der Freiheit und der Weltalter*, hrsg. v. L. Knatz/H.J. Sandkühler/M. Schraven, Hamburg 1994.

_____. *'Timaeus'(1794)*, hrsg. v. H. Buchner, mit einem Beitrag v. H. Krings, Suttgart-Bad Cannstatt 1994.

IV. 연구서 및 연구동향 보고

Schneeberger, G.: *Friedrich Wilhelm Joseph von Schelling. Eine Bibliographie*, Bern 1954.

Sandkühler, H.J.: *Friedrich Wilhelm Joseph von Schelling*, Stuttgart 1970.

De Sanctis, N.: Bibliografia italiana di Schelling, in: X. Tilliete (Hrsg.): *Attualitádi Schelling*, Milano 1974, 199~208.

Schieche, W.: *Bibliographie*, Freiburg/München 1975, 178~201.

Vetö, M.: Bibliographie, in: ders., *Le fondement selon Schelling*, Paris 1977, 615~636.

Schelling, F.W.J.: *Über das Verhältnis der bildenden Künste zu der Natur. Mit einer vollständigen Bibliographie zu Schellings Philosophie der Kunst*, eingel. und hrsg. v. L. Sziborsky, Hamburg 1983.

Gabel, G.U.: *Schelling. Ein Verzeichnis westeuropäischer und nordamerikanischer Hochschulschriften 1885~1980*, Köln 1986.

Zeltner, H.: *Schelling/Forschung seit 1954*, Darmstadt 1975.

Braun, H.: Ein Bedürfnis nach Schelling, in: *Phils. Rundschau* 37 (1990), 161~196 und 298~326.

Mende, E.: Revolution, Religion, Staat und Gott. Schwerpunkte der jüngsten Schelling-Literatur, in: *Philosophischer Literaturanzeiger* 44 (1991), 192~205.

Korten, H.: Neue Schellingiana: Quellen, Dokumente, und Interpretationen, in: *Allg. Zeitschrift für Philosophie* 17 (1992), 57~76.

Mende, E.: Das Absolute und die ˝Urfassung der Philosophie der Offenbarung˝ bilden Schwergewichte neuester Schelling-Publikationen, in: *Philosophischer Literaturanzeiger* 46 (1993), 401~413.

Crummenauer, H.: Schellings Naturphilosophie. Ein Forschungsbericht, in: *Information Philosophie*, August 1994, 22~37.

Ehrhardt, W.E.: ... also muß auf Schelling zurückgegangen werden, in: *Philosophische Rundschau* 42 (1995), Heft 1, 1~10, Heft 3, 225~233.

V. 전기, 개괄적 서술, 소개서

Fischer, K.: *Schellings Leben, Werke und Lehre* [Geschichte der neueren Philosophie Bd. 7], Heidelberg 1902.

Hartmann, E. v.: *Zwei Schriften über Schellings Philosophie* [Schellings philosophisches System (1879); *Schellings positive Philosophie als Einheit von Hegel und Schopenhauer* (1869)], ND Aalen 1979.

Zeltner, H.: *Schelling*, Stuttgart 1954.

Jaspers, K.: *Schelling. Größe und Verhängnis*, München 1955.

Tilliette, X.: *Une philosophie en devenir*, 2 Bd., Paris 1970.

Bausola, A.: *F.W.J. Schelling*, Firenze 1975.

Vetö, M.: *Le fondement selon Schelling*, Paris 1977.

Dietzsch, S.: *F.W.J. Schelling*, Köln 1978.

Kirchhof, J.: *F.W.J. v. Schelling in Selbstzeugnissen und Bilddokumenten*, Reinbek 1982.

Gulyga, A.: *Schelling. Leben und Werk*, Stuttgart 1989 (russ.: Moskau 1981).

Baumgartner, H.M. (Hrsg.): *Schelling. Einführung in seine Philosophie*, Freiburg/ München 1975.

Frank, M.: *Eine Einführung in Schellings Philosophie*, Frankfurt a.M. 1985.

VI. 선집류

Verhandlungen der Schelling-Tagung in Bad Ragaz vom 22~25.9.1954, Studia philosophica. Jahrbuch der Schweizerischen Philosophischen Gesellschaft, Vol. XIV, Basel 1954.

Koktanek, A.M.(Hrsg.): *Schelling-Studien*. Festgabe für M. Schröter zum 85. Geb., München/Wien 1965.

Tilliette, X.(Hrsg.): *Attualitá di Schelling*, Milano 1974.

Frank, M./Kurz, G.(Hrsg.): *Materialien zu Schellings philosophischen Anfängen*, Frankfurt/M. 1975.

Schellings Philosophie der Freiheit. Festschrift der Stadt Leonberg zum 200. Geb. des Philosophen, Stuttgart 1977.

Lange, E.(Hrsg.): *Die Philosophie des jungen Schelling*. Collegium Philosophicum Jenense, Heft 1, Weimar 1977.

Dietzsch, S.(Hrsg.): *Natur-Kunst-Mythos. Beiträge zur Philosophie F.W.J. Schellings*, Berlin 1978.

Planty-Bonjour, G.(Hrsg.): *Actualité de Schelling. Travaux du Centre de Documenta-*

tion et de Recherche sur Hegel et sur Marx, Paris 1979.

Hasler, L.(Hrsg.): *Schelling. Seine Bedeutung für eine Philosophie Schellings und die gegenwärtige Rechtsphilosophie*, Stuttgart-Bad Cannstatt 1989.

Pawlowski, H.-M./Smid, S./Specht, R.(Hrsg.): *Die praktische Philosophie Schellings und die gegenwärtige Rechtsphilosophie*, Stuttgart-Bad Cannstatt 1989.

Baumgartner, H.M./Jacobs, W.G.(Hrsg.): *Philosophie der Subjektivität? Zur Bestimmung des neuzeitlichen Philosophierens*, Stuttgart-Bad Cannstatt 1993.

Courtine, J.-Fr./Marquet, J.-Fr.(Hrsg.): *Le dernier Schelling. Raison et positivité*, Paris 1994.

Baumgartner, H.M./Jacobs, W.G.(Hrsg.): *Schellings Weg zur Freiheitsschrift*, Stuttgart-Bad Cannstatt 1996.

VII. 초기철학과 선험철학

Watson, J.: *Schellings transcendental Idealism. A critical exposition* [1882], ND Bristol 1992.

Metzger, W.: *Die Epochen der Schellingschen Philosophie von 1795~1802. Ein problemgeschichtlicher Durchblick*, Heidelberg 1911.

Meier, F.: *Die Idee der Transzendentalphilosophie beim jungen Schelling*, Winterthur 1961.

Jähnig, D.: *Die Kunst in der Philosophie*. Bd. 1: *Schellings Begründung von Natur und Geschichte*. Bd. 2: *Die Wahrheitsfunktion der Kunst*, Pfullingen 1966/1969.

Görland, I.: *Die Entwicklung der Frühphilosophie Schellings in der Auseinandersetzung mit Fichte*, Frankfurt a.M. 1973.

Holz, H.: *Die Idee der Philosophie bei Schelling. Metaphysische Motive in seiner Frühphilosophie*, Freiburg/Münchn 1977.

Jacobs, W.G.: *Zwischen Revolution und Orthodoxie? Schelling und seine Freunde im Stift und an der Universität Tübingen. Texte und Untersuchungen*, Stuttgart-Bad Cannstatt 1989.

Boehnke, M.: *Transformation des Realitätsbegriffs. Untersuchungen zur frühen Philosophie Schellings im Ausgang von Kant*, Suttgart-Bad Cannstatt 1989.

Sandkaulen-Bock, B.: *Ausgang vom Unbedingten. Über den Anfang in der Philosophie Schellings*, Göttingen 1990.

Jacobs, W.G.: *Gottesbegriff und Geschichtsphilosophie in der Sicht Schellings*, Stuttgart-Bad Cannstatt 1993.

Kuhlmann, H.: *Schellings früher Idealismus. Ein kritischer Versuch*, Stuttgart/Weimar 1993.

VIII. 자연철학과 동일성의 철학

Schilling, K.: *Natur und Wahrheit. Untersuchungen über Entstehung und Entwicklung des Schellingschen Systems bis 1800*, München 1934.

Esposito, J.L.: *Schellings Idealism and Philosophy of Nature*, London 1977.

Braun, B.: *Schellings zwiespältige Wirklichkeit. Das Problem der Natur in seinem Denken*, St. Ottillien 1983.

Sandkühler, H.J.:(Hrsg.): *Natur und geschichtlicher Prozeß. Studien zur Naturphilosophie F.W.J. Schellings*, Frankfurt a.M. 1984.

Heckmann, R./Krings, H./Meyer, R.W.(Hrsg.): *Natur und Subjektivität: Zur Auseinandersetzung mit der Naturphilosophie des jungen Schelling*, Stuttgart-Bad

Cannstatt 1985.

Heuser-Keßler, M.-D.: *Die Produktivität der Natur. Schellings Naturphilosophie und das neue Paradigma der Selbstorganisation der Natur*, Berlin 1986.

Mutschler, H.-D.: *Spekulative und empirische Physik. Aktualität und Grenzen der Naturphilosophie Schellings*, Stuttgart 1990.

Küppers, B.-O.: *Natur als Organismus. Schellings frühe Naturphilosophie und ihre Bedeutung für die moderne Biologie*, Frankfurt a.M. 1992.

Grün, K.-J.: *Das Erwachen der Materie. Studie über die spinozistischen Gehalte der Naturphilosophie Schellings*, Hildesheim/Zürich/New York 1993.

Gerabek, W.E.: *F.W.J. Schelling und die Medizin der Romantik. Studien zu Schellings Würzburger Periode*, Frankfurt/Berlin/Bern/New York/Paris/Wien 1995.

Zeltner, H.: *Schellings philosophische Idee und das Identitätssystem*, Heidelberg 1931.

Schlanger, J.E.: *Schelling et la réalité finie. Essai sur la philosophie de la nature et de L' identité*, Paris 1966.

Lauth, R.: *Die Entstehung von Schellings Identitätsphilosophie in der Auseinandersetzung mit Fichtes Wissenschaftslehre. 1795~1801*, Freiburg/München 1975.

Blanchard, G.: *Die Vernunft und das Irrationale. Die Grundlagen von Schellings Spätphilosophie im "System des transzendentalen Idealismus" und der "Identitätsphilosophie"*, Frankfurt a.M. 1979.

Schneider, W.: *Ästhetische Ontologie. Schellings Weg des Denkens zur Identitätsphilosophie*, Frankfurt a.M. 1983.

Barth, B.: *Schellings Philosophie der Kunst. Göttliche Imagination und ästhetische Einbildungskraft*, Freiburg/München 1991.

IX. 자유의 철학과 세계시대의 철학

Heidegger, M.: *Schellings Abhandlung über das Wesen der menschlichen Freiheit.* [Vorlesung 1936], hrsg. v. H. Feick, Tübingen 1971; und in: ders., *Gesamtausgabe* Bd. 42, hrsg. v. I. Schüßler, Frankfurt a.M. 1988.

_____. *Die Metaphysik des deutschen Idealismus. Zur erneute Auslegung von Schelling*, in: ders., *Gesamtausgabe* Bd. 49, hrsg. v. G. Seubold, Frankfurt a.M. 1991.

Bolman, Jr., F. de Wolfe: *The Ages of the World* [1942], ND New Yor 1967.

Fuhrmans, H.: *Schellings Philosophie der Weltalter*, Düsseldorf 1954.

Wieland, W.: *Schellings Lehre von der Zeit. Grundlagen und Voraussetzungen der Weltalterphilosophie*, Heidelberg 1956.

Kile, Jr., Fr. O.: *Die theologischen Grundlagen von Schellings Philosophie der Freiheit*, Leiden 1965.

Weischedel, W.(Hrsg.): *Streit um die göttliche Dinge. Die Auseinandersetzung zwischen Jacobi und Schelling.* Daramstadt 1967.

Weischedel, W.: *Jacobi und Schelling. Eine philosophisch-theologische Kontroverse*, Darmstadt 1969.

Holz, H.: *Spekulation und Faktizität. Zum Freiheitsbegriff des mittleren und späten Schelling*, Bonn 1970.

Brown, R.F.: *The later Philosophy of Schellng. The influence of Boehme on the works of 1809~1815*, Lewisburgg 1977.

Durner, M.: *Wissen und Geschichte bei Schelling. Eine Interpretation der Ersten Erlanger Vorlesung*, München 1979.

Wolfinger, F.: *Denken und Transzendenz - Zum Problem ihrer Vermittlung. Der unter-*

schiedliche Weg der Philosophen F.H. Jacobi und F.W.J. Schellings und ihre Konfrontation im Streit um die göttliche Dinge, Frankfurt a.M. 1981.

White, A.: Schelling. An Introduction to the System of Freedom, New Haven/London 1983.

Oesterreich, P.L.: Philosophie, Mythos und Lebenswelt. Schellings universalhistorischer Weltalteridealismus und die Idee einen neeuen Mythos, Frankfurt a.M./Bern/New York 1984.

Reinecke, V.: Der Wiederholungsprozeß und die mythologischen Tatsachen in Schellings Spätphilosophie. Eine religionswissenschaftliche Studie unter der Voraussetzung des Verhältnisses der "Weltalter" zu der Abhandlung "Über die Gottheiten von Samotrake", Rheinfelden 1986.

Hogrebe, W.: Prädikation und Genesis. Metaphysik als Fundamentalheuristik im Ausgang von Schellings "Die Weltalter", Frankfurt a.M. 1989.

Lanfranconi, A.: Krisis. Eine Lektüre der "Weltalter"-Texte F.W.J. Schellings, Stuttgart-Bad Cannstatt 1992.

Schelling, F.W.J.: Über das Wesen der menschlichen Freiheit, hrsg. v. O. Höffe/A. Pieper, (Klaissiker Auslegen Bd. 3), Berlin 1995.

X. 후기철학

Erdmann, J.E.: Über Schelling, namentlich seine negative Philosophie, Halle 1857.

Frantz, K.: Schellings positive Philosophe. Nach ihrem Inhalt wie nach ihrer Bedeutung für den allgemeinen Umschwung der jetzt noch herrschen Denkweise dargestellt (1879/80), ND Aalen 1968.

Groos, K.: Die Reine Vernunftwissenschaft. Systematische Darstellung von Schellings *rationaler oder negativer Philosophie*, Heidelberg 1889.

Tillich, P.: *Die religionsgeschichtliche Konstruktion in Schellings positiver PPhilosophie; ihre Voraussetzungen und Prinzipien* [1910], in: Gesammelte Werke Bd. I, ²1959, 11~108.

Dekker, G.: *Die Rückwendung zum Mythos. Schellings letzte Wandlung*, München/ Berlin 1930.

Fuhrmans, H.: *Schellings letzte Philosophie. Die negative und positive Philosophie im Einsatz des Spätidealismus*, Berlin 1940.

Schulz, W.: *Die Vollendung des Deutschen Idealismus in der Spätphilosophie Schellings*, Stuttgart/Köln 1955, Pfullingen ²1975.

Kasper, W.: *Das Absolute in der Geschichte. Philosophie und Theologie der Geschichte in der Spätphilosophie Schellings*, Mainz 1965.

Oeser, E.: *Die antike Dialektik in der Spätphilosophie Schellings. Ein Beitrag zur Kritik des Hegelschen Systems*, Wien/München/ 1965.

Hemmerle, K.: *Gott und das Denken in Schellings Spätphilosophie der Mythologie und Offenbarung*, Freiburg/Basel/Wien 1966.

Czuma, H.: *Der philosophische Standpunkt in Schellings Philosophie der Mythologie und Offenbarung*, Innsburck 1969.

Volkmann-Schluck, K.-H.: *Mythos und Logos. Interpretationen zu Schellings Philosophie der Mythologie*, Berlin 1969.

Schöpsdau, W.: *Die Evidenz Gottes im Mythos. Schellings Spätphilsophie und die Theologie*, Mainz 1972.

Frank, M.: *Der unendliche Mangel an Sein. Schellings Hegelkritik und die Anfänge der Marxschen Dialektik*, Frankfurt a.M. 1975.

Brinkmann, K.: Schellings Hegel-Kritik, in: K. Hartmann(Hrsg.), *Die ontologische*

Option, Berlin 1976, 117~210.

Korsch, D.: *Der Grund der Freiheit. Eine Untersuchung zur Problemgeschichte der positiven Philosophie und zur Systemfunktion des Christentums im Spätwerk F.W.J. Schellings*, München 1980.

Mine, H.: *Ungrund und Mitwissenschaft. Das Problem der Freiheit in der Spätphilosophie Schellings*, Frankfurt a.M./Bern/New York 1983.

Teichner, W.: *Mensch und Gott in der Entfremdung oder die Krise der Subjektivität*, Freiburg/München 1984.

Rosenau, H.: *Die Differenz im christologischen Denken Schellings*, Frankfurt a.M./ Bern/New York 1985.

Kreiml, J.: *Die Wirklichkeit Gottes. Eine Untersuchungen über die Metaphysik und die Religionsphilosophie des jungen Schelling*, Regensburg 1989.

Schraven, M.: *Philosophie und Revolution. Schellings Verhältnis zum Politischen im Revolutionsjahr 1848*, Stuttgart-Bad Cannstatt 1989.

Buchheim, Th.: *Eins von Allem. Die Seblstbeschreibung des Idealismusin Schellings Spätphilosophie*, Hamburg 1992.

Frantz, A.: *Philosophische Religion. Eine Auseinandersetzung mit den Grundlegungsproblemen der Spätphilosophie F.W.J. Schellings*, Amsterdam/Atlanta 1992.

Wilson, J.E.: *Schellings Mythologie. Zur Auslegung der Philosophie der Mythologiie und Offenbarung*, Stuttgart-Bad Cannstatt 1993.

Borlinghaus, R.: *Neue Wissenschaft. Schelling und das Projekt einer positiven Philosophie*, Frankfurt/Berlin/Bern/New York/Paris/Wien 1995.

Danz, Chr.: *Die philosophische Christologie F.W.J. Schellings*, Stuttgart-Bad Cannstatt 1995.

XI. 특수한 주제들

Tillich, P.: *Mystik und Schuldbewußtsein in Schellings philosophischer Entwicklung*, Halle 1912.

Leese, K.: *Von Jakob Böhme zu Schelling. Zur Metaphysik des Gottesproblems*, Erfurt 1927.

Barion, J.: *Die intellektuelle Anschauung bei J.G. Fichte und Schelling und ihre religions- geschichtlcieh Bedeutung*, Würzburg 1929.

Knittermeyer, H.: *Schelling und die romantische Schule*, München 1929.

Schneider, R.: *Schellings und Hegels schwäbische Geistesahnen*, Würzburg 1938.

Hablützel, R.: *Dialektik und Einbildungskraft. F.W.J. Schellings Lehre von der menschli- chen Erkenntnis*, Basel 1954.

Benz, E.: *Schellings Theologische Gestesahnen*, Wiesbaden 1955.

Benz, E.: *Schelling. Werden und Wirken seines Denkens*, Zürich 1955.

Hollerbach, A.: *Der Rechtsgedanke bei Schelling. Quellenstudien zu seiner Rechts- und Staatsphilosophie*, Frankfurt a.M. 1957.

Kahn-Wallerstein, C.: *Schellings Frauen: Caroline und Pauline*, Bern 1959.

Portmann, St.: *Das Böse-die Ohnmacht der Vernunft. Das Böse und die Erlösung in Schellings philosophischer Entwicklung*, Meisenheim/Glan 1966.

Haner, P.C.: *Reason and Existence. Schellings philosophy of history*, Leiden 1967.

Wild, Ch.: *Reflexion und Erfahrung. Eine Interpretation der Früh- und Spätphilosophie Schellings*, Freiburg/München 1968.

Sandkühler, H.J.: *Freiheit und Wirklichkeit. Zur Dialektik von Politik und Philosophie bei Schelling*, Frankfurt a.M. 1968.

Schmidt, Fr.W.: *Zum Begriff der Negativität bei Schelling und Hegel*, Stuttgart 1971.

Schröter, M.: *Kritische Studien. Über Schelling und zur Kulturphilosophie*, München 1971.

Bracken, J.A.: *Freiheit und Kausalität bei Schelling*, Freiburg/München 1972.

Doyé, S.: *Die menschliche Freiheit und das Problem des absoluten Vernfuntsystems. Zur Entwicklung des Schellingschen Systems*, Köln 1972.

Osterwald, U.: *Die Zweideutigkeit der Freiheit als Resultat der Willensmetaphysik Schellings*, Bielefeld 1972.

Hennigsfeld, J.: *Mythos und Poesie. Interpretationen zu Schellings Philosophie der Kunst und Philosophie der Mythologie*, Meisenheim/Glan 1973.

Marquet, J.-F.: *Liberté et existence. Etude sur la formation de la philosophie de Schelling*, Paris 1973.

Taureck, B.: *Mathematische und transzendentale Identität. Philosophische Untersuchungen über den Identitätsbegriff der mathematischen Logik sowie bei Schelling und Hegel*, Wien/München 1973.

Schurr, A.: *Philosophie als System bei Fichte, Schelling und Hegel*, Stuttgart-Bad Cannstatt 1974.

Ohashi, R.: *Extase und Gelassenheit. Zu Schelling und Heidegger*, München 1975.

Vergauwen, G.: *Absolute und endliche Freiheit. Schellings Lehre von Schöpfung und Fall*, Freiburg 1975.

Mokrosch, R.: *Theologische Freiheitsphilosophie. Metaphysik, Freiheit und Ethik in der philsophischen Entwicklung Schellings und in den Anfängen Tillichs*, Frankfurt a.M. 1976.

Marx, W.: *Schelling. Geschichte, System*, Freiheit, Freiburg/Münchn 1977.

Kondylis, P.: *Die Entstehung der Dialektik. Eine Analyse der geistigen Entwicklung von Hölderlin, Schelling und Hegel bis 1802*, Stuttgart 1979.

Marquard, O.: *Transzendentaler Idealismus, romantische Naturphilosophie, Psychoanalyse*, Köln 1986, ²1987.

Baum, K.: *Die Transzendierung des Mythos. Zur Philosophie und Ästhetik Schellings und Adornos*, Würzburg 1988.

Lawrence, J.P.: *Schellings Philosophie des ewigen Anfangs. Die Natur als Quelle der Geschichte*, Würzburg 1989.

Wüstehube, A.: *Das Denken aus dem Grund. Zur Bedeutung der Spätphilosophie Schellings für die Ontologie Ernst Blochs*, Würzburg 1989.

Heemstra, A.: *Transzendenz und Immanenz. Das Problem des Absoluten in Schellings Philosophie*, Stuttgart-Bad Cannstatt 1994.

Hermanni, F.: *Die letzte Entlastung. Vollendung und Scheitern des abendländischen Theodizeeprojektes in Schellings Philosophie*, Wien 1994.

Hühn, L.: *Fichte und Schelling. Oder: Über die Grenze menschlichen Wissens*, Suttgart/Weimar 1994.

Iber, Chr.: *Das Andere der Vernunft als ihr Prinzip. Grundzüge der philosophischen Entwicklung Schellings mit einem Ausblick auf die nachidealistischen Philosophiekonzeptionen Heideggers und Adornos*, Berlin/New York 1994.

연표

1775	1월 27일 레온베르크(뷔르텐베르크)에서 출생
1784	뉘르팅엔의 라틴어학교 입학
1787~1790	베벤하우젠 수도원의 고등 세미나에서 수학
1790~1795	튀빙겐 대학에서 철학과 신학 수학
1792	석사논문: 〈창세기 3장에 나타나는 인간악의 근원에 관한 가장 오래된 철학적 문제를 해명하기 위한 비판적, 철학적 소고〉
1793	《신화, 역사적 사화 그리고 고대세계의 철학적 명제들에 관하여》
1794	《철학일반의 형식의 가능성에 관하여》
1795	신학박사논문: 〈마르시온으로부터 바울의 서신들에 대하여〉. 기타 저작들: 《철학의 원리로서의 자아 혹은 인간 지식 안의 무제약자에 관해》 《독단론과 비판론에 대한 철학적 서한》
1796	리데젤 공작 가문의 가정교사. 이들과 함께 라이프치히 대학 방문. 수학, 자연과학, 의학 등을 연구. 《새로운 자연법 연역》. 피히테와의 만남
1796/97	《새로운 철학문헌들에 대한 일반적 개관》
1797	《자연철학의 이념들》
1798	괴테의 후원을 받아 예나대학의 비정규직 교수로 부임. 피히테와 보다 내밀한 관계 형성. 슐레겔 형제 및 노발리스와 교제.《세계혼에 대하여》
1799	《자연철학 체계의 첫 번째 기획》 바로 연이어

《자연철학 체계의 첫 번째 기획 서문》

1800 　　《선험철학의 체계》. 밤베르크에서 의학 연구. 7월 12일

아우구스트 뵈머의 사망.

1800/01《사변적 물리학을 위한 잡지》발행

1801 　　《나의 철학체계의 서술》

1801/02 피히테와의 관계가 소원해짐

1802 　　《브루노》.《철학체계의 확장된 서술》. 란트스후트

대학 의학박사

1802/03 예나에서 헤겔과 공동작업:《비판적 철학잡지》발행

1803 　　《학문연구의 방법론 강의들》.

6월 26일 아우구스투 슐레겔과 이혼한 카롤리네(본명: 미카

엘리스 카롤리네)와 결혼. 예술철학 작업.

뷔르츠부르크 대학 교수로 초빙받음

1804 　　《임마누엘 칸트》.《철학과 종교》.

'철학서언 및 전체 철학의 체계 강의'를 위한 준비작업

1805 　　《학문으로서의 의학지》 발행

1806 　　뷔르츠부르크에서 마지막 강의. 바이에른에서의 국무 시작.

뮌헨 학술회 회원. 피히테와의 공식적인 절연.

《수정된 피히테의 이론과 자연철학의 관계에 대한 서술》

1807 　　10월 12일, 바이에른 황제의 탄생축일 강연:

《조형 예술의 자연과의 관계》. 헤겔의《정신현상학》.

귀족칭호 얻음

1809 　　《인간자유의 본질에 관한 철학적 탐구》.

11월 7일 마울브론에서 카롤리네 사망

1810 　　《슈투트가르트 사설강의》.《세계시대》작업 시작

1812	《야코비의 신적 사물들에 관하여를 위한 기념비》.
	6월 11일 파울리네 고터와 결혼
1813	《독일인의 독일인을 위한 일반지》 발행
1815	10월 12일:《사모트라케의 신성에 관하여》 강연
1820/21	에어랑엔에서의 최초 강의.《신화의 철학》 첫 번째 작품
1823	조형예술학회 의장직 사퇴
1826	(잉골스타트와 란트스후트대 후속으로) 새롭게 설립 된
	뮌헨 대학 취임
1827	바이에른 황실 산하 학문발전위원회 의장직 선임.
	학술회 대표
1827~39	뮌헨에서의 강의
1830	바이에른 국가비밀위원회 위원
1831/32	《계시의 철학》 첫 번째 강의
1832	패러데이의 전자기력 발견에 대한 학술회 강연
1834	《빅토르 쿠쟁의 철학적 작품 서론》
1835~40	후에 막시밀리안 2세가 될 바이에른 황태자의 철학 교사
1840	베를린에서의 초빙
1841	11월 베를린에서의 첫 번째 강연
1842	프로이센 국무위원 선출
1843	파울루스가 《계시의 철학》 출판
	허락 없이 출판 된 작품에 대한 재판
1846	스테펜스의 유작에 대한 서언. 강의 활동 중단
	프로이센 학술회에서만 강연
1854	8월 20일 바드 라가츠(스위스)에서 사망

개요표

I. 셸링의 자연철학적 저서들 개관[*]

입문서들

A. 소개서들

《자연철학의 이념들 서론》(1797)〔II 11~56〕

《세계영혼 서언》(1798)〔II 347~451〕

《자연철학 체계의 첫 번째 기획 서문》(1799)〔III 269~326〕

《자연철학의 참된 개념과 그 문제를 해결하기 위한 올바른 방법》(1801)〔IV 79~104〕

B. 일반자연철학

《자연철학의 이념들 서론에 대한 보론: 철학 자체의 일반이념 및 철학을 위한 필연적이면서도 통합적인 부분으로서의 자연철학 서술》(1803)〔II 57~73〕

《자연 안에서 이념적인 것과 실재적인 것의 관계에 대한 소론》(1806년《세계영혼》2판에 붙이는 글)〔II 357~378〕

《자연철학 서론에 대한 아포리즘》(1806)〔VII 198~244〕

《자연철학에 대한 아포리즘》(1806)〔VII 198~244〕

상세한 작품들

1. 역동적 물리학

---

[*] K. Fischer (참고문헌 V), 357f.: 셸링전집의 권 및 쪽수는 〔〕 안에 표기되었음.

《자연철학의 이념들》제1부(1797). 2판에서 추가된 '보론'(1803)〔II 74~343〕

《역동적 과정의 일반연역 또는 물리학의 범주들》(1800)〔IV 1~78〕

2. 유기체학

《세계영혼》(1798)〔II 379~583〕

《자연철학의 근본명제들을 토대로 본 의학의 입각점에 대한 잠정적 진술》
(1806)〔VII 127~288〕

3. 전체체계

《자연철학 체계의 첫 번째 기획》(1799)〔III 1~268〕

《나의 철학체계의 서술》(1801)〔IV 105~212〕

《철학체계의 확장된 서술》(1802)〔IV 333~510〕

《전체 철학과 특히 자연철학의 체계》(1804)〔VI 131~576〕

II. 셸링 강의들에 대한 개관(1827/28~1845/46)

* 가 표기된 강의들은 출판된 것들이다. 이에 대해서는 아래의 Bibl. II를 참고하라

뮌헨에서의 강의들

1827/28	학문연구의 일반적 방법론. 철학연구입문/세계시대의 체계*
1828	학문연구의 일반적 방법론과 특수 방법론/신화의 철학
1828/29	신화의 철학(공지사항: 학문연구의 일반적 방법론/ 일반철학의 체계)
1829	신화의 철학(공지사항: 계시의 철학 제2부)
1829/30	강의 없음(공지사항: 세계시대의 체계)

1830	철학입문*
1830/31	신화의 철학
1831	학문연구의 방법론/신화의 철학
1831/32	계시의 철학*
1832	계시의 철학*/데카르트 이후 현재에 이르기까지 철학체계의 발전*
1832/33	긍정철학의 체계*
1833	세계시대의 체계
1833/34	긍정철학의 체계로의 전환 가운데 있는 데카르트 이후 현재에 이르기까지 철학체계의 역사
1834	신화의 철학
1834/35	긍정철학의 근거(공지사항: 계시의 철학)
1835	강의 없음(공지사항: 신화의 철학 제2부)
1835/36	신화의 철학*
1836	철학입문
1836/37	긍정철학의 체계. 데카르트 이후 철학발전의 결과
1837	신화의 철학(역사적, 철학적 서론, 제1부)
1837/38	긍정철학의 토대/신화의 철학
1838	대학에서의 철학 연구에 대하여/신화의 철학
1838/39	계시의 철학
1839	일반 철학입문
1839/40	강의 없음(철학입문과 데카르트 이후 현재에 이르기 까지 상이한 체계들의 기원과 발전)
1840	강의 없음(공지사항: 신화의 철학)
1840/41	철학입문/신화의 철학

| 1841 | 강의 없음(공지사항 없음) |

베를린에서의 강의들

1841/42	계시의 철학*
1842	신화의 철학
1842/43	신화의 철학
1843	신화의 철학
1843/44	철학의 원리들
1844	계시의 철학
1844/45	신화의 철학
1845	신화의 철학
1845/46	신화의 철학*
1846	(강의활동 중지)

삽화목록

색인

인명색인

개념색인

셸링 절대자와 자유를 향한 철학

2013년 4월 25일 초판 1쇄 인쇄
2013년 4월 30일 초판 1쇄 발행

지은이   바움가르트너, 코르텐
옮긴이   이용주
펴낸이   김영호
펴낸곳   도서출판 동연
기 획   정진용   편 집   강민호
디자인   이도윤   관 리   전영수

등 록   제1-1383호(1992. 6. 12)
주 소   서울시 마포구 망원동 472-11
전 화   (02)335-2630
팩 스   (02)335-2640
이메일   dongyeonpress@gmail.com

Copyright ⓒ 동연 2013

ISBN 978-89-6447-195-1 93160

「이 도서의 국립중앙도서관 출판시도서목록(CIP)은 서지정보유통지원시스템 홈페이지(http://seoji.nl.go.
kr)와 국가자료공동목록시스템(http://www.nl.go.kr/kolisnet)에서 이용하실 수 있습니다.(CIP제어번호:
CIP2013002977)」